·北京师范大学史学探索丛书·

史学史通论与近现代中国史学研究

张越 著

北京师范大学出版集团
BEIJING NORMAL UNIVERSITY PUBLISHING GROUP
北京师范大学出版社

图书在版编目(CIP) 数据

史学史通论与近现代中国史学研究/张越著.—北京：北京
师范大学出版社，2011.3
　(北京师范大学史学探索丛书)
　ISBN 978-7-303-11961-5

Ⅰ．①史…　Ⅱ．①张…　Ⅲ.①史学史－中国－文集
Ⅳ．① K092-53

中国版本图书馆 CIP 数据核字（2010）第 249387 号

营 销 中 心 电 话　010-58802181 58808006
北师大出版社高等教育分社网　http://gaojiao.bnup.com.cn
电 子 信 箱　beishida168@126.com

出版发行：北京师范大学出版社 www.bnup.com.cn
　　　　　北京新街口外大街 19 号
　　　　　邮政编码：100875
印　　　刷：北京联兴盛业印刷股份有限公司
经　　　销：全国新华书店
开　　　本：170 mm × 230 mm
印　　　张：18.5
字　　　数：277 千字
版　　　次：2011 年 3 月第 1 版
印　　　次：2011 年 3 月第 1 次印刷
定　　　价：36.00 元

策划编辑：李雪洁　　责任编辑：李雪洁　韩凌燕
美术编辑：毛　佳　　装帧设计：毛　佳
责任校对：李　菡　　责任印制：李　啸

北京师范大学史学探索丛书
编辑委员会

出版说明

在北京师范大学的百余年发展历程中，历史学科始终占有重要地位。经过几代人的不懈努力，今天的北师大历史学院业已成为史学研究的重要基地，是国家"211"和"985"工程重点建设单位，首批博士学位一级学科授予权单位。拥有国家重点学科、博士后流动站、教育部人文社会科学重点研究基地等一系列学术平台。科研实力颇为雄厚，在学术界声誉卓著。

近年来，北师大历史学院的教师们潜心学术，以探索精神攻关，陆续完成了众多具有原创性的成果，在历史学各分支学科的研究上连创佳绩，始终处于学科前沿。特别是崭露头角的部分中青年学者的作品，已在学术界引起较大反响。为了集中展示北师大历史学院的这些探索性成果，也为了给中青年学者的后续发展创造更好条件，我们组编了这套"北京师范大学史学探索丛书"，希冀在促进北师大历史学科更好发展的同时，为学术界和全社会贡献一批真正立得住的学术力作。这些作品或为专题著作，或为论文结集，但内在的探索精神始终如一。

当然，作为探索丛书，特别是以中青年学者作品为主的学术丛书，不成熟乃至疏漏之处在所难免，还望学界同仁不吝赐教。

北京师范大学历史学院

北京师范大学史学理论与史学史研究中心

北京师范大学史学探索丛书编辑委员会

2010 年 3 月

目　录

北京师范大学史学探索丛书

中国史学史学科的发展路径
与研究趋向

　　尽管"史学史"学科在中国仅有不足百年的历史，而史学史的意识在源远流长的中国史学发展过程中则要长久得多。孟子说"王者之迹息而《诗》亡，《诗》亡然后《春秋》作"，就是先秦时期对史学发展的初步表述。从司马谈、司马迁父子到班彪、班固父子的论著，从刘勰的《文心雕龙·史传》到《隋书·经籍志》，从郑樵《通志》中的相关篇章到刘知幾的《史通》和章学诚的《文史通义》，古代学者不仅对历代史学发展有许多纵向评论，还横向论及了"实录"精神与"信史"原则、史书体裁体例、史法与史意、采撰与文辞、史学功能及其与政治的关系等诸多问题。这些论述是中国传统史学中史学史意识的集中反映，也正是有了前人对历史学不懈的总结和反思，才使中国史学在几千年的历史长河中得以不间断地呈现多途发展的态势，出现了众多的史家和浩如烟海的史书，为我们留下了丰厚的史学遗产。缘于近代以来西方学术思想的不断输入、经学的衰微失势、传统的经史子集的学术格局被打破、在西式科学化的学术分类体系中史学得以独立等学术背景，近代意义的史学史学科出现了。梁启超在20世纪20年代提出"史学史的做法"，强调史学"很有独立做史的资格"，这被认为是中国的史学史学科开始建立的标志。自那以后，中国史学史研究的成果不断增多，中国史学史学科的建设不断受到重视。21世纪以来，已经相继有几部多卷本中国史学史出版面世①，可以视为中国史学史研究阶段性发展的重要成果。回顾和总结中国史学史学科发展的路径及特点，是展望中国史学史研究发展趋向的前提，也是促进和加强学科建设的条件。

---

　　① 杜维运：《中国史学史》（全3册），台北，三民书局股份有限公司，2004；吴怀祺主编：《中国史学思想史》（全10册），合肥，黄山书社，2005；谢保成主编：《中国史学史》（全3册），北京，商务印书馆，2006；白寿彝主编：《中国史学史》（全6册），上海，上海人民出版社，2006。

一、要籍解题式的中国史学史研究

20世纪三、四十年代，随着中国史学史研究的逐步展开，相继出现了十余种史学通史性的讲义和著作①，以及数百篇相关论文②。其中公开出版并产生较大影响的史学史著作，当属金毓黻的《中国史学史》（重庆，商务印书馆，1944）、魏应麒的《中国史学史》（重庆，商务印书馆，1941）以及王玉璋的《中国史学史概论》（重庆，商务印书馆，1942）。商务印书馆在1941—1944年的三四年间即出版三部中国史学史著作，可见"当时中国史学史学科的发展势头还是相当强劲的"③。还应当注意到，在此期间发表的论及中国史学的论文，其中一些具有相当的学术水准，"不仅对司马迁、刘知幾、司马光、章学诚等重点研究课题有了较详细论述，而且具备了一定的研究广度"④。有学者指出：

> 史学史专书以外，最值注意者，为发表于各学术性杂志之史学史论文，晚清以来，论述中国史学史之精华，荟萃于此。洋洋巨观之一部专书，往往不如一篇论文更富学术性。专书每流于驳杂，为字数而拼凑材料；论文则专精，能道前人所未道。如金毓黻之《释记注》、《唐宋时代设馆修史制度考》二文，较其在《中国史学史》中所谈及之记注之法与唐宋设馆修史始末，实更为详密精确也。⑤

① 详情可见朱仲玉：《中国史学史书录》，载《史学史研究》，1981（2）；牛润珍：《20世纪中国史学史著作述评》，载《中国史研究动态》，2001（8）。

② 陈光崇主编、赵俊编辑的《中国史学史论文、著作索引（1900—1981年12月）》（辽宁大学历史系1983年印刷）对该时期的中国史学史研究论文和著作作了较为详尽的分类著录。

③ 姜胜利：《中国史学史学科的发展与存在的问题》，载《南开学报》，2004（2）。

④ 乔治忠、姜胜利编著：《中国史学史研究述要》，14页，天津，天津教育出版社，1996。

⑤ 杜维运：《中国史学史论文选集序》，见杜维运、黄进兴编：《中国史学史论文选集》（一），7页，台北，华世出版社，1976。

这些史学史著作和论文对于中国史学史学科"已然粗具规模"的积极意义是至关重要的。

多数评论者认为，这个时期的中国史学史研究，主要是以梁启超设立的"史学史的做法"框架为基础，论述方法受到古代目录学的影响，"带有浓厚的史部目录学的气味"①，史学史著作更像是史部要籍解题。如金毓黻即直言他的《中国史学史》"谨依刘、章之义例，纬以梁氏之条目，粗加诠次，以为诵说之资"②。戴晋新评论说：金、魏、王"三书都受到梁启超的影响，史官、史家（史籍）、最近之史学趋势，同为主要内容；魏书将刘知幾、郑樵、章学诚列为专章；金著将刘知幾、章学诚合为一章，也都有迹可寻。"③ 有必要指出的是，从多部史学史著作的整体架构和主要内容来看，的确可见梁启超"做法"的影响，甚至可以说是对梁启超"做法"的"细化"，但也不可就此认定这些著述完全没有自己的特点。例如，金毓黻《中国史学史》将魏晋迄唐宋以来的史籍分私家修史和设馆修史两大部类来叙述，涉及众多私修和官修的重要史书，而在梁启超的"做法"中却明显轻视官修史书；在史官方面，梁启超更强调"史官的精神与史官地位的尊严"④，金著则更在意对历代史官制度兴废沿革的考证与阐述。魏应麒《中国史学史》的上编专论中国史学的特点与价值、中国史籍的位置与类别、中国史官的建置与职守，下编叙述远古至民国诸时代的史学发展情形，并强调"尤注意史学家之史学理论与方法"⑤，其上编所列的内容颇为清晰允当，在论述上虽失之简略，但是问题的提出和全书的安排也是有一定新意的。王玉璋《中国史学史概论》中有"历史哲学"一章，述及中国历史上的五德终始说、三正三统论、皇极经世论、三世论、神学史观、垂训借鉴史观、科学史观等，所论虽不乏牵强之处，但至少表现出了对梁

---

① 白寿彝：《中国史学史》第1册，166页。

② 金毓黻：《中国史学史》，4页，石家庄，河北教育出版社，2002。

③ 戴晋新：《20世纪中国史学通史书写结构取向的演变》，载《史学理论与史学史学刊》（2003），138页，北京，社会科学文献出版社，2004。

④ 梁启超：《中国历史研究法补编》，331页，石家庄，河北教育出版社，2000。

⑤ 魏应麒：《中国史学史》，2页，重庆，商务印书馆，1941。

启超"做法"的某种突破。

必须承认，受西式学术分类体系的影响而在中国产生的史学史学科，承载的是中国史学自身两千余年历史的厚重内容，因而，就史学史的学科建设而言，一段时间里专注于研究史官、史家、史学的成立及发展、最近史学的趋势等梁启超划定的史学史研究范围，从而在整体上表现出要籍解题式的研究特征，这在中国史学史研究的最初阶段是有其必然性的。草创之功，殊为不易，处于史学史学科开始阶段的多部史学著作和大量的史学史研究论文，为本学科的继续发展打下了较为坚实的基础。问题在于，在以要籍解题式的史学史研究为主要特点的同时或之后，中国史学史研究还应当关注什么？

20 世纪 40 年代，就已经有学者指出了该时期的中国史学史研究中存在的问题。以影响较大的金毓黻《中国史学史》为例，该书出版之后，白寿彝和齐思和分别撰写发表了对该书的评论。白寿彝认为："书中说史或史家的地方，很少是说到法式或义例的，说原理的更难见到。""我们固然不当要求作者具备某种史学观念，但我们必须要求作者有'一个'史学观念。如果写史学史而没有自己的史学观念，这本书如何能使读者看得清楚呢？"[①] 齐思和说："抑吾人犹觉美中不足者，书名史学，自宜论其体裁之得失，编次之良否，态度之偏正，考订之精粗，俾读者了然于二千年来史学演进之大势，及今后改良之途径，作者过重故实，而忽略史学，仅言纂修经过，鲜及体例得失，史学之义，似犹未尽也。"[②] 无论是"史学观念"的缺失，还是"史学之义"的未尽，两位评论者其实不约而同地看到了金著对于史学以及史学史自身概念及理论范畴方面认识程度的不足和论述内容的薄弱。这也不仅是这本著作的问题，而是当时的中国史学史研究中普遍存在的问题。走出要籍解题式的史学史研究，必须深化对史学之义和史学史观念的认识，对史学史课题观念的改变，则决定了史学史研究及史学史学科的走向。

---

① 白寿彝：《评金毓黻著〈中国史学史〉》，原载《文讯月刊》，第 7 卷，1947 (1)。引自《白寿彝史学论集》(下)，1246、1247 页，北京，北京师范大学出版社，1994。

② 齐思和：《金毓黻著〈中国史学史〉》，载《燕京学报》，1947-06 (32)。

二、历史、时代视野下的中国史学史研究

经过相当长的一段时期的沉寂①，20 世纪 80 年代以后，史学史研究无论是在研究成果还是在学科建设上都得到了前所未有的充实和发展。自 1980 年朱杰勤《中国古代史学史》出版后至今，各种中国史学史专著有 20 余种②，研究论文则难以计数。如此多方面的研究进展和研究成果的取得，与 20 世纪 60 年代前期进行的关于史学史问题的讨论不无关系。

20 世纪 60 年代初，因全国文科教材会议的召开，史学史作为高校历史学专业的必修课程之一，其教材的编写成为亟待进行的一项工作。缘此契机，北京、上海、广州等地先后召开座谈会，就史学史研究的内容、对象、任务、分期、研究目的、教材撰写原则和方法等作了较为广泛的探讨③，许多学者在他们的发言或文章中都提出了具有启发性和建设性的意见。这番讨论对史学史研究的影响虽因随后史学史研究的中断而未能得到充分的体现，但是其对史学史学科自身的反思与审视的意义和价值仍不可忽视。如白寿彝撰写的《谈史学遗产》和《中国史学史研究任务的商榷》④两篇文章，前者将史学遗产区别于历史遗产作专门论述，提出对史学基本观点的研究、对史料学和历史编纂学的研究、对历史文学的研究等史学史

---

① 1957 年商务印书馆出版了重新修订的金毓黻《中国史学史》，该书于 1962 年由中华书局再版；1964 年北京师范大学出版有白寿彝《中国史学史教本》上册，铅印本；大约在同一时期，刘节撰成讲义《中国史料学与史学史》。金书属再版，白书及刘书均属未正式公开出版，因此，20 世纪 50 至 70 年代的史学史著作相对寥落。

② 参见瞿林东：《近五十年来中国史学史研究的进展》，载《史学月刊》，2003（10）。

③ 相关情况可参见郭澎文：《关于中国史学史（古代部分）的讨论》，载《中国史学史资料》，1961（4）；《关于中国史学史的讨论》，载《文汇报》，1962-03-14；《关于中国史学史的讨论》，载《人民日报》，1962-03-23；《关于中国史学史的讨论》，载《北京师范大学学报》，1962（1）；《关于中国史学史的讨论》，载《历史研究》，1962（2）；《广东历史学会关于中国史学史的范畴、内容与分期问题的讨论》，载《学术研究》，1963（1）等。

④ 白寿彝：《谈史学遗产》，载《新建设》，1961（4）；《中国史学史研究任务的商榷》，载《人民日报》，1964-02-29。两文均收入《白寿彝史学论集》（下）。

的主要研究内容；后者通过对规律和成果、理论和资料等史学史研究任务中一些基本概念和范畴的辩证分析，将史学史研究中的主客体关系作了说明。耿淡如的《什么是史学史》① 一文，在分析了一些外国史学家对史学史所下的定义的基础上，结合中国史学史的自身特点，对史学史研究的对象和任务作了较为全面的阐述。

20 世纪 60 年代讨论中的一些见解，不免存在当时史学界在理论认识方面的特有印记，但是从总体上看，通过讨论所获得的对什么是史学、什么是史学史、史学史的研究目的、史学史应如何分期、分期的标准等问题的初步认识，正是此前以要籍解题为主要特征的史学史研究所亟须充实的"史学之义"之内容。20 世纪 60 年代的讨论还表明，深化对"史学之义"的认识，不能仅停留在讨论层面，全面拓展中国史学史研究，还需要进行多方位的探索。

20 世纪 80 年代的史学史研究成果，大体是建立在前一时期对史家、史书的要籍解题式研究基础之上，再辅以 20 世纪 60 年代对史学史讨论所形成的基本认识和 20 世纪 80 年代以后的一些新见解综合而成的。白寿彝在 20 世纪 80 年代中期将中国史学史的研究范围归纳为："中国史学本身的发展，中国史学在发展中跟其他学科的关系，中国史学在发展中所反映的时代特点，以及中国史学的各种成果在社会上的影响。"② 将此表述与当时中国史学史研究的成果形式联系起来，可以发现，20 世纪 80 年代的中国史学史研究更注重从时代特点把握史学发展走向，并关注史学自身功能及其社会作用的体现。这样的研究趋向，可视为是继要籍解题式的史学史研究之后，中国史学史研究的一个主要发展趋向。从历史发展的时代特点来审视中国史学自身的发展过程，促使史学史研究者能够从史家、史书中将研究视野扩展开来，对中国史学的整体脉络、发展节奏与特点作宏观分析。瞿林东指出：

北京师范大学史学探索丛书

---

① 耿淡如：《什么是史学史》，载《学术月刊》，1961（10）。
② 白寿彝：《中国史学史》第 1 册，29 页。

在历史进程与史学发展方面，于横向上力图把握和揭示相关历史时段的社会面貌对史学发展的影响，于纵向上力图把握和揭示在社会历史发展进程中史学自身萌生、发展的过程，及其在各相关时段中所显示出来的主要特点或发展趋势，从而力图历史地和逻辑地来阐明中国史学的面貌。①

是否可以这样认为，20 世纪 40 至 80 年代，中国史学史研究之课题视野的演变路径是，从中国史学史中的史家与史书，延伸至客观历史进程中的历史学的发展。课题视野如此变化，理论层次也就相应提高，诸如史学发展与客观历史发展的关系、中国史学发展的总体脉络、不同时期中国史学发展的不同特点、中国史学史发展的分期以及分期标准问题等关乎中国史学史学科建设的重要问题受到相应重视。基于对这些问题的宏观把握和具体研究已具有相应的基础，20 世纪 90 年代的中国史学史研究从多方面呈现出了向纵深拓展的态势，以下略举几例加以说明。

（一）对中国古代历史理论的研究

长期以来，中外史学界有一种看法，就是认为中国史学以叙事见长而没有理论。为了澄清这种误解，也为了系统研究和总结中国古代史学的理论成就，以瞿林东为代表，从史学批评入手，进而对中国古代史学理论与历史理论作了专门研究。瞿林东于 1992 年发表了《中国古代史学理论发展大势》一文，此后相继出版了《中国古代史学批评纵横》、《史学志》、《中国史学的理论遗产》等一系列论著②。这些研究成果，或分时段，或分专题，或纵向梳理，或横向论述，发掘和梳理了中国古代历史理论（如天人关系、古今关系、民族关系、"成败兴坏之理"、"英雄"与"时势"等）和史学理论（如史学、史才、史德、史义、书法与信史、史学功能、史学与社会的关系等）两个方面的理论遗产，不仅对中国史学史研究具有开创

---

① 瞿林东：《中国史学史纲》，3 页，北京，北京出版社，1999。

② 瞿林东：《中国古代史学理论发展大势》，载《历史研究》，1992 (2)；《中国古代史学批评纵横》，北京，中华书局，1994；《史学志》，上海，上海人民出版社，1998；《中国史学的理论遗产》，北京，北京师范大学出版社，2005。

性意义，而且也极大丰富了当代的史学理论研究。

（二）对中国近现代史学的研究

20 世纪 90 年代以来，中国近现代史学研究的成果数量明显增加。中国史学的发展自 19 世纪中叶以后随着社会历史的变迁发生了显著变化，固然，中国近代史学是承续古代史学而来的，但是近代以来中国史学受到西学的强烈影响逐渐发生了深刻的转变，以"从现在看过去"的角度而言，近现代史学史的研究对当下史学的发展及未来史学的展望无疑更有意义。先是吴泽主编的《中国近代史学史》（上下册）于 1989 年出版。该书以大量充实的材料为基础，率先对近代中国史学发展进行了较为全面的阐述。作者强调，应将近代史学"放在当时的社会政治、经济、哲学等广阔的视野上加以透视。因而在本书所定每一时期以及每一章节中注意论述史学思想的社会背景和思想基础"①，如此撰述旨趣，是与 20 世纪 80 年代史学史研究的趋向相吻合的。此后，对近现代史学的研究转为以思潮和流派为主要方向，如胡逢祥、张文建的《中国近代史学思潮与流派》（上海，华东师范大学出版社，1991）依历史进程与时代特点来把握近代史学思潮与流派，蒋俊的《中国史学近代化进程》（济南，齐鲁书社，1995）对近代史学发展进程中的重要事件、主要流派、不同史观、理论问题都有独到的述评，王学典的《二十世纪后半期中国史学主潮》（济南，山东大学出版社，1996）论述了新中国建立后 40 多年间中国史坛的若干史学思潮以及这些史学思潮的逻辑关系。当年梁启超提出的"最近史学的趋势"随着时间的推移已经发展成为今天颇具规模的中国近现代史学史的研究领域。20 世纪末 21 世纪初以来，近现代史学的研究成果更加丰富，涉及五四时期、抗战时期、新中国建立以来诸时期的史学发展论著均已经问世出版。②

北京师范大学史学探索丛书

---

① 吴泽主编：《中国近代史学史》上册，10 页，南京，江苏古籍出版社，1989。

② 如张越：《新旧中西之间——五四时期的中国史学》，北京，北京图书馆出版社，2007；田亮：《抗战时期史学研究》，北京，人民出版社，2005；张剑平：《新中国史学五十年》，北京，学苑出版社，2003。

杨翼骧编的《中国史学史资料编年》①，从 20 世纪 80 年代后期到 90 年代已经陆续出版了 3 册。这是以传统史学中长编的方式编纂的史学史资料长编，作者倾几十年的精力搜集、抄录、爬梳史料，凡涉及中国史学上的人物、著作、事件、制度诸项皆以时间先后依次编订，编者对相关问题加以考证，疑者存疑。如此"记注"之作，在笔者看来，其学术价值及学术生命力并不亚于某些所谓"撰述"之作。此种体裁的史学通史，对史学史学科建设的意义是不言而喻的，也是实实在在的。《中国史学史资料编年》的研究，说明了这样一个问题，要籍解题式的史学史研究并非过时，在以往对史家史书的研究基础上悉数搜集、整理中国史学史上人物、事件、著作、制度等材料，并加以深入研究，仍然是十分必要的。

进入 21 世纪以来，数部多卷本《中国史学史》相继出版。其中，白寿彝主编的 6 卷本《中国史学史》于 2006 年 12 月全部出齐，这是迄今部头最大、内容最全面的论述中国史学史的著作。全书以"导论"、"先秦时期：中国古代史学的产生"为第 1 卷，第 2 至第 6 卷分别为"秦汉时期：中国古代史学的成长"、"魏晋南北朝隋唐时期：中国古代史学的发展"、"五代辽宋金元时期：中国古代史学的继续发展"、"明清时期：中国古代史学的嬗变"和"近代时期（1840－1919 年）：中国近代史学"。这部著作的最大特点是，以贯通的眼光系统、全面地阐述中国史学的发展过程，力图在对中国史学各时期的横向论述中展现中国史学的产生、成长、发展、继续发展、嬗变以及近代史学的阶段性发展特征，重视每个时期的社会与史学的相互关系，重视对史学理论、历史文献学、历史编纂学等中国史学遗产诸方面的总结。吴怀祺主编的《中国史学思想史》以 10 卷本的篇幅从"史学思想"的角度论述了中国史学的发展过程，这对丰富中国史学史研究无疑具有积极意义。谢保成主编的 3 卷本《中国史学史》"将按时段考察中国史学与按系列考察中国史学相结合，勾画中国史学主流与支流交错发展的实际。"② 我国台湾学者杜维运著 3 卷本《中国史学史》，是以中国历史上

---

① 杨翼骧编：《中国史学史资料编年》，天津，南开大学出版社，1987（第 1 册"先秦至五代"）、1994（第 2 册"两宋时期"）、1999（第 3 册"元、明"）。

② 谢保成主编：《中国史学史》（三），1504 页。

不同朝代的时代特征与史学的自身发展、不同时期的史学特点与学术思潮走向、具有重要地位的史家与史著、中西史学的总体比较与分阶段比较等内容为主题作综合阐述，重视对中西史学的比较研究，是这部著作的一个突出特点，对中国史学史研究的启迪作用尤深。

几种多卷本中国史学史著作的完成、出版，在很大程度上即是对此前中国史学史研究成果的集中反映，说明中国史学史学科建设和学术研究已经具有相当规模，而突出和强调历史、时代视野下的中国史学史研究，是中国史学史研究得以拓展和深入的一个重要方面。然而，随之而至的问题或许更为复杂。朱维铮说："我们的史学史研究，在若干关节点上，不是需要深化，便是需要增补。于是，困扰这门学科史研究的老问题，即史学史写什么、怎么写，等等，就再度摆在我们面前。"① 中国史学史学科的研究趋向和发展前景如何，则再次成为人们关注的问题。

三、对中国史学史研究趋向的思考

传统人文学科的独立以及其他社会科学的建立和发展，就学科史而言，更多的是从较为单一的、纵向性的角度对本学科内容的构建。其结果是忽视了学科史与学术史间的渗透关系。乔治忠说：

> 学术上的分门别类，是随着社会文化的发展逐步进行的，近现代的专门学科形成之后，有力地推动了学术事业的进步，但各门学术在知识、方法上是密切关联的，在发展进程中是相互影响、相互作用的。如果专门学科的研究在沿着自己关注的问题纵深探讨之时，过分圄于专业畛域而忽视了各门学术间的联系，则可能出现认识的轻重失宜、讹误或疏漏。②

---

① 朱维铮：《史学史三题》，载《复旦学报》，2004（3）。
② 乔治忠：《论学术史视野下的史学史研究》，载《南开学报》，2004（2）。

学术史着眼于一段时期内学术发展整体性的价值评估、研究方法的归纳、理论体系的总结以及各学科相互关系的探究等。这对单独某一门学科史来说，似乎勉为其难。摆脱单一学科史局限的尝试，是将史学与社会时代结合起来。前一阶段的中国史学史研究，明显加强了在史学发展中注重史学与时代互动关系的研究，这不仅意在突破要籍解题式的窠臼，更对认清史学与社会政治的关系以及双方相互作用所产生的影响多有裨益。但即使如此，问题似乎依然存在，"比如，有些史学成果和一定的政治有紧密的联系；有些成果和政治的联系较少，甚至有些和政治并无直接联系。对于史学家来说，情况也是复杂多样的，不可一概而论"。① 在这种情况下，强调学术视野下的史学史研究，可视为摆脱单一学科史局限的进一步尝试。事实上，20世纪末至21世纪以来，将史学史纳入学术史的视角中深入考察史学的自身发展，突破狭义的史学畛域而涉及影响史学的诸多学术因素做综合研究，已经比较明确地成为史学史研究的主要趋向。在这样的学术背景下，诸如中国史学史研究中的经史关系、文史关系、史学的经世致用、古代历史理论与史学理论、近代以来从历史观到史料观念的转变、中西史学之交流与比较等问题，都更为研究者所重视。

以中国古代史学而言，传统学术之经史子集的知识分类固然将史部"独立"出来，但古人治学却从未囿此畛域，所谓义理、考据、辞章之学无不贯穿经史子集各部。如果以今人专门学科的眼光讨论古代"史学"的内容，诸多含于传统学术中的史学资源或许会被忽视，史学史研究可能就会有不全面、不充分的缺失。对中国古代史学做学术史的考察，意在更多地回归在传统学术诸多因素之中理清史学的发展脉络、探析史学自身的撰述形式和理论内涵等特点，研究史学与经学、文学间的错综关系，揭示那些隐藏在史学发展表面之后的线索。如胡宝国在其《汉唐间史学的发展》一书中，就汉魏以来的经史之学、文史之学等专题作了专门论述，其目的"就是要把史学史的问题置于学术史、社会史的背景下来加以考察"，他认

---

① 张岂之主编：《中国近代史学学术史》，3页，北京，中国社会科学出版社，1996。

为："史学的发展不会是孤立的，它总是与其他学术领域、与一定时代的学术思潮、社会思潮存在着密切的关系。"① 近年来，对中国古代史学的研究除在古代史学理论与史学思想方面有较突出进展外，纵深式的专题研究似显薄弱②，因此，着力向深层次拓展研究视野，开辟新的研究领域，打破传统的选题思路，将古代史学研究的触角延伸至与之相关的各个层面和领域，仍然是亟待努力的方向。

中国近现代史学是近年来史学史研究的热点。其中，在剧变的社会局势中考察史学思潮与流派的特征与走向、探究西方史学对中国史学的影响、分析史学转型之际新旧中西诸因素间的张力等方面，均有材料与分析俱佳的成果问世。学术史范畴的近代学科体制的建立、学术期刊的出现与影响、专业学会的兴起与运作等研究课题，也延伸到史学史研究的视野中，反映为对近代历史教育教学体制、史学期刊、历史学会团体等的专门考察，丰富了历史学科学术史建设的内容。

中国近现代史学史研究的日益深化，却使得该研究领域愈来愈成为中国史学史整体时段中的"专门领域"而存在，换句话说，对所谓中国古代史学与中国近现代史学的"分野"，固然利于研究上的集中与便利，但却人为地阻隔了二者在实际上的联系。究其缘由，恐怕还要归之于20世纪60年代对史学史研究的"分工"。③ 在当今的中国史学史研究已相对充分的情况下，不仅上述在研究时段上的"分工"已无太大必要，而且在研究内容上，更应对传统史学向近现代史学转变作贯通的考察，将中国古代史学与中国近现代史学视为一个发展整体作全面的梳理与研究。瞿林东说："长期以来存在这样一种观点，认为近代史学从理论到方法都是从外国输

---

① 胡宝国：《汉唐间史学的发展》，2页，北京，商务印书馆，2003。

② 笔者所见，如胡宝国著《汉唐间史学的发展》、罗炳良著《清代乾嘉史学的理论与方法论》等对古代史学的专题研究有较深入的阐述，但具有两千年悠长历史的中国古代史学，近来在研究成果上较之于有多种近现代史学研究成果，至少在数量上是不相称的。

③ 当时是以白寿彝所在的北京师范大学的有关人员主要研究中国古代史学史，以吴泽所在的华东师范大学的有关人员研究中国近现代史学史，耿淡如所在的复旦大学的有关研究人员研究西方史学史。

人的，是因'摒弃'了传统史学才产生的。这种看法无法解释近代史学为何深深扎根于民族文化的土壤之中，故与近代史学的客观进程是不相符合的。"①　以学术史视野对史学史作贯通考察，既可以更深入地认识近现代史学对古代史学的学术承继关系，也有利于反观古代史学优良成果的长久价值。从方法论上说，就是努力将研究对象深入其学术发展的大背景下作纵向与横向的研究。日益受到关注的中国马克思主义史学研究也同样如此。对马克思主义史学家、重要著述以及中国马克思主义史学做专门研究当然是非常必要的，但是还应当强调将中国马克思主义史学放入整个近现代中国史学发展的进程中作综合考察，因为，中国马克思主义史学是在近现代中国史学的整体背景下产生发展的，是在近现代中国历史和中国革命的历史发展中孕育成长的。中国马克思主义史学不仅拥有唯物史观作为理论指导，它同样包含传统史学的诸多因素，并且受到了近现代史学其他思潮流派的影响。

早在史学史学科建立之际，在大力译介西方史学理论与史学方法的同时，一些学者开始探讨中西史学结合之途径、比较中西史学之异同。梁启超、胡适、何炳松等人在对中西史学许多问题的研究中均以比较研究的方法进行过有意义的尝试。他们更多的是注重西方的史学理论与方法，从引入史学研究方法入手，比较中西史学间的差异。在 20 世纪前半期，人们还没有将中西史学比较作为一个专门的课题来看待，其着眼点主要还是吸收、借鉴西方史学去建立中国的新史学，目的是使中国史学走出旧史学的窠臼，尽快走上现代史学的发展途径。正是在这样的努力过程中，自然会涉及中西史学的比较，而这时的中西史学比较研究还是初步的、被动的、不明确的。20 世纪 60 年代对史学史的讨论过程中，从世界史学发展的角度观察中国史学、应重视中西史学比较研究被许多人提及。耿淡如指出："史学史也和历史一样可分为国别史学史和断代史学史，也可综合地去研究，作为世界史学通史。由于各国史学的发展很不平衡，它可采用比较方法，在和社会发展状态联系下，来阐明各国或各时代史学发展的异同点以

---

① 　瞿林东：《近五十年来中国史学史研究的进展》，载《史学月刊》，2003 (10)。

及它们之间的相互影响。"① 齐思和说："中国和欧洲的史学传统，是世界上两个主要的历史学传统，我们正可以加以比较研究。"② 可见，中西史学比较的学术意义已经得到了更为明确的认识，区别于"历史比较"（comparative history）的"史学比较"（comparative historiography）的概念也逐渐清晰。20 世纪 80 年代以来，通过一些史学比较研究的具体实践，人们的认识有了进一步发展，不再局限于中西史学间过分具体的两两对比，即以往一提到比较研究，就会很自然地找出那些中西史学间相类似的史家、史书等进行比较，如将司马迁与希罗多德作比较、将司马迁的《史记》与希罗多德的《历史》作比较。这样直接而具体的两两对比，不仅使问题简单化，而且也影响了比较研究的学术价值及其魅力。深化中西史学比较研究，已经获得了值得借鉴的研究成果。③ 但是，由于中外史学比较研究的难度甚大，中西史学比较研究之路仍然艰难。朱维铮认为：

> 中外史学比较，首要的前提就是研究者需要对古今中外史学的基本进程有整体的了解，这岂是个别史家所能胜任的？倘若只作个案比较，同样面临可比性问题。人们早就注意历史有共时性与历时性的区别，同时同地的历史过程充斥着复杂的矛盾，没有结局相同的历史事件，也就不可仅从形式来做比较，追寻个案发生的偶然因素或许更加必要。况且要对不同环境条件下发生的事件或人物进行比较，更不可只看局部的相似性而无视整体的差异性。④

比较研究中的这些问题，相应提升了探讨史学比较研究理论的重要性。刘家和、陈新的《历史比较初论：比较研究的一般逻辑》⑤ 一文，将历史比

---

① 耿淡如：《什么是史学史》，载《学术月刊》，1961（10）。

② 齐思和：《欧洲历史学的发展过程》，载《江汉学报》，1963（6）。

③ 如朱本源：《"〈诗〉亡然后〈春秋〉作"论》，载《史学理论研究》，1992（2）；刘家和：《论通史》，载《史学史研究》，2002（4）等。

④ 朱维铮：《史学史三题》，载《复旦学报》，2004（3）。

⑤ 刘家和、陈新：《历史比较初论：比较研究的一般逻辑》，载《北京师范大学学报》，2005（5）。

较中不可公度性与可公度性的关系、局部比较与整体比较的关系、比较研究之于历史认识的重要性、比较研究中认同与差异的关系等问题作了深入分析。该文虽以历史比较研究为讨论对象，但其"比较研究的一般逻辑"亦适用于中外史学比较。相信通过这方面的理论探讨，会有助于中外史学比较研究进入一个更高的学术层次。刘家和说："应加强中外史学的比较研究，只要有了比较研究的同中见异，才能够完成对中外史学的一次完整的认识过程，这样的认识过程需要是不断深入进行的，而全部这样的认识过程都必须也必然是在比较的研究中实现的。"① 就中国史学史而言，通过比较中西史学的研究途径而达到对中国史学的"一次完整的认识过程"，已经成为中国史学史学科的一个新的研究"增长点"。已有学者将中外史学的交流与比较视作"支撑史学史总体结构的鼎足之一"②，可以预见，随着中外史学比较研究的深入进行，史学史研究将会取得更大的发展，这对历史学的推动意义当然也是不言而喻的。

在史学史研究不断深入、史学理论研究不断受到重视的今天，二者你中有我、我中有你的密切关系更为明显。在历史学因其人文特征所导致的那些非实证属性被普遍关注的今天，史学史的学科建设尤显重要。史学史研究不仅展示了历史学自身发展的具体过程，而且成为那些理论阐发的事实依据。一方面，史学史研究不仅需要梳理和总结以往的史学理论的成就，而且需要理论的积淀和指导。朱本源说："我们要理解任何一个历史编纂学家的著作的精神实质，或要研究史学史（历史编纂学的历史），必须要探讨历史的理论和方法论。"③ 另一方面，史学理论研究需要得到来自史学史的"经验"，否则便成无源之水。中国史学史研究既要花大力气发掘与总结古代的史学理论遗产和近现代的史学理论建树，展示中国史学理论的特点，还要积极学习与消化西方史学理论，致力于摸索与创获符合中国历史学发展的理论体系。只有在史学理论诸层面的研究得到真正的加

---

① 张越、何佳岭：《史学·史学理论及史学史·比较史学——访刘家和教授》，载《山东社会科学》，2007（5）。

② 参见朱维铮：《史学史三题》，载《复旦学报》，2004（3）。

③ 朱本源：《历史学理论与方法》，19页，北京，人民出版社，2007。

强，才能够给史学史研究以充足的理论"养分"，才能够有力地促进中国史学史研究的深入发展。可以说，对史学理论的研究是否充分，已经成为影响史学史研究能否深入的关键问题。这无疑也是今后中国史学史发展的努力方向之一。

史学史是对以往历史学的回顾，而回顾与展望中国史学史研究的发展路径，则具有加强中国史学史研究和促进中国历史学研究的双重意义。

北京师范大学史学探索丛书

史学史研究中的中国史学
通史撰述

就像许多中国史家更愿意将撰述中国通史作为其最重要的学术志向与研究目标一样，在史学史研究领域，对中国史学通史①的研究与撰述也是备受关注并具有集大成意义的。这不仅因为史学通史可以系统反映著者个人对史学史研究的心得，而且，"最能体现、也最应体现史学史课题观念的当为史学通史，因为写通史必须具备课题整体观念。课题整体观念也唯赖通史方得以完整的面貌与实证的结果呈现"。"史学史课题观念的完整实践，最佳的检验就是通史论述"。② 一部高质量的史学通史，表面上体现了著者对史学史的整体观念、课题取向、阶段分期、研究旨趣、史官史家、史著史体等一般与具体问题的阐述和见解，实则标志着当时的史学史研究的阶段性水准。从后者的角度而言，一部有分量的史学通史的撰著与面世，或许具有超出著者个人研究行为的更为广泛的学术意义，也更能够引发我们对史学史学科建设与学科发展层面的积极思考。

一、中国史学通史与史学史学科的发展

一般认为，近代中国首先提出"史学史"并倡议撰写中国史学史的人是梁启超。但是朱维铮指出，中国史学的有史，开始于"五四"以后，李大钊于1920年编写了《史学思想史讲义》，较诸梁启超于1922年在南开讲

---

① 本文所说的中国史学通史，指通史性的中国史学史著作，既包括以1840年为下限的"中国古代史学史"，也包括向后沿至近现代的"中国史学史"，亦包括以1840年为上限的"中国近现代史学史"。

② 戴晋新：《20世纪中国史学通史书写结构取向的演变》，载《史学理论与史学史学刊》(2003)，136、13页。

授《中国历史研究法》早一年。① 李大钊的讲义简要介绍了欧洲文艺复兴以来数位重要史家的史观和史学思想,该讲义虽未直接涉及中国史学史研究,但其"史学思想史"之说,却提示了史学史在历史研究中的必要性,可视为近代中国学者言及"史学史"最早的文字著述。其后,梁启超在《中国历史研究法补编》中提出"史学史的做法",强调史学"很有独立做史的资格",这被认为是中国的史学史学科开始建立的标志。从那时起直到今天,史学史研究逐渐发展、充实起来,史学史之于历史研究的意义也逐渐明确并得到了愈来愈多的研究者的重视。

较早出现的中国史学通史性的讲义和著作,约在 20 世纪三、四十年代,其中公开出版并产生较大影响的是金毓黻的《中国史学史》、魏应麒的《中国史学史》以及王玉璋的《中国史学史概论》。金著创稿于 1938 年,完成于 1939 年 9 月,初版于 1944 年的重庆商务印书馆;魏著创稿于 1937 年,完成于 1940 年春,初版于 1941 年的重庆商务印书馆;王著初版于 1942 年的重庆商务印书馆。金著成书在魏书、王书之前,出版于魏书、王书之后。商务印书馆在 1941 至 1944 年的三四年间即出版三部史学史著作,充分说明了当时学界对史学史的重视程度,也反映了中国史学史研究在当时的发展势头。多部史学通史性著作的出版,对中国史学史的学科建设起到了重要作用。

对该时期史学通史的批评主要有两点,一是"带有浓厚的史部目录学的气味"②,史学史著作更像是书目答问、要籍解题;二是缘于对什么是史学、什么是史学史、史学史的研究目的、史学史应如何分期、分期的标准等问题的认识尚处于模糊状态,造成"史学之义,似犹未尽"③ 的缺失。这两个方面的问题其实是有联系的,正是对"史学之义"讨论的不深入,才出现了要籍解题式的史学史。

20 世纪 80 年代以后,史学通史的出现骤然增多。20 世纪 80 年代前期出版的一批中国史学通史,较之 20 世纪三、四十年代的史学通史,在内容和面貌上有了很大不同,其中的原因,还要归结于 20 世纪 60 年代对史学

---

① 参见朱维铮:《史学史三题》,载《复旦学报》,2004 (3)。

② 白寿彝:《中国史学史》第 1 册,166 页。

③ 齐思和:《金毓黻著〈中国史学史〉》,载《燕京学报》,1947-06 (32)。

史的讨论。白寿彝的《谈史学遗产》、《中国史学史研究任务的商榷》，耿淡如的《什么是史学史》等文章都提出了具有启发和建设性的意见。20 世纪 80 年代出现的一些中国史学通史著述，大体是建立在前一时期对史家、史书的"要籍解题"式的研究基础之上，再辅以 20 世纪 60 年代对史学史讨论所形成的整体框架和基本认识撰述而成的，课题视野与理论层次虽然有所提高，存在的问题也十分明显。以朱杰勤的《中国古代史学史》为例，葛兆光评论说：朱书的问题在于"把史著的体例仅仅当作分类依据或编写形式的差异……对历史编纂学上的这些变化发展的描述，便在各书中显得十分零散和突兀，不能与史学思想、史料学以及历史背景联系起来，因而不能给人以立体的感受"，"作者并没有详细发掘材料、分析材料，并从材料入手进行更深入的研究"。葛文强调：史学史研究"要把重点放在阐明历史发展的规律上。诚然，对一部一部书单独进行孤立的分析要容易得多，而在此基础上更广泛、更深入地进行辩证研究则要费力得多，没有大量的比较、分析、综合，是不容易理清这一头绪繁多的脉络的，然而史学史研究本身就是要理清这一线索，否则，它与目录学又有什么区别呢?"葛兆光建议："从专著编纂形式上考虑，认为过多地综合论述规律、途径、背景、概貌等问题，会导致条理不清之弊，那么，我们是不是可以参考其他文化史专著的编纂方法……在每一个时期的史学之前，来一个综合论述，写得长一些，细一些，然后再分别对具体史书及史家进行论述，甚至最后再来一个小节，介绍它们的影响。"① 这里还反映了史学通史在书写结构上的矛盾，即史学通史不可能不重视对史家、史籍的重点阐述，然而史学通史又不是要籍解题，它还应该阐明史学发展的规律，展示史学与社会间的互动关系，回答史学的性质、史学的功用等一系列史学自身的理论问题，否则便不能说它是一部史学通史。要在一部史学通史中处理好两方面的问题确实比较困难，这不仅需要作者在认知方面具有理论上的见识，还需要作者在书写方法上妥为安排。事实上，在以后的一些史学通史中，作

---

① 葛兆光：《谈史学史的编纂——兼评朱杰勤著〈中国古代史学史〉》，载《史学史研究》，1983（4）。

者们确实不约而同地在导言、叙论部分大大增加了分量，如白寿彝《中国史学史》第1册的《叙篇》达12万字，瞿林东《中国史学史纲》的《导论》近8万字，杜维运《中国史学史》的《引论》近2万字。

20世纪80年代前期的几部史学通史亦有值得关注之处。如，刘节的《中国史学史稿》是经后人整理出版的，该书十分注重对每个时期史学发展的一般状况作出"概观"，作者因认为"历史哲学的波澜壮阔是可以影响历史编纂学的"①，而在书中重视对一定时期历史哲学的阐述，这在其他史学通史中尚不多见。尹达主编的《中国史学发展史》（郑州，中州古籍出版社，1985）将下限写到1949年，首次将中国马克思主义史学的发展写入了史学通史中。

此外，在史学史研究中应注意社会时代对史学的影响以及史学自身的价值和作用的体现，也是史学通史撰述突破"要籍解题"的一个重要方面。这些特点均可视为在20世纪末期史学通史所反映的史学史学科的研究进展。1986年白寿彝的《中国史学史》第1册出版（上海，上海人民出版社，1986），包括《叙篇》和第一章《先秦时期，中国史学的童年》②。值得重视的是《叙篇》对史学史研究的任务和范围的阐述，著者从历史理论、史料学、历史编纂学和历史文学四个方面论述了史学史学科的研究范围，指出中国史学史研究的任务是阐述中国史学发展的规律，包括"中国史学本身的发展，中国史学在发展中跟其他学科的关系，中国史学在发展中所反映的时代特点，以及中国史学的各种成果在社会上的影响"③。这样的看法，应该是对20世纪60年代提出有关问题的总结性的表述，也是当时讨论史学史问题的结果在史学通史中的全面体现，对新阶段的史学史研究有着开拓性的意义。瞿林东著《中国史学史纲》的开篇是长达8万字的《导论》，论述了史学史意识的产生和发展、史学史的性质和任务、中国历史上的史官制度和私人著史、中国史书的特点、历史思想和史学思想、史学和社会等六个方面的理论问题；在具体阐述中国史学发展之全貌的基础上，突出了这一过程中理论成就的积累，并兼顾有关认

---

① 刘节：《中国史学史稿》，8页，郑州，中州书画社，1982。

② 该书作为6卷本《中国史学史》的第1卷于2006年由上海人民出版社出版。

③ 白寿彝：《中国史学史》第1卷，29页。

识历史的理论和认识史学的理论。该书是作者对史学史学科诸多理论问题长期思考的综合体现，而一篇内容充实、充满思辨意识的长篇导言，不仅提升了全书"史学之义"的层次，而且对具体论述各时代的史学发展显得很有依托感，史学通史所独具的"通"的特点从横向和纵向两方面突出地反映出来。①

20 世纪 90 年代至 21 世纪以来，史学通史仍在不断涌现，值得注意的有以下两点：

第一，近代史学通史的数量明显增加。

较早的有胡逢祥、张文建的《中国近代史学思潮与流派》（上海，华东师范大学出版社，1991）、蒋俊的《中国史学近代化进程》（济南，齐鲁书社，1995）等。同类著述还有张岂之主编的《中国近代史学学术史》（北京，中国社会科学出版社，1996）、张书学著《中国现代史学思潮研究》（长沙，湖南教育出版社，1998）等。对中国近现代史学作贯通性研究的还包括 20 世纪中国史学。罗志田主编的《20 世纪的中国：学术与社会——史学卷》（济南，山东人民出版社，2001）分专题对 20 世纪中国史学作了专门论述。北京师范大学出版社则推出了"20 世纪中国史学研究系列"，陆续出版了《20 世纪中国历史考证学研究》（陈其泰主编，2005）、《20 世纪中国史学思潮与变革》（侯云灏著，2007）、《20 世纪中国史学重大问题论争》（肖黎主编，2007）、《20 世纪中外史学交流》（张广智主编，2007）、《20 世纪中国史学发展分析》（瞿林东主编，2009）等以 20 世纪史学为中心的史学史著述。当年梁启超提出的"最近史学的趋势"随着时间的推移已经发展成为今天颇具规模的中国近代史学史研究领域，而对近代史学史研究的不断全面深入，为完整意义上的史学通史（从古至今）创造了条件。

第二，杨翼骧主编的《中国史学史资料编年》②。

---

① 瞿林东著《中国史学史纲》（北京出版社 1999 年初版）至今已经第三次印刷，累计印数达一万余册，2002 年在台湾出版了繁体字本，可见该书的学术影响。

② 杨翼骧编：《中国史学史资料编年》，天津，南开大学出版社。1987 年出版第 1 册"先秦至五代"，1994 年出版第 2 册"两宋时期"，1999 年出版第 3 册"元、明"。书前"例言"称写至清末，唯希望该书能够尽早出齐。

该书是以长编的方式编纂的史学史资料，对涉及中国史学上的人物、著作、事件、制度的各个方面的文献记载均依时间先后录之，编者间或对相关问题加以考证。此属"记注"之作，但中国史学史学科将因此书而受益无穷。

21 世纪以来，数部多卷本中国史学通史著作先后问世，这些著作大多是在著者长期研究中国史学史基础上的集大成之作。多卷本中国史学通史的出版，从多方面集中反映了中国史学史的研究成果与史学史学科的发展趋向，中国史学史研究由此进入了一个新的发展阶段。

二、中国史学通史与史学史分期

中国史学通史不仅要全面记述中国史学的发展过程，而且还要反映撰述者对中国史学的基本认识和基本观点。作为研究史学史所应持有的基本看法和表述上的要求，分期问题在史学通史中是无法回避的。史学史分期观点的全面、深入、成熟与否，是衡量史学通史撰述水准的标志之一，中国史学通史撰述也是体现研究者的史学史分期观点的最佳平台。

20 世纪三、四十年代，早期的中国史学通史对分期问题的处理方式大致有两种。

1. 受梁启超观点的影响，把史官、史家、史学和史学趋势等部分作为阐述史学史的主要内容，并在此基础上，把史学史作某种段落式的划分。梁启超在其《中国历史研究法补编》一书中"史学史的做法"一节里说："中国史学史，最少应对于下列各部分特别注意：一、史官，二、史家，三、史学的成立及发展，四、最近史学的趋势。"① 在"史学的成立及发展"部分，梁启超以刘知幾、郑樵、章学诚三人为划分段落标准。严格说来，梁启超提出的这个"史学史的做法"，仅是研究并撰写中国史学史所必须注意的四个基本内容。但在研究中国史学史的早期阶段，这几个方面却普遍地被当成一种带有分期性质的结构模式了。如王玉璋在其《中国史

---

① 梁启超：《中国历史研究法补编》，《饮冰室合集·专集之九十九》，153 页，北京，中华书局，1989。

学史概论》中把中国史学史分为五个部分：（1）史官；（2）史籍名著述评；（3）史体；（4）历史哲学；（5）史学之新趋势。① 作者实际上是以史官、史著、史体的发展说明中国史学的发展历程，并辅以"历史哲学"的阐述。卫聚贤所著《中国史学史》的结构要点为：历史的起源及演进、史学的分类及目录、正史与史目、历代的史官和历代的史学家。② 其中"历史的起源及演进"和"历代的史官和历代的史学家"也有分期叙述的倾向。可以看出，他们往往是按史官制度、史家和史著等几条线索进行叙述，再有就是加上史书体例、历史哲学等的阐述，最后则加上近代以来的史学发展趋势以结束全书。这样的处理方法，便使史学史的内容与史部目录学或史籍解题相差无几。尽管从中也可以反映出纵向分期叙述的意味，但多被这几点结构要素所掩盖。

2. 以朝代的兴替区别史学史的发展阶段。如蒙文通把中国史学史分为四个阶段：（1）晚周至汉；（2）六朝至唐；（3）中唐两宋；（4）明清。③ 陆懋德在所著《中国史学史》④ 中，也根据朝代的更替较为详细地分出了若干时期。这种阐述方式的纵向阶段性意图更为明显，较之史官、史家、史学的分法，可以说是一个进步。不过这只是简单的叙述程序上的变化，尚难看出著者如此划分史学史发展阶段的充足理由。因此，这个时期人们对分期问题的认识还是初步的，只是随着史学史本身而提出了问题。

值得一提的是，朱谦之在他的《中国史学之阶段的发展》⑤ 一文中，"用发展的观点提出了对中国史学史分期的看法。"⑥ 这种分期法是按照中国社会历史的发展阶段，把史学史划分为故事式、教训式和发展的历史时

① 参见王玉璋：《中国史学史概论》，重庆，商务印书馆，1942。

② 参见卫聚贤编：《中国史学史》，转引自北京师范大学历史系中国史学史编写组编：《中国史学史资料》，第 4 号，1961-12。

③ 参见《蒙文通选集》第 3 卷，《经史抉原》，222～244 页，成都，巴蜀书社，1995。

④ 参见陆懋德：《中国史学史》，转引自北京师范大学历史系中国史学史编写组编：《中国史学史资料》，第 4 号。

⑤ 朱谦之：《中国史学之阶段的发展》，载中山大学史学研究室编：《现代史学》，第 2 卷，1934。

⑥ 白寿彝：《中国史学史》第 1 册，165 页。

期三部分，下限止于 20 世纪 30 年代的中国社会史论战。这种把中国史学划分为三个发展阶段的分期方法，注意到了史学史的发展线索，没有用静止的眼光看待几千年的中国史学，在一定程度上反映了史学发展的阶段性，反映了作者的见解。此外，周谷城在他的长文《中国史学史提纲》①中所表现的分期观点也颇具新意。文章从区别历史与史学这两个词的含义入手，认为史学发展的初期是"起于实用的记录"，进而是周汉时期形成的"道德文学与史书"，再发展到"由史书进到史学"的汉唐阶段，至元明清时期"史学得以独立发展"，最后是近现代以来的"创造中的新史学"，也包含"发展的观点"。

20 世纪 60 年代初，在北京、武汉、上海等地先后召开了如何进一步建设、充实中国史学史学科的会议。分期问题引起了大家的热烈讨论。古代史学史的分期问题，"大家同意基本上跟整个中国社会阶段的发展相照应，但社会变化在意识形态上的反映，一般总要晚些。"② 至于具体的阶段划分标准，白寿彝认为："按现在的研究基础说，还很难提出一个可信服的分期的主张，但也不妨一面考虑这个问题，一面随着研究工作的开展而逐渐明确起来。"③ 他提出了三个可供考虑的分期标志：（1）司马迁；（2）刘知幾或杜佑；（3）明清之际的黄宗羲、王夫之和顾炎武。司马迁之前是史学的酝酿时期，以后开始有了系统的历史著作，史学被确立了；刘知幾的《史通》总结了以前纪传体的历史，此后官修史书占了很重要的比重，通史、编年史、制度史也有所发展；黄、王、顾三人都讲求经世致用，但路没有走通，转而兴起了乾嘉考据之学，龚自珍是古代史学部分的殿军。在一些更具体的分期问题上也作了讨论，如中国史学史应该从什么时候写起、中国史学史的下限应断在何处等。与 20 世纪三、四十年代相比，对分期问题的认识显然更进了一步。人们已经注意到史学史的分期既要反映出史学本

北京师范大学史学探索丛书

---

① 周谷城：《中国史学史提纲》，见周谷城：《史学与美学》，上海，上海人民出版社，1980。

② 参见《关于史学史的讨论》，载北京师范大学历史系中国史学史编写组编：《中国史学史资料》，第 4 号。

③ 同上。

身的发展过程，又要兼顾其他方面的种种影响，至少要与社会经济的发展、专制主义的发展、阶级斗争和民族斗争的发展等方面联系起来。分期问题成为研究史学史的基本问题之一，这主要是由于对分期问题的不同认识，关系到对中国史学史研究的一些基本观点的看法的不同。可以看出，尽管这个时期对中国史学史分期问题的认识受到当时时代影响的痕迹十分明显，但是经过上述讨论，还是为深入研究史学史以及更好地解决分期问题打下了较好的基础。

20 世纪 80 年代以后，史学史的研究重新受到重视。最明显的变化，就是数十种中国史学通史的相继出版。从中可以看出，各家都有自己的分期方法，其中每一种分期观点多贯以中国史学通史专著的形式叙述下来，体系完整，自成一说。对分期问题的研究一方面因此而显得更为充分，另一方面却由于多种分期观点的大相径庭而显得分歧更大、难于统一。不同分期观点所依据的各种分期标准也相对明确。这些都说明随着对史学史研究的进一步深入，对分期问题的探讨也进入了一个新的阶段。

当具体谈到史学史的分期方法时，首先遇到的就是关于中国史学起源的问题。中国史学是从什么时候开始形成的？中国史学起源的标志是什么？一般认为，自从出现了文字，才能有历史的文字记录，所以史学应起源于文字的产生。杨翼骧说："探究我国史学的起源，应当从文字出现的时候谈起。因为有了文字才能有历史记载，有了历史记载才能编纂成史书，在记录史实和编纂史书的过程中才产生了史学。"[①] 考虑到中国史学自身的特点，另一种观点认为中国史学的起源是史官。金毓黻说："史学寓乎史籍，史籍撰自史家。语其发生之序，则史家最先，史籍次之，史学居末。而吾国最古之史家，即为史官。……故考古代之史学，应自史官始。"[②] 李宗侗也认为："史之初义为史官而非指史书"，"在中国，史书是后起之义，由史官而引申成史官所写之史书"，"史由史官而兼指史书，盖始于秦汉之际"。[③] 他进一步认为，上古及两汉只标"史书"，魏晋南北朝

---

① 杨翼骧：《我国史学的起源及奴隶社会的史学》，载《天津日报》，1961-12-08。

② 金毓黻：《中国史学史》，7 页。

③ 李宗侗：《中国史学史》，1、10 页，北京，中国友谊出版公司，1984。

以后才标"史学"，意即两汉以前还是只有个别史家著作的史书，而史学的形成则是魏晋以后的事。刘节对这个问题比较谨慎，他不直接使用"中国史学的起源"这种说法，"不采用中国史学的起源一语，是表示我们的解释还只是限于制度方面，还没有以整个社会为出发点去研究这个问题。同时要说明中国的历史编纂学是从某一种具体事实上开始的，而这种事实从很早的文字上便已经看出来了。"[①] 他使用"释史"一词解释中国史学的开端。白寿彝的一贯主张是："中国史学的历史，可以从远古的传说说起。"他认为："传说不是历史学，但它有历史故事的内容，反映了一定的历史观点，也有自己的表达形式。从史学产生的渊源上说，传说是传播历史知识的最原始的形式。""在这时期，虽还不可能有史学，但追本求源，还是要从这里说起。"[②] 尹达主编的《中国史学发展史》一书，也肯定了传说在中国史学最初阶段的地位，书中说："远古的传说，在一定程度上反映了当时的社会面貌，透露了一些原始的历史意识，是历史记述赖以发生的前提。"[③] 仓修良同意传说在中国史学发生阶段的重要性，他说："研究这些神话、故事传说，对于研究我国史学的起源是有意义的"[④]，不过他仍然认为，"史学的正式产生，必须具备文字、历法这两个基本条件"。[⑤] 杜维运从比较中西古代史学的角度，指出"中西古代同样出现尊古卑今的观念，于是同时出现史学"，他说："中国古代历史记录的盈积，由于以历史作鉴戒的观念弥漫。史学由此而孕育，而成长。"[⑥] 由上可知，对中国史学起源的问题之歧义所在，是缘于论者对"史学起源"的不同理解：持"文字出现"说的，指的是记录的历史；持"起自史官"说的，指的是"史学建置"；持"远古传说"说的，指的是历史意识；持"历史鉴戒观念"说的，指的是历史学。

① 刘节：《中国史学史稿》，10 页。

② 白寿彝：《中国史学史》第 1 册，197、45、197 页。

③ 尹达主编：《中国史学发展史》，9 页，郑州，中州古籍出版社，1985。

④ 仓修良、魏得良：《中国古代史学史简编》，3 页，哈尔滨，黑龙江人民出版社，1983。

⑤ 仓修良：《谈谈中国古代史学史分期问题》，载《史学史研究》，1983 (2)。

⑥ 杜维运：《中国史学史》第 1 册，34、35 页。

中国古代史学史的下限在 1840 年鸦片战争前是基本一致的观点①。对于从史学产生至 1840 年这一漫长时期的中国古代史学发展过程，存在着不同的阶段划分，有两个阶段②、四个阶段③、五个阶段④、七个阶段⑤等分期方法。

　　近代以来，中国史学步入了近代史学的发展历程。对中国近现代史学的研究在近几十年获得了明显的进展，而对中国近现代史学的分期却也不尽相同。中国近现代史学的发展阶段，按照目前通行的中国近现代历史的发展阶段划分，当以 1949 年为标志，之前为中国近代史学，之后为中国现代史学。也有人以 1919 年"五四"运动为标志将近代史学分上、下两段，即 1840 至 1919 年为近代前期，1919 至 1949 年为近代后期。考虑到历史学科变化的诸多自身因素，也有一些人主张"五四"新文化运动之前为中国近代史学发展时期，之后则为中国现代史学发展时期。近年来，随着对 20 世纪初梁启超提出"新史学"的号召及其产生的影响研究的深入，以此作为中国近代史学的划分标志也是值得重视的分期方法。新中国建立之后，以马克思主义史学为主导，中国史学进入了一个新的发展阶段，1949 年至"文革"前 17 年当为一个时期，十年"文革"是一个时期，改革开放以后至今是一个新的时期。

　　造成上述多种史学史分期方法的主要原因，是每种分期方法所依据的标准各自不同，而不同的分期标准则体现了研究者不同的研究旨趣和对史学史有关问题看法的不一致。其中有一个关键问题是，多数人认为史学的发展应与社会历史的发展相关联，同时史学作为一门独立的学科，也有自己的发展脉络。有些人进一步认为，史学是对已经发生了的历史的认识，

---

①　杜维运在其 3 卷本《中国史学史》中，以"十九世纪以后西方史学的进入黄金时期与中国史学的由极盛转入衰微"为中国史学发展的转折时期，亦与中国古代史学史的下限在 1840 年鸦片战争前的分期观点相近。

②　参见施丁：《中国史学简史》，郑州，中州古籍出版社，1987。

③　参见金毓黻：《中国史学史》；尹达主编：《中国史学发展史》；仓修良、魏得良：《中国古代史学史简编》。

④　参见白寿彝主编：《中国史学史》（6 卷本）。

⑤　参见张孟伦：《中国史学史》（上下册），兰州，甘肃人民出版社，1983、1986；刘节：《中国史学史稿》。

这之间的过程决定了史学的发展还落后于历史的发展。在考虑史学史的分期方法时，对于这几个方面应当如何侧重、怎样处理它们之间的关系，对此认识的不同，直接影响了史学的分期观。没有一个统一的标准能够概括出这些分期观点，单一地运用某一种分期标准也很难把问题表述清楚。仅就中国古代史学分期而言，笔者认为，可以把在不同的中国古代史学史分期观点中表现出的某种占主导地位的分期标准总结如下：

1. 以史书、史家等因素为依据，以不同朝代的兴替为分期标准。这是早期较为普遍的分期法。采用这种分期标准的史学史著作，由于对史书、史家等方面作了较有功力的阐述，为早期的史学史研究打下了很好的基础。分期标准因为研究尚不充分而显得粗糙，只是在某一方面表现出一定的可取之处。如，金毓黻主张的分期标准着眼于私修史书和官修史书的区别上，刘节更注重"历史哲学"在史学发展中所起的重要作用。

2. 以史学自身的发展进程（即从产生、发展到转变、衰落）为分期标准。目的是能够反映出史学从发生到发展以至转变的全过程。前述周谷城在他的文章中对史学史的阶段性阐述就表明了这种意图。另如陶懋炳的古代史学史五段分期方法分别是中国史学的童年期、成长期、发展期、繁荣期和迟滞（或衰落）期①，中国史学史因该分期标准可以比较清晰地展现其成长、发展和转变的过程。其他的分期方法在侧重各自的分期标准之余，将史学发展进程这一标准也都作为基本因素而考虑在内。这样的分期标准是用发展的眼光来看待史学史，更多地显现了史学自身发展过程的完整性。使用这个分期标准，应多注意史学发展的多样性和史学与社会的密切联系等方面。

3. 以史学本身在其发展过程中所形成的特点作为分期标准。史学在其自身的发展过程中由于受到各种因素的影响而在不同时期表现出不同特征和发展趋势，总结一个时期史学发展的主要特点，并以这样的特点影响所及的时期作为史学阶段性特征。仓修良主张的分期法在总的方面就是以此为标准：除第一阶段"中国的史学的起源和战国秦汉间的史学"是讲起源问题和只标朝代而不标特征以外，后三个时期分别为"以人物传记为中心

---

① 参见陶懋炳：《中国古代史学史略》，长沙，湖南人民出版社，1987。

的汉魏六朝史学"、"主通明变的唐宋元史学"及"具有启蒙色彩的明清史学"。① 时代的发展状况对史学特点的形成具有深刻影响，以这种分期标准考虑史学史的分期问题，必然要更多地联系史学与社会间的相互关系，并用社会历史发展的状况来解释史学发展的种种迹象。史学本身的发展特点在这一过程中得到体现。采用这种分期标准应该注意到，史学发展的特点和趋势往往表现得丰富多彩，史学在相应历史阶段受到的社会状况、其他学术思潮及史学传统等方面的影响也使其特征表现得错综复杂，从不同的角度观察史学的主要特征，其结果也不尽相同。因此这种分期标准多反映出研究者个人所侧重的着眼点，却难以更加完整、全面地表现史学史的发展过程。

4. 以社会形态的演变作为分期标准。尹达主编的《中国史学发展史》中的观点就主张把史学史分为奴隶社会的史学、封建社会的史学和半殖民地半封建社会的史学。其用意是"叙述史学本身自低级向高级演进的具体过程，并揭示其发展规律的历史"。② 用唯物史观的社会发展形态说概括中国史学发展的总特征，这在当时是一种新的尝试。但是用这个标准分期也存在着很大困难。中国古史分期问题一直存在分歧，不同观点之间争论十分激烈，如果用社会形态说进一步划分中国史学史的发展阶段，在具体的时间界限上，特别是奴隶社会与封建社会史学，以及封建社会内部史学的分期观点上，就可能会产生更大的分歧。此外，仅以奴隶社会、封建社会和半殖民地半封建社会三大部分说明古代和近代史学史分期也未免过于笼统。将这个分期标准运用于史学史分期，在今天看来，并不十分合适。

上述几种分期标准主要表现于多种中国史学通史中。由以上的分析可以看出，期冀某种单一的史学史分期方法在史学通史中有效地反映史学发展过程的整体走向，并不能够令人满意。具体言之，史学特点的分期标准多反映了研究者个人所侧重的着眼点，从不同的角度观察史学的主要特征，其结果也不尽相同，"特点标举不一，不易归纳周延，而难以一语中的"；自身发展进程的分期标准太多聚焦于史学自身，而不利于考察学术

---

① 参见仓修良、魏得良：《中国古代史学史简编》。
② 尹达主编：《中国史学发展史》，3 页。

和社会带给史学的多途影响；社会形态分期标准因"社会形态说本身有断限上的分歧，而且社会形态的史学特征与发展逻辑也没讲清楚"。研究者在史学通史中根据不同的旨趣贯彻其各自的分期观点，原本不必强求统一的分期方法和分期标准。"史家和史籍当然是史学史的主角"①，史学的自身特点和自身发展也是史学通史的主干，如果再进一步从学术史的视野深入考察影响史学发展的诸多学术因素间的内在关系，可能会使史学发展过程展示得更为丰满和全面。"总括性的学术史研究，不但综合总结各专门学科的学术成果，而且要探讨各门学术发展中的内在联系，因而具有更宽阔、更全面的学术视野，可以克服单科专业眼光的局限性"②。分期方法亦应打破固有的框架，依照适时的认识程度和研究水准予以相应的安排和处理。只有这样，中国史学通史的研究与撰述方能不断进步。

三、几种多卷本中国史学通史撰述的特点

进入 21 世纪后，杜维运著 3 卷本《中国史学史》、谢保成主编 3 卷本《中国史学史》、白寿彝主编 6 卷本《中国史学史》分别全部出版。说明中国史学史研究在大陆和台湾学者的共同努力下进入了一个新的阶段，也说明中国史学通史撰述进入收获的时期。

（一）杜维运著《中国史学史》

杜维运的 3 卷本《中国史学史》是作者 30 余年来从事史学史研究的汇集与总结。全书历时 17 年完成，第 1 册出版于 1993 年，论述了自夏、商、周至东汉的史学发展；第 2 册出版于 1998 年，论述了自魏、晋、南北朝至唐代的史学发展；第 3 册出版于 2004 年，论述了自宋代至 19 世纪初的史学发展。这是迄今唯一一部以一人之力撰述的多卷本的中国史学通史，作者的勇气与勤奋令人钦佩。这样做的优势，至少是最大限度地避免了众手

---

① 戴晋新：《20 世纪中国史学通史书写结构取向的演变》，载《史学理论与史学史学刊》(2003)，144、143～144、149 页。

② 乔治忠：《论学术史视野下的史学史研究》，载《南开学报》，2004 (2)。

成书造成的内容重复、结构混乱、水平不一、观点矛盾等弊端。全书在结构设计、内容安排、研究面向、解释深度等方面都有独到之处，总括了各个时代史学发展的总体面貌，又详述了古代著名史家与史著的成就，对修史制度沿革、史书体裁的特点、史学流派的影响、史学与社会的关系、中西史学的比较等方面均有论及。该书在中国史学与西方史学的总体比较和几个时期的具体比较研究方面独树一帜，也是其最大特点之一。

杜维运是较早从事中西史学比较研究的学者，他的《与西方史家论中国史学》①、《史学方法论》②、《中西古代史学比较》③、《变动世界中的史学》④、《中国史学与世界史学》⑤ 等著述，在中西史学比较的理论和方法以及中西古代史学的具体比较研究中作出了开创性贡献，也为中国史学通史撰述中全面涉及中西史学比较的内容奠定了基础。作者称：

> 撰写一部中国史学史，首先应置中国史学于世界史学之林，以浩瀚广阔的眼光，用比较史学（comparative historiography）的观点，阐述中国史学的出现、成立与发展。世界其他地区同时期发展的史学，皆须涉及，比较其异同，衡量其得失，中国史学的优点与缺失，于是尽现。⑥

在第一章《引论》中，作者阐述了史学之于人类历史发展的重要意义，强调中西史学各有其特点，批评了西方史家对中国史学的偏见和误解，申明"撰写一部翔实宽阔的中国史学史，藉见中国史学在世界史学丛林中所占的地位，更是学术上的盛事"⑦。第二章分述"民族、文化与史学"、"东方

① 杜维运《与西方史家论中国史学》，台北，商务印书馆，1966。
② 杜维运：《史学方法论》，台北，三民书局股份有限公司，1986。该书的"增写版"于 2006 年由北京大学出版社出版。
③ 杜维运：《中西古代史学比较》，台北，东大图书公司，1988。
④ 杜维运：《变动世界中的史学》，北京，北京大学出版社，2006。
⑤ 杜维运：《中国史学与世界史学》，台北，三民书局股份有限公司，2008。
⑥ 杜维运：《中国史学史》第 1 册，24 页。
⑦ 同上书，23 页。

的史学摇篮"、"史官的设立"三节，均以中西间史学比较的角度叙述。第三章分述"纪实"、"阙疑"、"求真"、"怀疑"等中西史学所共有的史学原理，亦以比较方法论及。在分期论述中，相应于中国先秦、秦汉时期与西方希腊、罗马史学在修史制度、史学著述范围、史学研究方法等方面相比较，说明"中国古代史学的世界地位"（第七章）；相应于中国自魏晋至唐末与西方自公元476年罗马帝国灭亡至13世纪末意大利文艺复兴前相比较，说明"中国中古史学的世界地位"（第十四章）；在阐述了两宋至清乾嘉时期史学后，论及西方17世纪以来史学的迅速发展，以致"十九世纪以后西方史学的进入黄金时期与中国史学的由极盛转入衰微"（第二十七章）。最后指出："中国史学自有其缺陷，然十九世纪以前，中国史学遥遥领先西方史学，是不争的事实。十九世纪以后，西方史学进入黄金时期，中国史学趋于式微，也是史学的潮流。"①

笔者浅见，杜著首次将中西史学比较研究置于中国史学通史撰述中的实践，有以下几方面的特点：

1. 史学观念的比较与史学发展的比较相结合。中西史学对于历史学的认识既有相通之处，也有相异之处。作者列举纪实、阙疑、求真和怀疑四项"史学原理"相比较，并从中西对史学功能的重视程度比较中西史学的不同认识，这些都属整体性的比较研究。同时，作者在阐述中国史学发展过程中，再以纵向眼光比较中西史学这两大不同史学发展系统的各自特征。二者结合，使中西史学间的比较呈现出立体感，所谓历史发展共时性和历时性的矛盾也可得到有效处理。

2. 尝试比较中西史学在各自发展进程中对应时代的划分。中西史学在相当长时期内是互不联系、各自发展的，其发展特点和发展节奏并无关联，这就出现了比较研究中的可比性等问题，因此如何对两者在时空长段上进行划分，以便把握中西史学发展与变化过程中所呈现的共性与个性，就显得十分关键。杜著以先秦至两汉时期的史学与西方希腊、罗马史学作为一个相应时段来比较，以魏晋至唐末的史学与西方罗马帝国灭亡至文艺

---

① 杜维运：《中国史学史》第3册，529页。

复兴时期史学作为一个时段来比较，以宋至清的史学与西方文艺复兴后至19世纪史学作为一个时段来比较，对这个中西史学比较中非常重要的问题作了初步尝试，对于比较史学研究有着很重要的学术意义。

3. 作者反复强调，中西史学比较研究的最终目的是为了深入认识中国史学、发展中国史学。书中比较研究部分，无处不体现出作者的这番深意。"他山之石，可以攻错。西方史学家以另一文化背景，品评中国史学，对中国史学而言，是极富启发作用的。""中国史学家应拜受其言，而思所以创新。"① 这正是中外史学比较研究的目的之所在。

作者认为："摆脱史书与史学家的羁绊，将重心放在史学思想、史学理论与史学方法的诠释及发明上，将是一部中国史学史能否写成功的最大关键。""将史学史放在历史的发展中，是成功的史学史另一重要的条件。史学的兴起与发展，有文化的郁积，有学术的涵育，受社会环境的激荡，随历史潮流以沉浮，凡此，都是历史的因素。……中国的统一，拜春秋大一统之义所赐，人类文明的维持，褒贬史学厥司其功，又说明史学影响了历史发展。"② 仅从一级标题"章"的设立来看，杜著仍以先秦、秦汉、魏晋南北朝、隋唐、宋、元、明、清等王朝系统为基本框架，同时照顾了史学发展自身进程（秦汉为"成熟时期"、魏晋南北朝为"史学的极盛"、宋代为"蓬勃发展"、明代为"发展的受阻"等）和史学发展的不同特点（秦汉为"经学极盛下的史学发展"、魏晋南北朝为"史学方法的创新与史学范围的扩大"和"正统的史学思想出现与正史观念的形成"、"盛唐史学的特色与成就"、清代"乾嘉时代历史考据学的极盛"等）。重要的史著固然是全书起支撑作用的部分，作者"遍读载籍"、"不管经史子集哪方面的书，皆不放过"，将其列入二级或三级标题中，而关键性的史学大家更为作者所重视，刘知幾、欧阳修、司马光、郑樵、全祖望、邵晋涵、章学诚、崔述、赵翼等还被列入一级标题（司马迁、班固等未列其中似显不妥）。作者强调时代因素（如"魏晋南北朝的衰乱"、"唐代丧乱"、"明代

---

① 杜维运：《中国史学史》第3册，22页。
② 杜维运：《中国史学史》第1册，24、25页。

政治的严酷"等）对史学的影响，亦看重学术思潮对史学产生的作用，如两汉经学、魏晋南北朝的正统思想、清代乾嘉考据学等。我们可以从该书的基本框架看出作者在史学通史结构上的取向，是以分期与专题有机结合的框架体系，交叉与重叠于历史上王朝系统的时代特征与史学的自身发展、不同时期的史学特点与学术思潮走向、具有重要地位的史家与史著、中西史学的总体比较与分阶段比较等类型的主题阐述。如此框架安排，便于突出史学发展的多样性和丰富性、史学发展所受各种因素影响制约的复杂性、中西史学间的差异性，进一步说，是从更为广阔的学术视野多层面地考察史学发展过程，进而深化对各时代史学本身的认识，所谓"史学之义"或可随之显现。不过，视野既宽泛，在线索上便比较不能够有清晰之感，并且时代、主潮、特征、史家置于同一层框架内，也难免表现得不够均衡。全书以 3 册之篇幅阐述中国史学史，却止于 19 世纪而未及中国近现代史学，严格说来应该是一部中国古代史学通史。

（二）谢保成主编《中国史学史》

谢保成主编的 3 卷本《中国史学史》[①]"在指导思想、阶段划分方面基本遵循《中国史学发展史》一书的编写原则，尽量保留书中提供的基本素材，同时结合新世纪史学发展、学科建设情况，尽可能吸收近 20 年间史学研究的最新成果。"[②] 与尹达主编的《中国史学发展史》相比，这部中国史学通史依然延续着尹书的总体思路，撰述内容从史学的起源直到 20 世纪初的"新史学"思潮，涵盖了通常意义上的中国古代史学和近代史学的前段，着眼于中国史学发展的进程，有着比较明显的"通"的意识；不同之处在于，"不再以社会形态作为划分史学演变的标准，而是将按时段考察中国史学与按系列考察中国史学相结合，勾画出中国史学主流与支流交错发展的实际。"[③]

在分期方面，谢书将中国史学发展过程分为三个大的时段：第一时段是从史学的起源到唐朝刘知幾撰《史通》，即"从'史'的产生到第一次

① 谢保成主编：《中国史学史》（全 3 册）。
② 谢保成主编：《中国史学史》第 3 册，1503 页。
③ 同上书，1503～1504 页。

系统总结"；第二时段是从唐朝杜佑撰《通典》到明代，即"分支发展，各成系列"；第三时段是从清代史学，即"古典史学终结，'史界革命'开始"。这样的叙述结构可以比较方便地体现著者"按时段考察中国史学与按系列考察中国史学相结合"意图，还可以着重阐述一些相关的专题。如，第一时段以史学起源和《史记》、《汉书》为主干，对中国史学从形成乃至初具规模的发展过程作了论述，其中还对早期历史意识与神话传说的关系、口述传说与成文记事的关系、汉魏六朝时期的经史关系与文史关系等问题作了专门探讨；第二时段则更为注重史学发展的"系列"，即"典志系列"、"皇家垄断的断代纪传系列"和"编年系列"，并专题探讨了唐至明"文之将史"倾向、史学通俗化趋势、金石与校勘辨伪之学的兴起、佛教史学的形成等问题；第三时段就清代史学及古典史学的终结与转变作了阐述。可见，著者在这部中国史学通史中对史学自身的学术流变作了更深入细致的讨论，对中国史学的整体演变也颇有自成一体的认识。不过，仅从分期而言，将先秦至中唐、中唐至明末这两千余年的史学发展分为两个时段，而将清代 260 余年史学列为一个时段，三者并列为三个时段，在时限上或有不均衡的倾向。谢书的一个主要特点是就相关专题作专门探讨，使得全书的研究创新点十分明显，然而在整体的框架安排上尚需进一步将这些专门问题更为有机地融合于中国史学通史的纵向阐述中。此外，众手成书所导致的相关章节的研究内容及水准略有差异。

（三）白寿彝主编《中国史学史》

白寿彝主编的 6 卷本《中国史学史》[①] 从 1986 年由上海人民出版社出版的第 1 册（由白寿彝亲自撰写）到 2006 年 6 卷全部出齐，历时 20 余年，是迄今为止国内外关于中国史学史研究内容最全、规模最大、篇幅最多、分量最重的一部中国史学通史。"六卷本《中国史学史》虽然是多名学者

---

① 白寿彝生前主编的 6 卷本《中国史学史》，于 2006 年 12 月由上海人民出版社全部出版。第 1 卷即 1986 出版的、由白寿彝亲自撰写的"导论"和"先秦时期的史学"；第 2 卷"秦汉时期的史学"，由许殿才撰写；第 3 卷"魏晋南北朝隋唐时期的史学"，由瞿林东撰写；第 4 卷"五代宋元时期的史学"，由吴怀祺撰写；第 5 卷"明清时期的史学"，由向燕南、张越、罗炳良撰写；第 6 卷"近代史学"，由陈其泰撰写。

分别撰成，但从首到尾贯穿着白寿彝先生的总体构想与阶段性的规划，因而基本形成了一部浑然一体的宏大专著。"① 本书对中国史学史的分期方法和基本结构为：

1. 第 1 卷"先秦时期——中国古代史学的产生"。以《春秋》经传和战国时期私人历史撰述，作为反映这个时期史学面貌的重点；以史书和子书的适当结合，论述了先秦史学中历史观念的发展；以历史知识在社会实践、思想运动、学术发展中的作用，论述了史学的重要性。

2. 第 2 卷"秦汉时期——中国古代史学的成长"。内容为秦汉时期的统治政策与史学；两汉时期的正宗思想与历史观；陆贾、贾谊与《淮南子》的历史思考；《史记》、《汉书》、《汉纪》等皇朝断代史撰述；汉代史官制度与官修史书；桓谭、张衡、王充、王符、仲长统等人进步的历史观；《吴越春秋》、《风俗通义》与其他史书。

3. 第 3 卷"魏晋南北朝隋唐时期——中国古代史学的发展"。内容为魏晋南北朝隋唐时期的历史形势与史学发展的特点和趋势；正史撰述的兴盛和进一步发展；通史、地方史和民族史；谱牒之学的显要地位；起居注、实录、国史及会要；划时代的史学批评著作《史通》；第一部宏伟的典章制度史《通典》；历史文献学的成长；历史思想的特点及主要成就；史学思想和史学方法。

4. 第 4 卷"五代辽宋金元时期——中国古代史学的继续发展"。内容为五代史学概说；两宋史学概说；《新五代史》、《新唐书》的成就；《资治通鉴》的编修与成就；北宋的理学与史学；南宋的理学与史学；宋代的地区性史学；方志、杂史、笔记与金石；《通志》的特点与成就；辽、金、元代史学成就；《通鉴注》与《文献通考》。

5. 第 5 卷"明清时期（1840 年前）——中国古代史学的嬗变"。内容为明清时期的社会变化与史学特点；明代的官修史书；明代私人撰史的成就；明清之际的私人历史撰述与经世致用思想的发展；清代历史考证学的

---

① 乔治忠：《继之成之，三代学人协力；开焉拓焉，铺展专业通途——读白寿彝先生主编六卷本〈中国史学史〉》，载《史学理论与史学史学刊》（2008），204 页。

成就；清代历史文献学的贡献。

6. 第 6 卷"近代时期（1840—1919 年）——中国近代史学"。内容为时代剧变推动下近代史学的发轫与演进；龚自珍的社会历史观；近代史开端时期杰出的史学家魏源；徐继畬、梁廷枏、夏燮的史学；边疆历史地理学的兴起；19 世纪七、八十年代的史学思想和史学成就；戊戌维新时期历史观的新进展；"新史学"思潮的出色代表梁启超；夏曾佑《中国古代史》的成就；20 世纪初宣传革命的历史思想；近代时期其他史学著述；传统史学向近代史学转变的内在动力、时代条件和学术机遇；中国史学近代化新格局的创辟。

全书以 200 余万字的篇幅，全面系统地阐述了中国史学自先秦时期至近代以来的发展过程，对不同历史时期中国史学发展的具体状况和特点作了较为详尽地叙述，并在此基础上，提出了对中国史学的总体认识和客观评价。本书的主要特点是：

第一，详细论述了中国史学史研究的对象、任务、范围和意义，对中国史学史研究和学科建设具有全局思考，明确了史学的任务是研究人类社会发展过程及其规律，指出中国史学史的研究目的是对于中国史学发展的过程及其规律的认识。相关理论认识的集中阐述，反映在白寿彝撰写的第 1 卷"导论"中，不仅为本书，也为史学史研究的学科建设奠定了理论基础。

第二，本书没有局限于叙述史学自身历史发展脉络和演变过程，而是在此基础上进一步揭示各个历史时期史学在理论和方法论上所取得的成就。"多卷本《中国史学史》重视对古代史学多方面思想成就的总结，对古代历史思想之发展的考察与论述，尤其全面、系统、深入，令人有视野大开之感。""自梁启超提出应研究'史学'的成立和发展即中国古代有关史学理论的思想成就以来，对传统史学批评及其理论的研究多集中于刘知幾、郑樵、章学诚等几个大家，而多卷本《中国史学史》重点挖掘、研究了历代史学批评及理论，对这个领域多年来的研究成果进行了一次系统的总结，这应该是本书一个重要的学术贡献。"① 通过深入发掘和系统总结上

① 江湄：《史学、思想与时代——试论白寿彝主编六卷本〈中国史学史〉的研究视角》，载《史学理论与史学史学刊》（2008），224、225 页。

述理论遗产，不仅对于深入研究史学理论及中国史学史具有重要的学术价值，而且对于建设当代史学的理论体系也有重要的思想借鉴意义。

第三，在关注史学与社会间的联系的学术视野中，着力探讨史学发展所受时代影响所展示的各种特点，以及史学发展对社会的反作用，对史学史发展脉络的分析显得充分和丰富，突出了按照史学史发展规律分期的特性，最大限度地尊重了史学自身发展的面貌。如此之研究路径，是为自20世纪20年代中国史学史研究开展以来，对旧有的要籍解题式的史学史研究模式的突破。"全书各卷都努力把握一个时代的历史形势，并将这一时期的史学放在这个历史形势之下，不满足于史学现象与历史状况的简单比附，而是抓住史学与这一时代的社会、政治问题之间的有机联系，从而总揽这一时期史学发展的总体面貌与特征，使读者对于这一时期的史学有一个提纲挈领的认识。""多卷本《中国史学史》尤其重视阐发历代史学与政治的密切关系，使我们得以具体理解中国古代史学'资治'、'经世'之性质，并由此可见史学在中国文化中所具有的重要地位与功能，以及中国文化强烈的历史意识与历史精神。"①

中华文明具有连续不断的历史记录。"中国自上古以来，史学赓续发展，两千余年，未尝一日中绝。其盈积的历史纪录，可以用浩如烟海、汗牛充栋一类的名词来形容；其写成的历史，从通史到断代史，具体、详瞻，创世界未有的纪录；批评史料、讨论史学的专书，出现于第八世纪，像是史学的奇迹。"② 中国史学通史作为记录、研究中国史学发展过程的集大成的撰述成果形式，不仅对中国史学史研究领域产生着极其重要的作用和影响，而且，在21世纪全球化趋势日益明显的形势下，是向世界介绍中国史学、让世界了解中国史学的重要学术载体。博大精深、源远流长的中国史学要求我们做长期不懈、全面深入地分析与研究，也需要我们用更为详尽、全面、系统的中国史学通史展现出来。

北京师范大学史学探索丛书

---

① 江湄：《史学、思想与时代——试论白寿彝主编六卷本〈中国史学史〉的研究视角》，载《史学理论与史学史学刊》(2008)，220、222 页。

② 杜维运：《中国史学与世界史学》，2～3 页。

中西史学比较研究的回顾与检讨

比较研究一直是历史研究中使用较为普遍并受到重视的研究方法之一。在中外史学发展史上，历史研究中比较方法的使用屡见不鲜。刘家和指出：

> "比较"这个词虽然产生于同时并列的事物之间，但是它一旦作为一种方法用于历史的研究上，就在原有的共时比较之外，又加上了历时性比较的方面。比较研究的基本功能不外乎明同异。横向的共时性（synchronic）的比较说明不同的国家、民族、社会集团等之间在同一历史时期中的同异，纵向的历时性（diachronic）的比较说明同一个国家、民族、社会集团等在不同历史时期中的同异。前者说明历史的时代特点，后者说明历史的发展趋势。①

这是缘于历史发展的基本属性而阐明了历史研究中比较方法的使用所具备的两项特征。无论是共时性比较，还是历时性比较，从比较研究的对象上看，都包含历史比较和史学比较这两方面的内容。所谓历史比较是以客观历史进程中的不同事件、人物、现象、制度等为对象作比较研究，所谓史学比较是就历史学自身进程中以其理论、著作、研究方法、发展途径与特征等为对象进行比较研究。或言，史学比较亦应纳入历史比较的总体范畴之中，然而从专业研究的角度来看，所谓史学比较对于深入认识史学发展的作用，进而扩及历史研究的总体研究中的意义，都是非常重要的。从实际情况看，随着比较方法在历史研究中运用的愈来愈普遍，其史学比较的意义也更为突出。

真正将比较研究涉及中外历史比较，是在具有较为严格意义上的中国史和世界史的概念之后。鸦片战争前，中国已经出现了一些对外国史地初步介绍性的书籍，但还十分零碎粗浅，尚未形成广泛的社会影响。鸦片战

---

① 刘家和：《史学、经学与思想》，2 页，北京，北京师范大学出版社，2005。

争的失败，强烈震动了朝野上下，打破了长期以来的"天朝大国"的优越心理。有识之士深感不能再无视天下之大、清朝没落的现实，必须要"开眼看世界"，了解世界大势、了解列强的情况，从中求得御敌之策。这种"开眼看世界"的思想，终于突破了长期以来闭关锁国的政策，至19世纪末20世纪初，各种介绍外国史地的书籍明显增多，近代中国人开始逐渐了解西方文明和西方历史，逐渐明确了中国和外国、中国和世界等概念。这是在历史学研究领域了解并研究外国历史，进而进行中外或中西历史比较的前提条件。尽管比较研究作为一种方法几乎和历史学一样古老，但是中外历史比较这一在当今普遍受到重视的研究取向，却仅有百余年的历史，中西史学比较的开展也同样如此。

一、20世纪前半期以借鉴西方史学为目标的中西史学比较

北京师范大学史学探索丛书

1898年戊戌变法前后，维新派积极编写出版有关介绍外国史的论著，并且大力提倡学习外国历史，作为中国变法图强的借鉴。他们为了救亡图存、变法改革，非常注意把史学作为一种有力的工具。他们认识到，"鉴于远古，不若鉴于近今"。① 借鉴世界近代史中的变革实例，方可有助于变法图强。对外国史的介绍与研究的热潮，在客观上是中国近代史学发展过程中有规模地接触并研究外国史的开始。人们不仅开始初步了解外国的历史情况，也逐渐意识到外国史研究的重要性和必要性，从而对于突破单一的中国史研究具有积极意义，也使得外国史研究成为中国史学界所应致力的一项重要内容。

对外国史地的介绍，也包括介绍西方的史学理论和方法。梁启超等人对西方文明史学的创建者基佐的《欧洲文明史》作了介绍。英国人巴克尔的《英国文明史》在当时有数种译本流传。此外，从日本介绍日本学者所

---

① 康有为：《进呈突厥削弱记序》，见汤志钧编：《康有为政论集》（上），298页，北京，中华书局，1981。

引入的西方史学理论与方法，也是一个主要途径。1902年，留日学生汪荣宝编译日本学者坪井九马三的《史学研究法》，以《史学概论》为题在中国发表。日本史家浮田和民集众多西方史家学说著成的《史学原论》一书，引起中国学术界的极大兴趣，一些留日学生竞相翻译此书，1902至1903年间在中国有多达6种译本。外国史学理论的输入，促使中国史学界的进步人士对中国的传统史学进行全面的反省。这些西方的史学理论强调史学的概念和本质、历史哲学、史学的范围、史学的价值、史学与其他学科的关系、史学发展史、历史研究法、历史发展与地理环境的关系、史学与国家政治、史学与史料学等内容，向人们展示了迥异于传统史学的全新视角，开拓了人们的视野。

在如饥似渴地接受西方史学的同时，有识之士开始以西方史学为参照，比较中国史学的落后和封闭状况，进而对旧史学进行了猛烈的抨击，并提出"史界革命"的口号，要求建立"新史学"。梁启超在1902年撰写的《新史学》，开篇即言："于今日泰西通行诸学科中，为中国所固有者，惟史学。史学者学问之最博大而最切要者也，国民之明镜也，爱国心之源泉也。今日欧洲民族主义所以发达，列国所以日进文明，史学之功居其半焉，然则但患其国之无兹学耳，苟其有之，则国民安有不团结，群治安有不进化者。虽然，我国兹学之盛如彼，而其现象如此，则又何也？"① 他在这里以史学分别为中西之显学为前提，比较史学功用于两者之间的不同表现，批评中国传统史学的种种弊端。可见梁启超在当时对旧史学所采取的激烈批评态度的出发点，即含有建立在比较中西史学的基础上之因素。

尽管当时西方史学的传入，还是以从日本转译西方史学著作为主要渠道，但对于中国史学近代化具有非常重要的意义。同时，由于当时输入西方史学还处于最初阶段，也存在着很多不尽如人意的地方，如梁启超指出的，"无组织、无选择、本末不具、派别不明"，"则畴昔之西洋留学生，深有负于国家也。"②

---

① 梁启超：《新史学》，《饮冰室合集·文集之九》，1页。
② 梁启超：《清代学术概论》，《饮冰室合集·专集之三十四》，71～72页。

"五四"新文化运动使中国的思想文化领域进入了一个空前开放、活跃的时期。民主与科学的提倡，使人们开始对中国传统文化重新估定，建立真实、科学的历史学成为五四时期史学的最新趋势。"五四"学人对西方史学的态度也发生了变化，不再局限于介绍和引进，也不仅仅要求做到有选择、具本末，更重要的是他们已经意识到了中西史学的结合对建立科学的历史学、对中国史学的新发展的重要性。在新文化运动的直接刺激和影响下，"五四"前后出现了引入西方史学和中西史学交融的新热潮。与以往不同的是，五四时期介绍和引入西方史学，内容多由西文原著直接翻译过来，从事西方史学输入的人员群体素质发生了根本的变化，主要是由在欧美留学的留学生从西方直接输入，他们"多为直接受过欧美现代史学或科学方法正规训练的专业史学家，如何炳松、陈哲衡、徐则陵、李济、李思纯、陈翰笙、胡适等。"① 在五四时期，西方史学较之以往更为系统地被翻译介绍到中国、被宣讲于大学讲坛，其规模和内容，与十余年前相比已不可同日而语。在大力译介西方史学理论与史学方法的同时，一些学者开始探讨中西史学结合之途径、尝试比较中西史学之异同。

　　李大钊在《史学要论》（1924 年）中讨论"什么是历史学"的问题，指出：

　　　　汉文的"史"其初义即指秉持典册、职掌记事者而言，再转而有记录的意义。"历史"在英语为 History，在法语为 Histoire，在意大利语为 Storia，三者同出于希腊语及腊丁语的 Historia，其初义本为"问而知之"；由是而指把问而知之的结果写录出来的东西亦云，遂有记录的意义了。历史在德语为 Geschichte，在荷兰语为 Geschiedenis，有"发生的事件"的意义。综起来看，"历史"一语的初义，因国而异；而行用既久，滋义甚多，则中国与欧洲诸国同然。②

① 参见胡逢祥：《五四时期的中国史坛与西方现代史学》，载《学术月刊》，1996(12)。
② 李大钊：《史学要论》，11 页，石家庄，河北教育出版社，2000。

显然，李大钊是以中西各国在"历史"一词不同的原本含义的比较中来探讨什么是历史学的问题，这就是中西史学比较方法的典型运用。

曾经对引入西方学术的状况不甚满意的梁启超，在欧洲游历期间积极学习西方的史学理论和史学方法，其主要目的是试图借鉴西方史学，以建立中国的新史学体系。他的《中国历史研究法》（1922 年）及《中国历史研究法补编》（1926 年）在很大程度上也可以看做是中西史学结合的尝试之作。《中国历史研究法》重点陈述"客观的资料之整理"、"主观的观念之革新"，并声言"欧美近百数十年之史学界，全向于此两种方向以行。"①《中国历史研究法补编》意在补前者之不足，"注重理论的说明"和"专史的研究"②，探讨史学与其他学科的关系。两书从形式到内容均令人耳目一新，风行一时。尽管书中并未言明借鉴的是西方史学中的何家何派，但德国史家伯伦汉（Ernst Bernheim）与法国史家朗格诺瓦（Charles V. Langlois）和瑟诺博司（Charles Seignobos）的史学理论及方法论是梁启超的重要参考对象，当是不争的事实。杜维运推测"梁氏以中国史学家于 1919 年左右至其地，著《史学原论》的朗、瑟二氏尚在，他不可能丝毫不受朗、瑟二氏作品的影响。他请法国教授或中国留学生讲述西方学问，似必有朗、瑟二氏的《史学原论》在内"③。并且，杜维运选出了梁启超《中国历史研究法》中的数段文字与《史学原论》原文相对照，结果可以证实其推断。以梁氏《中国历史研究法》所产生的影响来看，朗格诺瓦和瑟诺博司的史学方法论在中国史坛通过梁启超《中国历史研究法》所起的作用，可能比李思纯的译本还要大④。当时依据西方史学专论史学方法的人有许多家，他们多有留洋经历，外文水平也高于梁氏，但大都远不及梁著的影响大，究其原因，除梁氏在学术界的名气无人能比之外，更重要的，正如后人所论，"梁氏文史涵养博洽融通，高人一等，能令中外学问水乳交融，

---

① 梁启超：《中国历史研究法·自序》，《饮冰室合集·专集之七十三》，1 页。
② 梁启超：《中国历史研究法补编·总论》，《饮冰室合集·专集之九十九》，1 页。
③ 杜维运：《梁著〈中国历史研究法〉探原》，《与西方史论中国史学·附录三》。
④ 李思纯译朗格诺瓦与瑟诺博司之《史学原论》于 1926 年由商务印书馆出版。

丝毫未见窒碍之处。这项移植工作看似平常，实则绝难；以至后来的学者固然在理论层面能够推陈出新，惟在事理圆融一方，犹瞠乎其后。换言之，《中国历史研究法》之普受瞩目，历久未衰，便是能将西方史学与国史知识熔铸一炉，这项成就迄今仍罕与伦比。"① 从《中国历史研究法》中可以看到，梁启超常常用中西史学比较的方法论述一些具体问题。譬如，言及使用各种不同的方法搜集出来的史料，即称："在欧洲诸国史，经彼中先辈搜出者已什之而七八，故今之史家，贵能善因其成而运独到之史识以批判之耳，中国则未曾经过此阶级，尚无正当充实之资料，何所凭借以行批判？"② 言及史家之"思想"应建立在"实事"之上，则称："须知近百年来欧美史学之进步，则彼辈能用科学的方法以审查史料，实其发轫也。而吾国宋明以降学术之日流于诞渺，皆由其思想与批评非根据于实事，故言愈辩而误学者亦愈甚也。"③ 言及治史内容应注重"民族心理"或"社会心理"，则强调："欧美自近世以来，民众意识亢进，故社会心理之表现于史者甚鲜明，而史家之觑出之也较易。虽然，亦由彼中史学革新之结果，治史者能专注重此点，其间接促起民众意识之自觉力，抑非细也。中国过去之史，无论政治界思想界，皆为独裁式，所谓积极的民众意识者甚缺乏，无庸讳言。"④ 尽管梁启超所使用的中西史学比较方法还局限于个别问题，但是通过比较来说明建设中国"新史学"的重要性，并由此认识中国史学存在的不足与缺陷，其作用显然是十分明显的。

胡适一生不断宣传倡导"科学方法"，他所提倡的中西学术的结合是从所谓"科学方法"入手的。他多次提到这样的观点："我的唯一的目的，是要提倡一种新的思想方法，要提倡一种注重事实，服从验证的思想方法。"⑤ 胡适的"科学方法"是以杜威的实验主义为理论基础的。他对于中西史学的结合所做出的主要贡献，是将中国传统治学方法与西方现代科学

---

① 黄进兴：《中国近代史学的双重危机》，载《中国文化研究所学报》，1993（6）。
② 梁启超：《中国历史研究法·自序》，《饮冰室合集·专集之七十三》，70 页。
③ 同上书，99 页。
④ 同上书，115 页。
⑤ 胡适：《我的歧路》，《胡适文存》二集卷三，上海，亚东图书馆，1924。

法则加以贯通，阐发清代乾嘉考据学已经具有"科学"的精神，"他们用的方法无形之中都暗合科学的方法"，强调应当"把'汉学家'所用的'不自觉的'方法变为'自觉的'。"① 径直取中西学术的方法相结合，并且贯之以"科学方法"，这在崇尚科学的五四时期，效果十分明显。从这个角度而言，胡适所谓"科学方法"正是转型中的中国学术所需要的东西，适应了当时学术发展的内在要求。还在美国留学的时候，胡适就对清代学者的治学方法感兴趣，并试图比较中西考据学方法的不同思路。他在康奈尔大学特意选修了包括语言学、校勘学、考古学等课程在内的"历史的辅助学科"，翻阅《大英百科全书》中关于"版本学"条目。他说：

> 杜威对有系统思想的分析帮助了我对一般科学研究的基本步骤的了解。他也帮助了我对我国近千年来——尤其是近三百年来——古典学术和史学家治学的方法，诸如"考据学"、"考证学"等（的了解）。……在那个时候，很少人（甚至根本没有人）曾想到现代的科学法则和我国古代的考据学、考证学，在方法上有其相同之处。我是第一个说这句话的人；我之所以能说出这话来，实得之于杜威有关思想的理论。②

陈垣的《元典章校补释例》以"土法"总结了考据学中校勘一门的方法，胡适在为该书作的序中讲到，书中所论"是中国与西洋校勘学者共同遵守的方法"③，他认为，"纵观中国古来的校勘学所以不如西洋，甚至于不如日本，其原因我已说过，都因为刻书太早，古写本保存太少，又因为藏书不公开，又多经劫火，连古刻本都不容易保存"，称赞陈书是使中国校勘学"第一次走上科学的路"。④

---

① 胡适：《论国故学——答毛子水》，《胡适文存》一集卷二。
② 唐德刚译注：《胡适口述自传》，97页，上海，华东师范大学出版社，1993。
③ 胡适：《〈元典章校补释例〉序》，见陈垣：《校勘学释例》，6页，上海，上海书店出版社，1997。
④ 同上书，7、8页。

胡适曾经大力提倡整理国故，并指出整理国故的方法之一是"用比较的研究来帮助国学的材料的整理与解释"①。他特别强调：

> 我们现在治国学，必须要打破闭关孤立的态度，要存比较研究的虚心。第一，方法上，西洋学者研究古学的方法早已影响日本的学术界了，而我们还在冥行索途的时期。我们此时应该虚心采用他们的科学的方法，补救我们没有条理系统的习惯。第二，材料上，欧美日本学术界有无数的成绩可以供我们的参考比较，可以给我们开无数新法门，可以给我们添无数借鉴的镜子。学术的大仇敌是孤陋寡闻，孤陋寡闻的唯一良药是博采参考比较的材料。②

尽管在这里主要指的是应该加强比较和借鉴欧美、日本学术界的研究方法和研究成果，但是对于推进中西史学比较不无裨益。

引入西方史学，何炳松做了大量的介绍、转译、编译工作。1921 年翻译的鲁滨孙的《新史学》，是中国史学界完整翻译过来的第一部西方史学理论和方法的著作。他还编译了许多西方史学论著。在当时，对于西方史学的认识和理解，何炳松是十分突出的一位。他撰写的《历史研究法》"虽然简短，然而对于西洋现代史学的认识却远胜于梁氏的《中国历史研究法》。""何氏无疑的是当代介绍西洋史学最努力的一位学者，他在中国现代史学有不可磨灭的贡献。"③ 在《历史研究法》一书中，何炳松以介绍西方史学研究方法为主，但是其中也包含比较中西史学之意，他说："遇有与吾国史家不约而同之言论，则引用吾国固有之成文……一以便吾国读者之了解，一以明中西史家见解之大体相同。"④ 何炳松强调鲁滨孙的《新史学》"虽然统是属于欧洲史方面，但是很可以做我们中国研究历史的人

① 胡适：《国学季刊发刊宣言》，载《国学季刊》，第 1 卷第 1 号，1923-01。
② 同上。
③ 齐思和：《近百年来中国史学的发展》，载《燕京社会科学》，第 2 卷，1949。
④ 何炳松：《历史研究法·序》，《何炳松文集》第 4 卷，6 页，北京，商务印书馆，1997。

的针砭。"① 何炳松努力引入西方史学理论和方法，目的也是比较中西史学的异同，借鉴西方史学，更新中国史学。他在 1928 年完成的《通史新义·自序》中写道，西方史学"因其依据各种最新人文科学研究而来，较吾国固有者为切实而适用，足备国内史家之采择，初不敢因其来自西洋，遂奉之为金科玉律也。"② 中国古代有刘知幾、章学诚等人论及史学理论和方法，较之西方史家的观点，自然有所差异，何炳松认为刘知幾、章学诚"其议论之宏通及其见解之精审，决不在西洋新史学家之下。唯吾国史学界中，自有特殊之情况。刘、章诸人之眼界及主张，当然不能不受固有环境之限制，若或因其间有不合西洋新说而少之，是犹讥西洋古人之不识中国情形，或讥吾辈先人之不识飞机与电话也，又岂持平之论哉?"强调比较中西史学的异同应当视客观情况的不同，具体问题具体分析，不可简单比附。不过他也认为，中国传统史学理论，"今日之能以新法综合而整齐之者，尚未有其人耳。"③

梁启超、胡适、何炳松以各自不同的方式，在比较中西史学的基础上，对中西史学的结合做了积极有益的探索和尝试。梁启超借鉴西方史学的理论观点，将中国传统史学从理论到方法重新整齐阐释，其视野之广阔、见解之新颖、思路之清晰，都值得称道，对中国现代史学的建立有开拓性的意义。胡适将传统的乾嘉考据方法联系西学中的科学方法，从而突出了中西学术间的相通之处，为中西史学的结合起到了具体的示范作用，有力推动了中国史学的科学化进程。何炳松做了大量的介绍、引进西方史学的实际工作，给当时的中国史学界以很好的启发，他在比较中西史学和中西史学的结合方面亦功不可没。

20 世纪三、四十年代，随着对西方史学了解的增多，以比较中西史学的方法阐述史学发展过程及相应的史学理论问题，为更多人所重视，这主要反映在当时出现的那些通论、概论历史学的著述中，还反映在一些相关的论文中。如朱希祖在《中国史学通论》中讲到史学起源问题的时候，引

---

① 何炳松：《新史学·译者导言》，《何炳松文集》第 3 卷，21 页。
② 何炳松：《通史新义·自序》，《何炳松文集》第 4 卷，89 页。
③ 何炳松：《历史研究法·序》，《何炳松文集》第 4 卷，5～6 页。

用德国史家的观点说："德国历史家郎泊雷希脱（Lamprecht）著近代历史学以为'历史之发端，有两元之倾向，皆由个人之记忆，而对于祖先尤为关切。两元者何？即所谓自然主义与理想主义是也。取自然主义形式者，最初为谱系，取理想主义形式者最初为英雄诗。'推究吾国历史之发端，亦不外此例。然则小史所掌奠系世辨昭穆之谱系，及春秋以前颂美祖先之诗，皆吾国历史之萌芽也。""郎泊雷希脱又云：'谱系进而为年代纪（吾国称为编年史）；英雄诗进而为纪传。'此两元之进化。其说固是；然以吾国史迹观之，则四者发生之次序，诗最先，纪传次之，谱系又次之，年代纪最后。"① 这里，朱希祖所说的"历史"实为"史学"，所谓历史记录形式的发生次序也不一定准确，但是，他以西方史家的论断，比较说明中国史学的发展情况，中西史学比较之意可见其中。罗元鲲《史学概要》（武昌，新亚地学社，1930）一书的下编为"中西史学演进之大概及教学方法"，分别陈述"中国史学演进之大概"和"西洋史学之概要"，可见其对比中西史学发展的意图②。周容《史学通论》一书中的"史学史"部分讲到了"中国之部"和"欧洲之部"，在论述"史观"等部分中，也引述了中西史观加以说明和对比，指出："中国古代的史家以为历史的兴衰是随人的道德的得失而变迁的；欧洲中世纪的教会史学以为人类历史是上帝安排好了的决定的程序。前者的史观是根据人生观作出发点的，后者的史观是根据创世纪所载的宇宙观作出发点的。"③ 杨鸿烈在他的《史学通论》（上海，商务印书馆，1939）中，则对中西史家就史学中"史"之本意、史学的"目的"、"功用"、"分类"等项的不同见解以对比、比较的方式作了介绍，所论述的问题多有中西史学比较的意向，如"中外学者将'历史'与'史学'混为一谈的实例"、"中外学者'历史定义'的分别批评"、"中外学者'史学定义'的批评"、"中外学者否认'史学'能成为科学的实例"、"欧洲历史的垂训主义不如中国流行之广"、"阐扬宗教的史籍在数量上中国远不及欧洲之多"、"吾国史家有过于推崇历史功用的弊病"、"欧

---

① 朱希祖：《中国史学通论》，18～19、21 页，重庆，独立出版社，1943。
② 参见罗元鲲：《史学概要》，武昌，新亚地学社，1930。
③ 周容：《史学通论》，124～125 页，上海，开明书局，1933。

48

北京师范大学史学探索丛书

洲人士有根本否认历史的价值的言论"、"中西史籍'体裁'优劣的比较"，等等①。杨鸿烈是当时非常重视中西史学比较并在这方面作出很大贡献的一位学者。张其昀撰写的《刘知幾与章实斋之史学》一文，也时常对比西方史学论及刘、章的史学观点：

> 余近读西洋史家朗各（Langlois）、辛诺波（Seignobos）、文森（Vincent）、鲁宾孙（Robinson）、法林（Fling）诸氏之书，觉西人所研究之史学问题，二君多已道其精微。其不逮之处，则在近世西洋史家能吸收科学发明之精华，故于人类起源、演进、及未来诸观念，皆有实证以张其新理；二君则为时地所限，故阙不详，无足怪也。……平心言之，近今西洋史学之发展，实食五十年来科学之赐。人类学、经济学、心理学、社会学之发明，使史家对于人类源始、演进及未来诸观念骤放异彩，证据具备，义理周详，是皆吸取科学之精华，初非一二史家所能冥造。刘君之生，远在千载之前。即章君之时，西洋史学，亦尚迟迟为文学之一支。而二君独能昌言文之与史较然异辙，以明述作之则，排时论而倡新学，士生今日，不得不悲其遇而赞其俊识已。②

总的看来，在 20 世纪前半期，一些学者在中西史学间许多问题的研究中均以比较研究的视角进行过有意义的尝试。他们更多的是注重学习和借鉴西方的史学理论与方法，从引入史学研究方法入手，比较中西史学间的差异，寻求中西史学结合的可能。但是，中西史学比较研究尚未被作为一个专门的课题来看待，其着眼点主要还是吸收、借鉴西方史学去建立中国的新史学，目的是使中国史学走出旧史学的窠臼，尽快走上现代史学的发展途径。正是在这样的努力过程中，自然会涉及中西史学的比较，而此时的中西史学比较研究还是初步的、被动的、不明确的。

① 参见杨鸿烈：《史学通论》，上海，商务印书馆，1939。
② 张其昀：《刘知幾与章实斋之史学》，载《学衡》，1922-05（5）。

二、20 世纪后半期中西史学比较研究深化

新中国建立后，新的历史教学体制和学科建设逐渐健全，史学史学科被教育部要求列入大学历史系的必修课。1961 年 8 月，在北京师范大学和中国科学院历史研究所均举办了如何编写史学史的座谈会。不久，在武汉召开的纪念辛亥革命 50 周年学术讨论会上又就史学史的问题进行了研讨。① 在上海和广州也举办有同样内容的学术讨论会。讨论的问题主要是，关于中国史学史的目的和要求、关于中国史学史古代部分的基本内容、关于中国史学史的分期等。

20 世纪 60 年代对史学史问题讨论的最大收获，就是开始正视并专门探讨史学史学科自身的理论问题，诸如史学史研究对象、范围，中国史学史的发展规律，怎样总结史学遗产等。在讨论过程中，从世界史学发展的角度观察中国史学、在史学通论中重视中西史学比较研究被许多人提及。耿淡如指出："史学史也和历史一样可分为国别史学史和断代史学史，也可综合地去研究，作为世界史学通史。由于各国史学的发展很不平衡，它可采用比较方法，在和社会发展状态联系下，来阐明各国或各时代史学发展的异同点以及它们之间的相互影响。"② 齐思和说："中国是世界上历史学最发达的国家，除中国外，欧洲作为一个集体来讲，它的历史学也有很久的传统和相当丰富的内容。""中国和欧洲的史学传统，是世界上两个主要的历史学传统，我们正可以加以比较研究。"③ 白寿彝认为："首先，是要注意外国史学史的研究工作，取其所长，弃其所短，以提高我们研究工作的水平。其次，我国近百余年的史学受到外国不少影响，不探本溯源，不易进行深入的分析。再次，中外史学的发展应有共同的规律，也必有各不相同的民族特点。不研究外国

---

① 参见郭澎：《关于史学史的讨论》，载《中国史学史资料》，第 4 号，1961-12。关于 20 世纪 60 年代史学史讨论的详情，瞿林东在《近五十年来中国史学史研究的进展》[载《史学月刊》，2003（10）]一文中有专门论述。

② 耿淡如：《什么是史学史》，载《学术月刊》，1961（10）。

③ 齐思和：《欧洲历史学的发展过程》，载《江汉学报》，1963（6）。

史学史，就没有一个综合比较的研究，也就不能认识各国史学发展的共同规律和我国史学的民族特点。"① 可见，中西史学比较的学术意义已经得到了明确的认识，区别于历史比较（comparative history）的史学比较（comparative historiography）的概念也逐渐清晰。加强比较史学研究，不仅能够深化对西方史学的认识，而且能够更加全面、深入地认识中国史学，因为只有把中国史学放到世界史学之林中进行比较研究，才能更加清楚地看出中国史学的发展特点。让别人了解中国史学，让我们借鉴西方史学，通过中外史学比较，把中国史学升华到世界史学之林中应有的地位，中国史学在有西方史学作为借鉴之后，更有利于进一步发展。遗憾的是，正在展开的中西史学比较研究被随后而来的政治运动所打断。

20 世纪 80 年代以后，中西史学比较研究重新受到重视，这既得益于改革开放以来对西方史学的引进与中外史学交流的扩大，还在于人们更加明确地意识到，中外史学的比较研究，将大大拓宽我们的学术视野，在了解外国史学传统的深层意蕴的同时，也获得一个观察中国史学的参照系，这对于中国史学自身的各个方面都具有十分积极的推动作用。因此，中西历史与史学比较研究已经成为一个较为专门的研究领域为研究者所认同，研究成果日渐增多，研究规模日益扩大，研究程度逐渐深入。② 以下介绍的几项研究成果或可说明中西史学比较研究的积极进展。

朱本源于 1992 年发表的论文《"〈诗〉亡然后〈春秋〉作"论》③，针对西方学者对中国史学的偏见——认为在中国古代和中世纪的文明中，即使在自然科学和历史编纂学方面取得了卓越的成就，但是却缺乏近代西方科学中的理论思维——作出论证："用现代西方史学的理解和概念，重新

---

① 白寿彝：《中国史学史研究任务的商榷》，载《人民日报》，1964-02-29。

② 相关研究成果有王晴佳：《中国和欧洲古代史学的比较试析》，载《社会科学》，1984（8）；陈剩勇：《论中西古代史学的差异及其特征》，载《学习与探索》，1987（6）；胡逢祥：《中西史学源起比较论》，载《史学理论研究》，1992（4）；王东：《中国史传的编修理论与实践：兼论中西史学精神的差异》，载《史学理论研究》，1993（1）；马雪萍：《中西古代史学发展途径的异同》，载《史学理论研究》，1993（3）、（4），等等。

③ 朱本源：《"〈诗〉亡然后〈春秋〉作"论》，载《史学理论研究》，1992（2）、（3）。

解读中国历史学资料，从而显示出自孔子到乾嘉时代（即19世纪前期以前）的某些历史思维中的重大的理论思维"。论文先阐述西方历史哲学奠基者维科的历史（作为一种知识的形式）起源论，以这位第一次在西方阐明"诗"先于"史"原理的历史哲学家的史学起源论作为参照系，论述孟子的中国史学起源论，即"《诗》亡然后《春秋》作"，证明中国传统史学在不同时代的各种理论思维与"现代西方的'历史的思维'可以具有不同的形式和内容，但同样'历史地思维着'"。① 在此之后，作者又发表了《孔子史学观念的现代诠释》和《孔子历史哲学发微》② 两篇长文，进一步阐述了孔子的历史编纂学理论与历史哲学的微言大义。这一组论文，通过中西古代史学比较研究，展现中国传统史学的理论价值，也批驳了某些西方学者的一些武断之论。作者认为："在我们看来，中国传统史学（指西方史学传入中国以前的史学）不仅在历史编纂学方面为任何民族所不及，而且在历史理论方面也有可以媲美西方近代历史思维之处，并非如巴特费尔德所武断的那样。"③

　　胡逢祥的《试论中西古代史学演变的不同途径与特点》一文，力求透过两者的不同文化和宗教的背景，从史学运行的机制、观念、功能、方法等多视角的剖析入手，对演进的不同模式和历史影响作出合理的解释。文章指出："中西古代史学的传统……对其史学所起的实际影响，是一个十分复杂的文化现象，有时很难用'优'、'劣'这样的定性字眼来概括，因为其间往往利弊相伏，精芜并生。"④

　　杜维运的《中西古代史学比较》⑤ 一书，是该领域为数不多的中西史学比较研究专著之一。该书从中西史学的起源、史学原理的创获、史学著

北京师范大学史学探索丛书

---

① 朱本源：《"〈诗〉亡然后〈春秋〉作"论》，载《史学理论研究》，1992（2）、（3）。
② 前文载《史学理论研究》，1994（3）、（4）；后文载《史学理论研究》，1996（1）、（2）。
③ 朱本源：《"〈诗〉亡然后〈春秋〉作"论》，载《史学理论研究》，1992（2）、（3）。
④ 胡逢祥：《试论中西古代史学演变的不同途径与特点》，载《学术月刊》，1997（9）。
⑤ 杜维运：《中西古代史学比较》，台北，东大图书公司，1988。2006年该书出版"修订二版"。

述的成绩等方面进行了比较研究，认为中国史学很早便创获了纪实、阙疑、求真、怀疑等重要的史学原理，在史学著述的材料、史学著述的范围与内容、史学著述的精神境界等方面多有独到之处。杜维运指出："比较方法在历史研究上所发生的重大作用，不容否认。中西史学分途发展两千余年，有其绝相殊异处，亦有其遥相吻合处。其绝相殊异处，可以互相切磋，互相弥补，史学的内容，由此得以丰富。其遥相吻合处，不能单纯地解释为一种偶合，而是人类智能的共同创获，这种共同创获，往往是史学上颠扑不破的真理所在。所以比较中西史学，能冶两者于一炉，而创出超乎两者以上的世界性新史学。"①

此外，汪荣祖的《史传通说——中西史学之比较》② 一书，以《文心雕龙·史传》为基础，分列 24 题，对中西史学发展过程中的相关问题及史学理论问题做了比较分析。汪荣祖亦言："夫中西史学，渊源俱长而流变殊途，诚不可横施甲乙；惟宜平心索解，窥其底蕴，观赏异趣耳。至于殊语壹义，貌异心同者，并非偶然。盖文化有异，情理可通，若直笔信史，史之悬鹄，东海西海固无异辞也。"③

20 世纪八、九十年代前期，相关研究成果所论述的内容及问题意识的切入点，相对于上文所述 20 世纪前半期的中西史学比较而言，显然有了全方位的提高。大体说来，这一时期的研究特点主要是：比较中西古代史学的研究成果比较多见，课题范围多集中于比较中西古代史家及史著、比较中西史学的起源及发展途径等。所表现的研究趋势亦令人鼓舞：从中西史学间的个案比较发展到对中西史学发展过程的总体性比较；从中西史学间诸问题的谁先谁后、谁有谁无、谁优谁劣的简单对比，发展到从双方史学在观念、编纂、文化背景、内在价值、影响等多重角度进行综合性比较。

---

① 杜维运：《中西古代史学比较》，6～7 页。
② 汪荣祖：《史传通说——中西史学之比较》，台北，台湾经联出版公司，1988。
③ 汪荣祖：《史传通说——中西史学之比较·凡例》，1 页，北京，中华书局，2003。

三、中西史学比较研究的继续发展及相关问题之认识

从 20 世纪 60 年代对中西史学比较研究的提倡及其学术意义的阐发，到 20 世纪 80 年代以后中西史学比较研究的实际进行，在中西史学比较研究进行到一定程度并在研究成果方面的积累已经初具规模之后，20 世纪 90 年代中期以后这一研究领域又显停滞之势。世纪之交的几年间，中西史学比较研究在成果数量上明显减少，即表明中西史学比较研究正处于一个艰难的过渡时期，而要突破这个瓶颈，全方位认识中西史学比较研究之课题观念、深入探讨中西史学比较研究之理论与方法则成为关键。

就研究主体而言，足以担当中西史学比较的研究者，必须具备兼通中西史学的学识素养。此前从事中西史学比较研究的，主要是以研究中国史学或西方史学的中国学者为主，研究中国史学的人一般缺乏对西方史学的深入了解，研究西方史学的人又不一定有更多的精力兼及中国史学，当前真正做到中西史学兼通的学者屈指可数。而要对中西史学比较研究有更高的要求，如果研究者仅局限于对中国史学和西方史学的一般了解，或对中西史学两者间的认识程度深浅不一，则中西史学比较研究很难有进一步的发展。如果说研究主体的知识程度是影响中西史学比较研究的客观因素的话，那么，对中西史学的基本认识与价值判断，以及由此涉及的在比较中西史学的过程中对所遇到的一系列具体问题的认知与处理方式，则是中外研究者的主观因素起决定作用了。

很长一段时期以来，中西史学比较研究更多地表现为中国学者的充分重视，而西方学者鲜有提及。这至少说明，近代以来的中国史家在中国史学的知识背景下是承认并且重视西方史学所取得的成就及其所产生的影响的。相比之下，西方学者对中国史学的了解、判断却不无片面和偏颇。早在 1965 年，杜维运撰写了《与西方史家论中国史学》一书，即感到西方史家论中国史学之处，"有极精当足发国人深省者，有荒诞不经不能不据实

北京师范大学史学探索丛书

以辩者"①，"通论中国史学者，则每浮泛粗略，偏颇之论，丛出不穷"②。书中摘录罗列了西方学者对中国史学的各种议论，对其中"足发国人深省者"予以强调，对其中明显错误或不全面的观点予以辨正。汪荣祖也撰有《西方史家对中国传统史学的理解与误读》一文，认为："中国传统史学以现代眼光观之，自有不少缺点，西方史家基本上正以现代西方史学的标准来评论中国的旧史学。此一不适当的比较观与西方史家对西方史学的强烈自信，以及对中国传统史学认识的肤浅，很容易作出未经细察的综述和结论。"③杜维运、汪荣祖均有在西方学习或任教多年的经历，是少有的兼通中西二学的学者，他们在中西史学比较研究中的见解值得重视。

中西史学比较研究由此而出现两种倾向：(1) 西方史家因对中国史学了解的"肤浅"以及"误读"，并不重视中西史学的比较，在他们看来，中国史学可能尚不足以与西方史学进行比较，故此，"至目前为止，比较史学并未在西方出现"④。(2) 中国学者在史学比较中并未端正中国史学与西方史学的等同位置，而是有意无意地以西方史学作为某种衡量"标准"，用中国史学去与之比附而非真正意义上的比较。前文所述之20世纪前半期比较中西史学的许多观点表现的就十分明显，20世纪八、九十年代的中西史学比较研究中，此种倾向亦时隐时现。汪荣祖所说的"在西风吹袭和革命浪潮冲击下，轻易诋毁甚至扬弃中国传统史学"⑤，应该是造成这种倾向的原因之一。

无论是西方史家对中西史学比较研究的轻视，还是中国史家在中西史学比较中的"轻中重西"，近代以来西方史学的话语霸权意识的影响是显而易见的。存在于中西史学比较研究中的问题，在近年有扭转之势。当代一些西方史家已经注意到比较历史与比较史学的重要性，并且开始探讨这种比较研究的可行性及其理论。德国史家吕森（Joern Ruesen）指出："比

---

① 杜维运：《与西方史家论中国史学·原序》。

② 杜维运：《与西方史家论中国史学·新写本自序》。

③ 汪荣祖：《西方史家对中国传统史学的理解与误读》，《史学九章》，161 页，台北，麦田出版，2002。

④ 杜维运：《比较史学的困境》，台湾中兴大学历史系主编：《第三届史学史国际研讨会论文集》，2 页，台北，青峰出版社，1991。

⑤ 汪荣祖：《西方史家对中国传统史学的理解与误读》，《史学九章》，161 页。

较研究甚为少见，这有许多原因，在此，我只想提两个：针对不同的历史文化使用特殊的专业研究技艺有困难，再就是西方历史思维在历史研究中，甚至在非西方国家的历史研究中占据主导。这种主导地位把学术兴趣引向了历史思维的特定现代方式的起源和发展。""我们必须避免把有关历史思维的西方文化传统当作比较的基础。"① 在中西史学比较中出现的以中附西的不平衡现象，不仅需要人们对中国史学作更深入全面的研究，而且还有待于对中西史学比较本身的理论与方法作进一步的充实与完善。

从比较的对象和内容来看，中西史学比较研究的突破之一，是不再局限于中西史学间过分具体的两两对比。以往一提到比较研究，人们就会很自然地找出那些中西史学间相类似的史家、史书等进行比较，诸如司马迁与希罗多德的比较、《史记》与《历史》的比较、章学诚与柯林武德的比较，但是，历史上没有两件事情是完全一样的，历史有类似没有相同，更不会重演。中西古代史学原本是在互不了解、互不交叉的不同的文明渊源中各自发展的，如果过分强调具体地两两对比，忽略中西史学间存在的历时性与共时性的差异，往往最终就会出现是否有可比性的疑问。杜维运在1978年撰写的《史学方法论》中说："比较史学不作时间上的巧妙比较，不作史学家的巧妙比较。不相影响的史学，各自独立发展，其时间上的配合，其史学家的互相辉映，是一种偶合，而没有必然性。"② 他认为："比较史学的研究重点，在于比较各国史学思想、理论、方法的异同，比较各国史学与其他学问的关系，比较各国史学对社会与人群所发生的影响，比较各国史学上的术语等。"③ 因此，课题意识的转换成为影响中西史学比较研究的关键因素之一，从中西史学间的史学理论特点、理论思维方式的不同、治史旨趣与史学精神的差异进行比较，关注深刻影响史学发展的中西间各自的文化传统，探讨中西史家对历史发展动因、历史发展进程、天人关系等历史理论问题和史学功用、撰史原则、据事直书等史学理论问题的

---

① 参见［德］吕森：《跨文化比较历史学的若干理论分析》，陈新译，载《史学理论与史学史学刊》（2004—2005），119 页。

② 杜维运：《史学方法论》，249 页。

③ 同上书，247～248 页。

基本结论、思维路径、表述方式的特点，其可比性可能就要大得多，比较研究的空间可能就会显得更为广阔，比较研究的收获可能就会更加丰富和深入。

刘家和于 2002 年发表的论文《论通史》，所选择的比较研究的对象，可以说明这个问题。论文就"通史"一词所包括的丰富内涵在中西之间的区别作了深入讨论，探究并比较了西方的普世史传统和中国通史传统，认为两者之区别的渊源在于："古代希腊罗马人的史学思想是人文主义加实质主义（反历史主义），而古代中国人的史学思想是人文主义加历史主义（反实质主义）。"① 通过比较，作者认为，一部史书在体例上述及时间长且经历不止一朝一代，那只是作为通史的必要条件，还不具备作为通史的充分条件，真正的通史，必须具备通史精神，那就是"通古今之变"。通史精神不是西方学者（如李维）那样用后人（今人）自己的精神对于前人（古人）历史进行反思的所谓"反省的历史"，那样会使历史失去了直接性而成为间接的；而是如司马迁那样经过对于古今历史的反复思索，是古今有变而又相通，使古代历史具备了直接性与间接性的统一。"通史作为传统，既是中国史学体例的一种表现也是史学精神的一种展现；如果推展而言，这也是中国文明发展的连续性与统一性相互作用的一种在精神上的反映。"② 对比之下，十分明确地体现了中国古代史学在中国通史撰述中的历史理性气质，也反映了中西史学对通史的不同要求，并由此说明了中国史学的通史精神与中国文明持续发展的关系。相关结论的得出，可见比较研究的作用，而撷取中西史学间真正具有比较研究潜力的专题作深入发掘，在中西史学比较研究领域尤显重要。

杜维运的 3 卷本《中国史学史》首次把中西史学比较研究的内容置于史学通史的逻辑结构中阐述，是从整体上比较中西史学的创新之作。应当提及的是，杜维运早年并不主张中西史学在"时间上的巧妙比较"、"史学家的巧妙比较"，然而他后来不仅撰写了《中西古代史学比较》一书，更

---

① 刘家和：《论通史》，载《史学史研究》，2002 (4)。
② 同上。

在他的 3 卷本《中国史学史》中对中西史学作了较为系统地比较研究。杜维运认为史学比较研究观点发生变化的原因在于，"处于世界大通的今日，将世界两大史学遗产的中西史学，放在一起作比较，是学术上的伟大工作之一。比较的方法，是就整体以通观。"他将中西史学比较的视野拓宽，认为"从文化背景，从民族习性，比较中西史学，能见中西史学的分歧；扩而充之，从史学思想、史学理论、史学方法的比较，则能见中西史学的隐隐相合。"① 具备了比较中西史学的理性认识，并且先期对中西古史比较、史学方法论、西方史家对中国史学的了解等方面的深入研究。杜维运的 3 卷本《中国史学史》在系统阐述中国史学发展过程的同时，研究视角一直没有离开西方的史学发展，也一直没有忘记比较不同时期中西史学发展的特点。在第 1 卷的末尾，作者专论"中国古代史学的世界地位"，在第 2 卷的末尾，作者再论"中国中古史学的世界地位"。作者言及这部耗时 17 年完成的著作时说："其学术价值，有待学术界公平，唯我已尽全力从比较史学的角度撰写这部书。置中国史学于世界史学之林，是个人的素愿，至于是否符合理想，则是另外的问题了。"② 由此可见，比较中西史学的意义不仅是在比较中更清楚地看出中西史学的各自特点，而且可以促进西方史家了解中国史学，置中国史学于世界史学之林，更重要的是，通过中外史学比较研究，将有利于中国史学的继续发展。

中西古代史学基本上是在互不发生联系的两种文明文化系统中各自发展着的，杜维运认为："世界两大系统的中西史学，是中西不同文化下的产品，相去绝远，各自独立发展两千余年，不通声息。以中国方面而言，19 世纪中叶以前，中国史学自辟蹊径，不受西方史学任何激荡。中国史学也未曾输入西土。"③ 中西古代史学在发展中都涌现了许多史家，出现了许多史著，形成了各自的历史意识和史学传统，对史学的认识以及史学所产生的影响也各不相同。既然比较的对象各自独立，就可以更大限度地发挥比较者的理论构想，由比较者以其设定的比较范围或比较概念将中西古代

① 杜维运：《中西古代史学比较·修订二版序》，3 页。
② 杜维运：《变动世界中的史学》，53 页。
③ 杜维运：《中西古代史学比较》，2 页。

史学的某个方面联系在一起进行比较。因此，在比较研究中尽管存在着"可公度性"和"不可公度性"的讨论，但是将特点各异的中西古代史学作共时性比较依然是人们不断从事的研究方向。再看19世纪中叶以后的中国近代史学，情况则发生了变化。中国史学在输入和了解西方史学的同时，不仅努力地学习和借鉴西方史学，而且试图在结合中西史学的基础建立中国的新史学，而西方史学也开始知道并了解中国史学（尽管这种了解还十分有限，还存在着曲解、误解）。近一个半世纪以来，中西史学不再是不通生息、独立发展，至少中国史学在各方面均受到了西方史学的明显影响。相对而言，中西近代史学的比较研究比中西古代史学的比较研究在研究对象、研究方法及研究理论上更具复杂性。目前所见的中西史学比较研究成果主要集中于中西古代史学的比较上，比较近代以来的中西史学还不多见，即说明了近代中西史学比较的难度更大。

总之，中西史学比较研究是一个具有开拓潜力的研究领域。由于中外史学比较研究的难度甚大，中西史学比较研究之路仍然艰难。朱维铮认为："倘若只作个案比较，同样面临可比性问题。人们早就注意历史有共时性与历时性的区别，同时同地的历史过程充斥着复杂的矛盾，没有结局相同的历史事件，也就不可仅从形式来做比较，追寻个案发生的偶然因素或许更加必要。况且要对不同环境条件下发生的事件或人物进行比较，更不可只看局部的相似性而无视整体的差异性。""如果把中外史学的交流和比较，看作支撑史学史总体结构的鼎足之一，而这一足仍然有待铸造，应该说是有理由的。"① 将中外史学比较研究视作"支撑史学史总体结构的鼎足之一"，这样的观点，其实是对史学比较研究提出了更高的要求。在史学理论或历史哲学以及历史编纂学或史料观等方面的辩证关系中把握中外史学理论各自的特点，将研究从史学史的基础提升到史学理论的概念比较层次，在比较研究中注重对概念发生和演变的历史性保持充分的自觉，都是中西史学比较研究中亟待深入研究和讨论的重要问题。②

---

① 朱维铮：《史学史三题》，载《复旦学报》，2004（3）。
② 如刘家和、陈新撰写的《历史比较初论：比较研究的一般逻辑》［载《北京师范大学学报》，2005（5）］一文，即属这方面的探讨之作。

史学批评与史学理论及史学史
学科的关系

自从瞿林东在 20 世纪 90 年代率先倡导开展"史学批评"的研究，并于 1994 年撰写出版了《中国古代史学批评纵横》一书后，在我国的历史学研究领域，史学批评研究逐渐展开。对中国古代个别史家史学批评观点和方法的论述、对某一阶段史学批评发展的历史叙述、对史学批评范畴的讨论与研究等，相关成果不断问世，史学批评受到史学界的重视是非常明显的。已经有人提出："建立一门'批评的史学'，使史学评论从经验的、实证的科学阶段提高到'真正思辨哲学'的理论科学阶段，并在建立起来之后返回到经验史学评论实践领域进行检验，这是当代中国历史学家不可推卸的责任。"① 把史学批评提升到一门学科的高度的确很有必要，但是就学科内容而言，"史学批评"与"史学理论"及"史学史"之间的交叉重合之处较多，研究者对这几个概念以及他们之间的关系理解多有不同，在研究过程中很容易引起概念和范畴上的混乱。厘清其界定范围、区别其不同内涵并非易事，笔者仅以其相互关系提出一点浅见。

目前的官方学科分类，历史学二级学科有史学理论及史学史。"史学理论"与"史学史"在学科性质上的主要区别是，前者为"论"，后者为"史"。将两者并列在一起，使之成为兼具历史学理论建设和对历史学科进行回顾、反思、总结的二级学科，是历史学不可或缺的重要研究领域。史学批评应当涵盖"史学理论"和"史学史"这两个方面，即在史学理论方面，史学批评表现为"论"；在史学史方面，史学批评表现为"史"。史学批评与史学理论和史学史都有着密切关系。

当下，对于历史学的理论研究领域，多数人将其区别为历史理论和史学理论两大部分。历史理论，"是人们在研究客观历史过程中积累和概括

---

① 周祥森：《史学的批评与批评的史学》，8 页，开封，河南大学出版社，2007。

出来的理论，如历史发展的规律性、阶段性、统一性、多样性、历史发展的趋向，以及对重大历史现象和众多历史人物的评价的原则与方法"；史学理论，"是人们在研究史家、史书、史学流派、史学思潮等史学活动和史学现象过程中积累和概括出来的理论，如史学的目的、史家的修养、史书的编著、史学发展的规律性和阶段性、史学在社会实践中的作用"。① 如果依照这样的理解，史学批评主要是针对史家、史书、史学流派、史学现象等史学自身内容的评论与评价，很显然，它是区别于历史理论而属于史学理论范畴的。但是，它又不完全等同于史学理论。所谓理论，除了归纳和抽象，还有总结和构建。史学批评或以具体、有针对性为特征，更多的是对史学诸个体现象之特点以及其间的关系、层面的认识，史学批评所提升的见解和观点，更偏重于归纳和抽象层面，至于系统地总结与构建理论体系的要求，则应归之于史学理论。小到对某个具体的史学问题的批评，大到某个史学批评范畴的形成，当认识程度逐步达到并形成具有一般性意义的认识特征时，总结与构建史学理论的条件也随之基本成熟，史学批评问题的本身随之上升到一个史学理论问题的局面便可因之而清晰可见了。因此，史学批评是史学理论的一个重要组成部分。

常常有人提及中国古代史学虽史家辈出、史书浩瀚，但是在史学理论方面建树不多，甚至有人直言中国古代史学没有理论。此种见解的误区，一方面是简单地以西方史学作为参照系来直接比附中国史学，另一方面就是以今人所谓史学理论的现代意义去看待古人的思想建树。之所以如此，现代学科分类带给人们的某种思维定式不无些许消极影响，而中国古代史学的特点未能得以深入挖掘和系统研究则是更重要的原因。中国古代史学家和思想家的序录、札记、论赞、题跋、随笔等各种资料中有着丰富的史学评论资源，这些资源包含在辞章考据、经史注疏等不同体裁体例的著述中。史之"要义"是伴随古代中国史学相终始的诉求，有着独具特色的境界和气质。以"史学理论"的着眼点去归纳和总结史学之"义"和"意"固然是当务之急，而以史学批评为着眼点作全面和系统的研究，则是总结

---

① 瞿林东：《中国史学通论》，180 页，武汉，武汉出版社，2006。

中国古代史学理论、反思近现代史学理论的基础。史学批评不仅是史学理论的一个部分，而且是进行史学理论建设的重要途径。

史学批评在史学史中表现为史学批评史。史学批评史在史学史学科发展的不同阶段，所起到的作用、占有的位置、产生的影响并不一样。

尽管史学史的意识在源远流长的中国史学发展过程中早已有之，但是"史学史学科"在中国仅有不足百年的历史，梁启超在 20 世纪 20 年代提出"史学史的做法"，强调史学"很有独立做史的资格"，这被认为是中国的史学史学科开始建立的标志。至今，史学史学科已经成为历史学中不可或缺的重要学科，中国史学史的研究也积累了丰厚的研究成果。从史学史学科的学科发展历程上看，20 世纪三、四十年代是中国史学史学科发展的第一阶段，这个时期的中国史学史研究，主要是以梁启超设立的"史学史的做法"框架为基础，论述方法受到古代目录学的影响，"带有浓厚的史部目录学的气味"①，史学史研究更像是史部要籍解题，换言之，对史家、史书的介绍、分析、定位与评价，毋宁说就是一种初步的史学批评，要籍解题式的史学史，看上去也更像是一部简要的史学批评史。受西式学术分类体系的影响而在中国产生的史学史学科，转换视角后面对的研究对象是中国史学自身两千余年历史的厚重内容，在整体上表现出要籍解题式的史学批评史特征，这在中国史学史研究的最初阶段是有其必然性的。

20 世纪 60 年代以后，中国的史学史学科发展进入了第二阶段。白寿彝概括出史学史研究的任务："中国史学本身的发展，中国史学在发展中跟其他学科的关系，中国史学在发展中所反映的时代特点，以及中国史学的各种成果在社会上的影响。"② 重视史学与社会的互动关系，是该时期史学史研究的主要特点。从历史发展的时代特点来把握中国史学自身的发展过程，突破史学史研究仅局限于史家、史书范围，对中国史学结合于时代思潮作宏观分析，这是史学史研究与学科建设的一次飞跃。诸如史学发展与客观历史发展的关系、中国史学发展的总体脉络、不同时期中国史学发展的不同特点、中

---

① 白寿彝：《中国史学史》第 1 册，166 页。
② 同上书，29 页。

国史学史发展的分期以及分期标准问题等关乎中国史学史学科建设的重要问题受到相应重视，而以往较为单一的史学批评史式（要籍解题式）的研究模式则显得陈旧了。然而，暂时地受到冷落实际上却孕育着继续发展的机会。

20世纪90年代以来的中国史学史研究从多方面呈现出了向纵深拓展的态势。从学术史的角度、从中外史学比较的角度、从贯通的角度研究中国史学史是史学史学科新的发展阶段的明显特征。系统研究和总结中国古代史学的理论成就便是目前史学史研究的学术增长点之一，以瞿林东为代表，倡导从史学批评入手，进而对中国古代史学理论与历史理论做专门研究。史学批评史由此作为史学史的一个子学科而再次为人们所重视。与上述史学史学科发展的第一阶段相比较而言，史学批评在以往是被动出现的，是史学史学科建立之初以自然状态反映出来的。要籍解题尚带有传统史学的明显痕迹，在研究者那里甚至也未曾明确意识到或者专门使用"史学批评"这个概念，我们称之为史学批评，只是较为简单的、就事论事的、难成系统的"史学批评"；现今的史学批评，是史学史学科经过发展而在研究程度上逐渐深入之后，从学术逻辑与学术内涵方面主动呈现的，是研究者具有明确的学术目标，为探索中国史学的史学理论认识的发展之逻辑线索而有意识专攻的研究路径，是将史学批评作为史学史的分支学科而系统规划其研究范畴、研究方法、研究目的的现代学术研究行为。史学批评史不再是史学史研究的全部，也不再表现为可有可无，乃是史学史学科不可或缺的重要分支。

史学批评之于史学理论及史学史学科的关系昭示了开展史学批评研究的重要意义。"史学的发展，或隐或显，总伴随着史学批评。而史学批评的活力，首先来自社会的启动。史学批评的活力也来自史学自身发展要求的启动。史学批评的活力，也不能不考虑到人们对比较的方法的运用所产生的作用。"① 社会的启动、史学自身发展要求的启动、比较方法的运用所产生的作用等，既是史学批评的活力所在，也是史学理论及史学史学科的活力所在。深入开展史学批评的研究，不仅对史学理论及史学史学科具有重要意义，而且对历史学研究也具有积极的推动作用。

① 瞿林东：《中国史学通论》，223页。

"新史学"思潮的产生及其学术建树探析

对新史学的理解，从广义而言，指的是区别于旧史学的史学，所以其为"新"。然而，这个名词具有很明显的历时性意味，即随着时间的变化，新就会变为旧，以前为新者，以后成为旧，所谓"新史学"之"新"，在一段时期之后，就会为更新的史学所取代，"新"便成为不新了。在近两个世纪的中外史学史上，提出"新史学"或被称作是"新史学"的史学思想、史学流派、史学思潮有许多，却都有着历时性或共时性的差异。在近现代中国史学史上，如梁启超倡导的"新史学"、何炳松介绍的美国人鲁滨孙的"新史学"以及马克思主义史学等，都曾先后使用或被称之为"新史学"这一称谓。这里所说的"新史学"，指的是发轫于20世纪初期，以梁启超等人为代表，以批判传统史学、号召建立中国的新史学为目标的"新史学"。"新史学"口号的提出以及"新史学"思潮的形成为中国史学转型开启了序幕。

近几十年来，学界对于梁启超提出的"新史学"及其史学思潮的研究一直非常重视，肯定了"新史学"批判旧史学、贯彻进化史观等积极影响，也指出了其批判程度过于激烈和简单化、过分突出史学的"致用"功能等局限性。时值21世纪初期，即梁启超《新史学》发表一百周年之际，"新史学"更成为一个研究的热点，今人或以"中国需要什么样的新史学"为题举办学术研讨会并出版论文集，或以"纪念梁启超《新史学》发表一百周年"为题发表笔谈，或以"历史学者永恒的追求"为目标而申论新史学的题中之义，或从"民族主义史学"的角度言及对"新史学"的再认识，等等①。从今天

---

① 2002年8月，中国人民大学清史研究所和浙江大学国际文化学院在北京举办了"中国需要什么样的新史学？——梁启超《新史学》发表一百周学术研讨会"，并就与会学者的参会论文编辑出版了《新史学：多学科对话的图景》（上下册）（北京，中国人民大学出版社，2003）；《学术研究》2002（12）发表了一组"纪念梁启超《新史学》发表一百周年"的专栏文章；《史学月刊》2005（10）发表了周祥森的《新史学：历史学者的永恒追求》一文；《史学理论与史学史学刊》（2004—2005）发表了徐国利的《梁启超民族主义史学的建构及其意义——对梁启超新史学的再认识》一文等。

的角度对"新史学"的意义多加阐释无疑是必要的，也是有价值的，因为当下的中国史学发展路径究竟为何，即怎样认识并确立今后的中国新史学之内容，是人们共同关注的重要问题。梁启超等人当年提出的"新史学"的许多主张，在一百余年后的今天仍有影响，说明探讨今日之新史学必须充分了解以往之"新史学"，否则便会出现"自话自说"的现象。基于此种认识，有必要通过梁启超提出的"新史学"口号及当时涉及"新史学"思潮的相关文本，再行考察其形成过程、基本立意、相互关系及学术建树，庶几为今人更全面地认识和阐释"新史学"思潮提供一点帮助。

一、《中国史叙论》与《新史学》：不同的起点和相同的目标

梁启超于 1902 年提出的"新史学"主张，是在近代中国处于民族危难的空前危机、国人思考抉择民族自强途径的历史条件下出现的。梁启超在撰成《新史学》的前一年即 1901 年，就已经在《清议报》上发表了他对于新的中国史撰述的一系列设想和规定——《中国史叙论》。一般认为，《中国史叙论》和《新史学》共同构成了"新史学"思潮的开端。其实，不论是撰文起因还是内容旨趣，二者并不完全相同。

《中国史叙论》是梁启超为撰写中国通史而草就的文章，梁启超写于 1902 年的《三十自述》称："顾自审我之才力，及我今日之地位，舍此更无术可以尽国民责任于万一。兹事虽小，亦安得已。一年以来，颇竭绵薄，欲草一《中国通史》以助爱国思想之发达。"[1] 可知他在 1901 年前后已经写出了一小部分相关文字，再从《中国史叙论》的行文中可以推测，此当为该《中国通史》的"叙论"部分[2]。

《中国史叙论》的撰写起因，是以"近世史家"的眼光写出一部"助爱国思想之发达"的新型中国通史。流亡日本期间，是梁启超接触西方史

---

① 梁启超：《三十自述》，《饮冰室合集·文集之十一》，19 页。
② 如在"纪年"一节之末，谓"故本书纪年，以孔子为正文"等，可见此文即为其撰述"中国史"的"叙论"。

学的十分重要的时期，他浏览了大量史籍，曾著《东籍月旦》一文，专事介绍日本学者著译的各种史书，包括世界史方面的近 30 部，中国史及亚洲史方面的十余部。面对西方史学的发达，以及日本学术界对西方史学的重视程度，对比中国史学的现状，梁启超的感触十分深刻，他说：“中国为地球上文明五祖国之一，且其文明接续数千年，未尝间断，此诚可以自豪者也。惟其文明进步变迁之迹，从未有叙述成史者。盖由中国人之脑质，知有朝廷而不知有社会，知有权力而不知有文明也。”①《中国史叙论》所涉及的史之界说、研究范围、书名、地理、民族、纪年、分期等内容，无不是撰写新型中国史所必须先行解决的基本问题。

梁启超在《中国史叙论》中率先表述了“史之界说”：

> 史也者，记述人间过去之事实者也。虽然，自世界学术日进，故近世史家之本分，与前者史家有异。前者史家不过记载事实，近世史家，必说明其事实之关系，与其原因结果。前者史家，不过记述人间一二有权力者兴亡隆替之事，虽名为史，实不过一人一家之谱牒。近世史家，必探察人间全体之运动进步，即国民全部之经历，及其相互之关系。②

这番议论，对今后历史研究的目的作了新的界定。梁启超区分“前者史家”和“近世史家”，意在突出“近世史家”于“史之界说”方面与“前者史家”的不同，对“近世史家”研究历史的目的提出了新的要求，即“说明其事实之关系，与其原因结果”，“探察人间全体之运动进步，即国民全部之经历，及其相互之关系”。而指出“前者史家”以“记载事实”、“记述人间一二有权力者兴亡隆替之事”为主的特点，则可看出梁启超对旧史学的批判锋芒。

在《中国史叙论》中，梁启超又将“中国史之范围”、“中国史之命

北京师范大学史学探索丛书

----

① 梁启超：《东籍月旦》，《饮冰室合集·文集之四》，100 页。
② 梁启超：《中国史叙论》，《饮冰室合集·文集之六》，1 页。

名"、中国历史上的地理环境即"地势"、中国历史上的各个民族即"人种"、撰述中国历史所应使用的"纪年"、史前时代及历史记述的不同阶段等在中国历史撰述中必须涉及的基本问题，一一作了阐述，所阐述的内容，无不看出其史学近代化的创新之意。

古代中国人的观念是自视处于天下中心，对天朝大国的中心位置深信不疑，"王者无外"、"天下一家"的认同意识使中国一词中"民族"、"国家"的含义并不特别明显，而是更多地指文化认同意义上的称谓，是一种文化大一统的观念。如柳诒徵所说："中国乃文明之国之义，非方位、界域、种族所得限。"① 历史上经常使用的"华夏"、"汉人"、"唐人"以及"大秦"、"震旦"、"支那"等称谓，都不是近代意义上对中国或中华民族的称谓。近代以来，随着西方诸国开始与清朝的政府和民间频繁接触，随着世界意识的逐渐加强，对地理知识的了解、对他国称谓的辨别、对世界这一概念的认识，都在客观上要求对近代意义的国家、民族观念加以认识和解释，以往那些视作自然且相延不变的概念不可避免地发生了改变，中国、中华民族等称谓开始受到重视。传统史书在关于书名、疆域、民族、纪年以及历史发展阶段的划分等方面的使用与处理方式，显然已经不能够完全适用于近代以来的史书撰述中。梁启超正是在这些方面给予了新的诠释。

（1）关于中国史的研究范围，梁启超认为应包括"中国史与世界史"和"中国史与泰东史"两个方面，将历史研究的范围扩及中国与亚洲、中国与世界，突破了以往历史研究以中国为主的局限。（2）关于"中国史之命名"，梁启超指出："以夏汉唐等名吾史，则戾尊重国民之宗旨。以震旦支那等名吾史，则失名从主人之公理……仍用吾人口头所习惯者，称之曰中国史，虽稍骄泰，然民族之各自尊其国，今世界之通义耳。"② 梁启超是最早提出"中国史命名"的人，这也是"新史学"的基本要求。（3）关于"地势"，梁启超将中国的辽阔地域作了宏观的勾勒，而且论述了地理与历

① 柳诒徵：《中国文化史》上册，3页，上海，上海古籍出版社，2001。
② 梁启超：《中国史叙论》，《饮冰室合集·文集之六》，3页。

史间的关系，"地理与人民二者常相待，然后文明以起，历史以成，若二者相离，则无文明，无历史"①。（4）关于历史上的民族问题，梁启超认为，"今考中国史范围中之各人种，不下数十"，多民族共同创造中国历史的观念已经蕴含其中，"民族为历史之主脑，势不可以其难于分析而置之不论"。②（5）关于历史撰述所使用的纪年，他力主摒弃传统的以帝王称号为纪年的方法，认为西方史书的公元纪年和以黄帝为纪元均不适用于中国史书中，设想"惟以孔子纪年之一法，为最合于中国"③。（6）关于中国历史不同发展阶段，梁启超认为远古的三皇五帝之事"若存若亡"、"若觉若梦"，主张以考古学和人类学理论为依据作相应表述，"定黄帝以后为有史时代"④；并将中国历史发展划分为上世史、中世史和近世史三个阶段。

经过了"叙论"的总体构想，梁启超却未能继续如期完成《中国通史》的撰写，时间、环境、材料等方面的限制固然是客观原因，更重要的是，他通过撰写《中国史叙论》意识到在撰述《中国通史》之前，要想建立中国的新史学，必须先行对旧史学进行一番革命性的批判。1902年，梁启超在《新民丛报》发表《新史学》，他自命为"新史氏"，在文中疾呼："史界革命不起，则吾国遂不可救！悠悠大事，惟此为大。新史学之著，吾岂好异哉，吾不得已也。"⑤ 在此前后，他还撰写了《论中国学术思想变迁之大势》（1902年）、《中国专制体进化史》（1902年）、《历史上中国民族之观察》（1905）等文，都反映了当时他以进化史观审视中国历史与中国史学的心得，而其中最有影响的，当属《新史学》一文。

"新史学"批判旧史学的真正矛头，指向的是当时的旧制度、旧政体，批判旧史学的实际意图，是为了唤起民众的爱国心，保种保国，救亡图强。因此，《新史学》强烈的批判意识，其政治意义大于学术意义，现实

北京师范大学史学探索丛书

---

① 梁启超：《中国史叙论》，《饮冰室合集·文集之六》，5页。
② 同上书，6页。
③ 同上书，8页。
④ 同上书，9页。
⑤ 梁启超：《新史学》，《饮冰室合集·文集之九》，7页。

意义大于历史意义。在《新史学》中，梁启超对旧史学的批判是从两个方面展开的：

第一，从整体上的全盘否定。梁启超所谓旧史学的"四弊"、"二病"、二十四史为"二十四姓之家谱"和"相斫书"等论断，一直以来论者评价各异，肯定其里程碑式的开拓性意义，诟言其绝对化的偏激性断言。在19世纪末20世纪初正处于新陈代谢之际的中国社会，破旧之势已经不可遏制地蔓延到了思想文化领域，不仅史界有"史界革命"，"诗界革命"、"小说界革命"等呼声也不绝于耳。具有经世传统的中国史学，当其处于中国前所未有之变局的时代而与现实紧密结合在一起的时候，对自身批判也达到了前所未有的深刻程度和激烈程度。自称为"史界陈涉"的梁启超，更多地出于现实政治的目的对传统史学从整体上所作出的激烈批判，如果用客观的学术标准去衡量当然是多有谬误、言过其实的。从整体上全盘否定旧史学，不仅是梁启超《新史学》的主线，也是20世纪初期的主要基调。

第二，抓住一直纠缠于传统史学中的"正统"、"书法"和"纪年"等中国史学特有的重要问题予以剖析。《新史学》的"论正统"、"论书法"和"论纪年"等部分，与其说是阐述"新史学"对相关问题的新看法，不如说是对旧史学中相关问题的进一步批判。应该指出的是，梁启超对旧史学中的具体问题的批判却带有些许对传统经学和史学的肯定和继承的因素。梁启超分析了历代王朝重视正统的原因，一是"当代君臣，自私本国"，为了确立自己的正统地位；二是"陋儒误解经义，煽扬奴性"，神话帝王，维持统治。由于对正统的片面重视和理解，使君统取代了民统，历史也就成为一家一姓的谱牒，造成了"自为奴隶根性所束缚，而复以煽后人之奴隶根性"的恶性循环。在这个问题上，梁启超还从三统说中找到了论据，他认为："统字之名词何自起乎？殆滥觞于《春秋》。《春秋公羊传》曰：何言乎王正月，大一统也。此即后儒论正统者所援为依据也。庸讵知《春秋》所谓大一统者，对于三统而言。《春秋》之大义非一，而通三统实为其要端。通三统者，正以明天下为天下人之天下，而非一姓之所得私有。与后儒所谓统者，其本义既适相反对矣。"① 路新生指出："今文经学中原本就有'天命所授者博，非独一姓'的近乎'民主'的'民本'思想，而且这一思想'经学义法'的理论依托正是'三统说'。梁启超巧妙地将其运用在了他的'史界革命'的主张中，用了新桃换旧符。"② "论书法"针对的是传统史学中使用"春秋"笔法、任情褒贬现象的批判，他并未对"书法"的始作俑者《春秋》提出异议，相反，却为之作辩解称："吾非谓史之可以废书法"③，又称："惟《春秋》可以有书法，《春秋》经也，非史也，明义也，非纪事也。"④ 一面是斥责旧史学因书法而妄自评判历史所造成的谬误，违背了群学观念；另一面肯定《春秋》可以有书法，因为它在于"明义"而非"纪事"，旧史家无《春秋》之志，故不可以言书法。按照这个逻辑，《春秋》之志难道就具备了群学观念了吗，就具备了"褒贬一民族全体之性质"的内涵吗？梁启超没有回答，他只是生硬地将群学观念与传统的今文经学所强调的"春秋之义"结合起来，即肯定了今文经学《春秋》之义的基本理念，贯之以群学观，构成了对旧史学书法的批判。论"纪年"是为了条理旧史学中历史撰述在纪年方面的混乱，肯定的依然是《春秋》纪年，"孔子作《春秋》，首据其义曰，诸侯不得改元，惟王者然后改元，所以齐万而为一，去繁而就简，有精义存焉也"。⑤

概括地说，在《新史学》中，"史学之界说"是运用进化史观阐述"新史学"的基本理论，"中国之旧史"是以进化史观为理论依据全面抨击旧史学，"论正统"是据政治领域的民权学说和今文经学三统说来抨击旧史学中正统之争的弊端，"论书法"是以群学说和"春秋之义"来批判旧史家因任情褒贬而忽略了历史上的"民族全体"，"论纪年"是建言以《春秋》纪年为依据改历史撰述中以孔子生年纪元。可见，在《新史学》对旧

北京师范大学史学探索丛书

---

① 梁启超：《新史学》，《饮冰室合集·文集之九》，20 页。

② 路新生：《经学的蜕变与史学的"转轨"》，180 页，上海，上海古籍出版社，2006。

③ 梁启超：《新史学》，《饮冰室合集·文集之九》，29 页。

④ 同上书，26 页。

⑤ 同上书，30 页。

史学批判的过程中，梁启超既糅入了相应的西方社会政治思想，又承袭了传统经史之学的一些观念，两者结合的方式并不一定妥帖，前者当可看作是梁启超以史学结合于现实，即《新史学》在政治层面的作用；后者或可反映了他在批判与否定旧史学的过程中，还含有对传统学术的某种传承因素。在其批判旧史学的过程中，政治激情显然超过了学术理性，而在建立"新史学"的立意之下，仍然可见一些传统学术的影响。

从《中国史叙论》到《新史学》，二者在撰述起因上有一定差异：前者是以撰述《中国通史》为起点，在《中国史叙论》中表现为"建设"大于"批判"；后者是以倡议"史界革命"为起点，在《新史学》中表现为"批判"大于"建设"。两者的目标相同，都是为了建设中国的新史学，而"新史学"对旧史学给予的激烈的抨击，其实是以建设中国"新史学"为初衷的。

二、20 世纪初期"新史学"思潮的形成

20 世纪初期，以梁启超为代表，思想文化领域形成了对旧史学的批判潮流，许多人发表文章，从各个角度批判中国旧史学，"新史学"思潮也逐渐形成。1902 年邓实在《史学通论》中说："悲夫，中国史界革命之风潮不起，则中国永无史矣，无史则无国矣。"① 陈黻宸于同年在《新世界学报》上发表《独史》"叹息痛恨于中国之无史也"，他陈述了史学以《春秋》笔法任情褒贬的弊端，"斯诚史之一大厄也"。汪荣宝在 1902 年 12 月撰写出版的《史学概论》中，以所谓"今日世界之学术思潮"的标准来衡量、看待古代史学，指出："其所谓历史者，不过撮录自国数千年之故实，以之应用于劝善惩恶之教育，务使幼稚者读之，而得模拟先哲之真似而已，是与今日世界之学术思潮立于正反对之位置者也。"② 刘师培认为中国史学愈来愈受到君主、权臣的控制，到了清代，"所存之史，则并其所谓

① 邓实：《史学通论》，载《政艺通报》，第 1 年第 12 号。
② 汪荣宝：《史学概论》，载《译书汇编》，第 2 年第 9 期。

一家一姓之事者，亦且文过饰非，隐恶扬善，而逢君之恶"①。为了强调"新史学"之"新"，不少人着重论述了新、旧史学的区别。梁启超在《中国史叙论》中区别"前者史家"和"近世史家"。汪荣宝在《史学概论》中对旧史学和新史学也作了区分，旧史学"与今日世界之学术思潮立于正反对之位置者也"，新史学是"研究社会之分子之动作之发展之科学也"，其内容与"本邦从来史学之习惯大异其趣"，"以为他日新史学界之先河焉"②。

在"新史学"思潮发展的早期阶段，更多的言论还仅局限于批判"君史"建立"民史"，他们为"新史学"开出的方案是，改记载帝王将相为主为记载民众为主，改一家一姓为主的历史撰述为"民史"、"国史"为主的历史撰述。邓实认为史学发展分神权时代、君权时代和民权时代，史学应该是由"神史"、"君史"而进入"民史"，"夫民史之所有者何？则一群之进退也，一国之文野，一种之存灭也，一社会之沿革也，一世界之变迁也"③。陈黻宸建议在史书中增设《平民表》。王国维也说过："今日之时代，已入研究自由之时代，而非教权专制之时代。"④夏曾佑不仅反对君史、提倡民史，而且把这种观点具体实践于史书撰述中。"新史学"强调"民史"的要求和背后，显然是与当时主张推翻君主专制制度和救亡图强的政治目标联系在一起的。从长远的眼光看，建立"新史学"仅仅改"君史"为"民史"是远远不够的，传统史学也并非就是帝王家谱。全盘否定旧史学作为革命口号提出来是一回事，从学术层面真正构建中国的"新史学"则是远比批判宣言更为艰难的另一回事。对旧史学的批判为中国史学转型开辟了道路，建设"新史学"仍然任重而道远。

事实上，"新史学"思潮对于旧史学的态度很快就有了一些转变。如

① 刘师培：《新史篇》，载《警钟日报》（署名无畏），1904-08-02，见《刘师培辛亥前文选》，199页，北京，生活·读书·新知三联书店，1998。

② 汪荣宝：《史学概论》，载《译书汇编》，第2年第9期。

③ 邓实：《史学通论》，载《政艺通报》，第1年第12号。

④ 王国维：《奏定经学科大学文学科大学章程书后》，《王国维遗书》第5册，39页，上海，上海古籍书店，1983。

陈黻宸对以前宣称的"中国无史"的观点作了一些改变："余每读《史记》八书与《通志》二十略，反复沈思，得其概略，未尝不叹今之谈史学者辄谓中国无史之言之过当也。"① 1908 年，蛤笑在《史学刍论》中认为极端否定的本身是"粤国之甚"，文章认为，古代史学并非一无是处，史书中记载了中国悠久的历史和文化，"若夫吾民族千百年来屡受外界之侵凌而究能获最终之战胜，与夫礼俗、学问、美术、技艺、文教、武功之称雄于东亚者，非你官书曷由知之"②。曹佐熙在 1906 年撰写了《史学概论》一书，这是迄今所见 20 世纪中国最早的一本论述史学理论的专书。作者在该书中认为，史学是阐意、比事、缀文之学，史学的原则与功用有尚博、尚专、世传（累世相传）、渐进、知新温故、成科（成为科学）诸项。可以看出作者力图将中国古代史家司马迁、刘知幾、郑樵、章学诚等人的史学理论主张与传自西方、日本的史学理论相结合而"通论"史学。这些现象说明，传统史学尽管受到激烈抨击，但其有价值的内容也并非完全被抹杀，对传统史学优良遗产的继承很快就会得到重视。

"新史学"思潮在这里是一个较为笼统的称谓，其主要特点是批判旧史学、崇信进化史观、反对"君史"提倡"民史"、突出民族主义和爱国思想等史学的社会功能、扩大史学的研究范围等。由于对"新史学"基本宗旨的认同，使得许多人投入其中而形成了这一在近现代中国史学发展史上具有深远影响的史学思潮，"新史学"思潮因此而具有一定的普遍性意义。如果对"新史学"思潮所涉及的人物、学术观点、政治倾向、学术成果等方面进行考察，则应具体问题具体分析，"新史学"思潮在当时表现出的复杂性也多有表现。

"新史学"的倡议获得认同，并不等于人们在所有的观点上都一致。譬如，身为改良派的梁启超所坚持的是"大民族主义"，他说："自今以往，中国而亡则已；中国而不亡，则此后所以对于世界者，势不得不取帝国政略，合汉、合满、合蒙、合回、合苗、合藏，组成一大民族，提全球

① 陈黻宸：《读史总论》，《陈黻宸集》（下），676 页，北京，中华书局，1995。
② 蛤笑：《史学刍论》，载《东方杂志》，第 5 卷第 6 期。

三分有一之人类，以高掌远蹠于五大陆之上，此有志之士所同心醉也。"①
这与主张"排满革命"的章太炎、刘师培等人在民族观念上存在很大差
异。反映在史学中，怎样看待历史上少数民族政权的作用，尤其是如何看
待满族统治者及清朝的历史地位，双方都存在着争议。与此相关的历史纪
年问题，梁启超在《中国史叙论》和《新史学》中主张以孔子纪年，而刘
师培在排满革命高涨的1903年发表《黄帝纪年论》一文中强调，"是则黄
帝者，乃制造文明之第一人，而开四千年之化者也。故欲继黄帝之业，当
自用黄帝降生为纪年始"②，主张黄帝纪年，既否定以历朝君主年号纪年，
也否定以孔子纪年。

诸如此类的不同背后，当然还是政治见解相异所使然。如果仅就"新
史学"的基本宗旨而言，梁启超、章太炎、夏曾佑、刘师培、邓实、陈黻
宸等人仍然是一致的。以在20世纪初期产生有极大影响的、因《国粹学
报》而闻名的国粹派为例，即可看出"新史学"影响的普遍性。

国粹派多数人的政治倾向是反满、排满，与梁启超、夏曾佑等改良派
大异其趣。但是，他们在运用中华民族悠久的历史和丰富文化遗产来激发
爱国主义和民族精神这一点上是相同的。如梁启超所说的"凡一国之能立
于世界，必有其国民独具之特质，上自道德法律，下至风俗习惯文学美
术，皆有一种独立之精神，祖父传之，子孙继之，然后群乃结，国乃成，
斯实民族主义之根抵源泉也"③，此"根抵源泉"即是构成历史文化认同的
历史渊源。他们上溯中华民族的发端时代，标榜同属华夏胤裔、炎黄子
孙，以此激发民族感情。刘师培在《黄帝纪年论》一文中强调"凡一民
族，不得不溯其起源，为吾四百兆汉种之鼻祖者谁乎？是为黄帝轩辕
氏。"④ 黄节在《国粹学报》上连载《黄史》，主张"黄帝第一甲子纪年"

---

① 梁启超：《政治学大家伯伦知理之学说》，《饮冰室合集·文集之十三》，75～76页。
② 刘师培：《黄帝纪年论》，见张枬、王思文主编：《辛亥革命前十年间时论选集》
第1卷下册，721页，北京，生活·读书·新知三联书店，1960。
③ 梁启超：《新民说》，《饮冰室合集·文集之四》，6页。
④ 刘师培：《黄帝纪年论》，见张枬、王思之编：《辛亥革命前十年间时论选集》
第1卷下册，721页。

之说；辑录和刊行《黄帝魂》，连载黄帝传，唤起人们对民族祖先的崇仰之情。即使是梁启超与刘师培在入关前的满族是否是中国臣民的论战中，刘师培仍然强调"今日之排满在于排满人之统治权"，提倡民族主义"即与抗抵强权主义互相表里，固与前儒中外华夷之辨不同也"。他还声称，"驱除"的口号没有满汉区别，关键在于谁是自由平等的压制者，"使操统治权者，非满人，仍为天水、凤阳之裔，吾人视之，固亦无异于满洲"。①因此，"新史学"的"史学者，学问之最博大而最切要者也，国民之明镜也，爱国心之源泉也"的要旨是他们均所认同的。

如前所述，国粹派人物推崇进化史观、主张史学是叙述人群进化之现象的学问、批判旧史学为帝王之家谱、反对"君史"、提倡"民史"等做法，与梁启超《新史学》的观点并无二致。在批判旧史学的激烈言辞中，梁启超在正统、书法等问题上仍表现出了传承传统学术如三统说、《春秋》之义等的意旨，这同样是应该注意到的现象。传统学术的一些因素，即使是在被激烈抨击的表象下仍然起着某些作用，产生着一定的影响，其作用和影响包含积极和消极诸多方面，但是随着对西方学理的了解和接受的增多，对传统学术在新形势下的领悟和认识会愈来愈深刻，其积极的部分也会更加清楚地表现出来，这在梁启超本人的学术实践中得到证实。在当时的情况下，国粹派学人已经从多个角度表现出了对传统学术的些许理性分析，如章太炎批评梁启超"执斯宾塞尔邻家生猫之说以讥史学"、"中国旧史，无过谱牒之流"的说法②，邓实在《史学通论》中关于神权时代、君权时代、民权时代及相应的神史、君史、民史的阐述，黄节通过旧史籍中丰富的记载内容而对指责旧史学为二十四姓帝王家谱之说提出疑义③。

如此看来，20世纪初期的"新史学"思潮其实涵盖了许多不同政治取向，却都看重史学的社会功能、要求改变旧史学面貌的多数进步学人。包括国粹派在内，他们在史学上的倡议、宣传、研究、著述，尽管因各种原

---

① 参见朱维铮：《刘师培辛亥前文选·导言》，《刘师培辛亥前文选》，11～12页。

② 章太炎：《答铁铮》，《章太炎全集》第4册，371页，上海，上海人民出版社，1985。

③ 黄节：《黄史·总序》，载《国粹学报》，第1年第1号。

因存在着观点上的歧义，然而异中有同，他们在"新史学"总的目标上是基本一致的，都可以视为20世纪初期"新史学"思潮的组成部分。如果从中国近现代史学发展的角度来看，当时史学发展的新动向、新观点、新成果，大多与梁启超倡导的"新史学"的宗旨相关联，"新史学"在当时所产生的影响具有普遍性意义。因此，不论那些既批判旧史学又致力于宣传"新史学"的人们的政治取向如何，只要他们大致认同"新史学"的基本宗旨，均可以将之纳入"新史学"思潮的整体范围中，应该从总体上把握"新史学"思潮的走向，进而分析其对于近现代中国史学发展的影响和意义。

三、20世纪初期"新史学"思潮的学术建树

20世纪初期的"新史学"思潮是以史学革命宣言式的态势出现的，表现出了强烈的对传统史学的批判意识。但是这并不是说，"新史学"思潮仅仅是批判旧史学的言辞、建立"新史学"的设想等口号或提示性内容。对旧史学的批判已经成为"新史学"的标志性特征，"新史学"对中国史学转型的建设性意义往往被其批判锋芒所遮掩。事实上，"新史学"思潮一直都伴随着相关学人运用进化史观尝试建设中国"新史学"的理论体系和撰述新型中国通史的努力。梁启超等人在20世纪初期就十分重视对历史学的目的、性质、功用、史学与其他学科的关系等史学理论问题的阐述，《中国史叙论》和《新史学》被认为是"批判传统史学、试图建立新的史学理论体系的重要标志"[①]。"新史学"思潮在史学理论方面的建树在20世纪20年代前后表现得更为明显，多为人们所重视[②]。在历史研究硕果丰厚的20世纪中国史学史上，20世纪初期的"新史学"思潮所带来的具体历史研究方面的成果并不十分引人注目，况且，"新史学"破旧立新的特征

① 瞿林东：《中国史学史纲》，793页。
② 主要研究成果可见：胡逢祥：《梁启超史学理论体系新探》［载《学术研究》，1986（12）］等论文，蒋俊：《中国史学近代化进程》（济南，齐鲁书社，1995）、陈其泰：《梁启超评传》（南宁，广西教育出版社，1997）等著作的相关部分。

所产生的影响也在很大程度上掩盖了其具体研究层面的成果价值，然而，"新史学"思潮之初，相关学人运用进化史观对中国历史进行研究的努力与尝试及其获得的成果，尽管有着许多不足，却仍然值得重视。

梁启超的《中国史叙论》就是该撰史计划中的"叙论"部分，只是最终未能撰成全书。早在梁启超发表《中国史叙论》和《新史学》之前，章太炎在1900年手抄本《訄书》中所增第五十三篇《哀清史》后就有《中国通史略例》一文，说明他已经开始考虑撰述中国通史。以撰述中国通史作为"新史学"具体研究的最初尝试，章太炎十分清楚地说明了他的意图："所贵乎通史者，固有二方面：一方以发明社会政治进化衰微之原理为主，则于典志见之；一方以鼓舞民气、启导方来为主，则亦必于纪传见之。"① 显然，用中国历史的发展过程审视历史进化之迹象并鼓舞民众的爱国主义精神是其基本用意。章太炎认为："窃以今日作史，若专为一代，非独难发新理，而事实亦无由详细调查。惟通史上下今古，不必以褒贬人物、胪叙事状为贵，所重专在典志，则心理、社会、宗教诸学，一切可以熔铸入之。"② 在他看来，通史是实现新的修史方案的理想的史书体裁，希望新型的《中国通史》"旨在独裁，则详略自异，欲知其所未详，旧史具在，未妨参考"，"苟谓新录既成，旧文可废，斯则拘虚笃时之见也已"。③ 说明他仍然看重古代史学的可借鉴之处。章太炎特别强调的是："所谓史学进化者，非谓其廓清尘翳而已，已既能破，亦相能立。"④ 为达到"立"的目的，他"兴会勃发"，"一切谢绝，惟欲成就此志"。章太炎在《中国通史略例》中还流露出比较西方史学论述中国史学（通史）的意识，他说："西方作史，多分时代；中国则惟书志为贵，分析事类，不以时代封画：二者亦互为经纬也。""西方言社会学者，有静社会学、动社会学二种。静以藏往，动以知来。通史亦然，有典则人文略备，推迹古近，足以藏往

---

① 章太炎：《致梁启超书（1902年7月）》，见汤志钧编：《章太炎政论选集》上册，167页，北京，中华书局，1977。

② 同上。

③ 章太炎：《訄书》，《章太炎全集》第3册，331～332页。

④ 同上书，330页。

矣。"草昧初启，东西同状，文化既进，黄白殊形，必将比较同异，然后优劣自明，原委始见，是虽希腊、罗马、印度、西膜诸史，不得谓无与域中矣。"① 晚清以来，译介西方史书不在少数，初为"开眼看世界"之举，后以取外国变法则强、守旧则弱乃至灭亡的典型史例为主，为变法维新宣传造势。其间尚不断有一些西方文明文化史之类的史籍和外国史学理论类的书籍介绍到中国，虽曾引起国内学人的重视，却少有人将其与中国史书撰述有意识地结合起来。章太炎的上述论断，虽不成系统，但是含有中西史学比较的意图，这在 20 世纪之初，是十分难得的。

提出撰写新中国史计划的还有陈黻宸。他在 1902 年《新世界学报》上发表的《独史》一文中建议："自五帝始，下迄于今，条其纲目，为之次第，作表八、录十、传十二。"他的计划是："十录十二列传，皆先详中国，而以邻国附之，与八表并列，盖庶乎亘古今统内外而无愧于史界中一作者言矣。"②

"新史学"带来的撰述新型中国史的热潮，不仅有梁启超、章太炎、陈黻宸等人写出了相应"叙论"或撰史方案，还有夏曾佑的《最新中学中国历史教科书》、刘师培的《中国历史教科书》、曾鲲化的《中国历史》、马叙伦的《史学总论》、黄节的《黄史》等著述的出版。章太炎、梁启超曾发奋撰述中国通史，但进展并不顺利。章计划写的《中国通史》为"百卷之书，字数不过六、七十万，或尚不及，尽力为之，一年必可告竣"③，实际他并未如期完成。梁启超写出《中国史叙论》后，"然荏苒日月，至今犹未能成十之二"④，他也没有写成。撰写一部贯穿古今、期望值甚高、完整的新型中国通史，而且要求在理论观点、结构和内容上均能突破传统史书的窠臼，这在接受进化史观之初的 20 世纪初期，在未及消化新的历史观和史学方法，并缺乏运用新的史学理论与史学方法进行充分的局部研究

---

① 章太炎：《訄书》，《章太炎全集》第 3 册，329～331 页。

② 陈黻宸：《独史》，《陈黻宸集》上册，569 页。

③ 章太炎：《致梁启超书（1902-07）》，见汤志钧编：《章太炎政论选集》上册，168 页。

④ 梁启超：《三十自述》，《饮冰室合集·文集之十一》，19 页。

的情况下，的确勉为其难。即如夏曾佑的《最新中学中国历史教科书》和刘师培的《中国历史教科书》也属未完成之作，前者写至隋，后者仅及西周之末。陈黻宸完成于1913年的《中国通史》（20卷）与他在1902年发表的《独史》中所计划的撰述中国史的内容设计亦相去甚远。夏曾佑书为学界重视，刘师培书也常被提及，除了其自身确有过人之处外，以教科书形式撰写的特点也是原因之一。朱维铮说："教科书需兼顾知识性、系统性，要考虑学生的接受能力，加以身处秘密状态必须的谨慎（指刘师培等当时的状态——引者），因而这类著作，虽然都显示作者力求以新式教科书为模式，使结构和内容，都有别于八股式的高头讲章，见解却都比较平和，罕有激烈的议论。"① 或者说，以教科书形式编写的中国史，在当时更方便成书并更易于流行。夏曾佑等的历史教科书成为"新史学"思潮初期历史撰述的代表性著述，其学术影响至今为人所称道。

夏曾佑宗今文经学，与严复、梁启超等交往甚密，在1904—1906年间撰述完成了《最新中学中国历史教科书》，这是他唯一的一部著作。② 这部书以进化史观为指导，旨在"总以发明今日社会之原为主"③，重视历史发展的总体变化，关注多民族的历史发展过程，考察社会发展趋向的演变而不以某朝某代标准，诸如此类的撰史旨趣可以明显看出"新史学"思潮的影响。该书在编纂形式上的特点是首次采用了章节体。尽管在夏曾佑看来，章节体与纪事本末体并无二致，而且当时京师大学堂所列史学门书籍不乏新式章节体，但是以夏著所产生的多方影响来看，其章节体的使用仍然对以后的史书撰述体裁起到了相当明显的作用。如果对比章太炎和梁启超在当时对通史撰述体裁的设想方案，夏曾佑在《中国古代史》中使用的体裁形式显然更具新意，也更为后人所接受，何况他并未仅仅停留在设想阶段，而是真正实施于历史撰述中。齐思和说该书是"第一部有名的新式

---

① 朱维铮：《刘师培辛亥前文选·导言》，《刘师培辛亥前文选》，7页。

② 李洪岩撰《夏曾佑传略》[刊于瞿林东主编：《史学理论与史学史学刊》(2006)]一文，考述夏曾佑生平事迹，可补一直以来夏氏生平语焉不详之缺。

③ 夏曾佑：《中国古代史·第二篇·凡例》，6页，石家庄，河北教育出版社，2000。

通史"①，并非溢美之词。

刘师培于 1905—1906 年间写出了《中国历史教科书》，这也是一部使用进化史观撰述的新型通史。与夏曾佑不同的是，刘师培宗古文经学，且著述等身②。《中国历史教科书》是他为国学保存会编写的 5 种教科书之一（其余 4 种分别是《伦理教科书》、《经学教科书》、《中国文学教科书》、《中国地理教科书》）。刘著《中国历史教科书》的目的在于阐述历代政体之异同、种族分合之始末、制度改革之大纲、社会进化之阶级、学术进退之大势。书中以政体、民族、制度、阶级、学术等为基本内容，并希望在史书体裁上将典制与编年横纵结合，力求在观点、内容、材料诸方面借鉴和利用西方史学。这些要求在日后他人的中国史撰述中均得以充分体现。只是刘书仅写到西周，篇幅仅 3 册，虽可见与夏曾佑书体裁相近而内容不同，却无法完全反映其"凡例"中所设定的完整内容。

"新史学"思潮以指斥旧史学为帝王家谱、有君史无民史，宣传史学的爱国意义和社会功能为发端。伴随着激烈批判旧史学的言辞，如何建设"新史学"这一更重要的问题尚未得到充分讨论，稍能表现"新史学"实施步骤的主要是撰写新型中国通史的讨论和筹划，并且在两三年后即撰写出了几部教科书式的新型中国史书，而此若干建设"新史学"的实绩也未能得到后人的充分重视。平心而论，20 世纪初期的"新史学"思潮的总体走向是对旧史学的"破坏"和"新史学"的建设，实际表现为"破坏"大于建设，但是全面看待"新史学"思潮的影响，其撰述新型中国通史等"建设"方面的尝试和努力，亦不应被忽视。

"新史学"思潮是在中国社会处于重大变革、救亡图强成为时代主旋律的背景下出现的，抨击与推翻专制制度、从思想文化领域向西方学习的时代呼声直接影响到了史学。提出"史界革命"、建立"新史学"并促成史学转型的主要推动力是社会的变化和现实的要求。人们多指出"新史学"思潮中那些批判旧史学的偏激之见，许多批判旧史学的言过其实的观

---

① 齐思和：《近百年来中国史学的发展》，载《燕京社会科学》，第 2 卷，1949。
② 仅钱玄同编定的《刘申叔先生遗书》（1936）就有 74 种。

点，是史学为现实政治服务的要求所致。"新史学"过分重视"致用"的内在原因之一，还应当联系到今文经学的影响。这在"新史学"的提出者梁启超那里就已经表现出来。路新生说："梁启超对于今文家'重义轻事'的治学弊端不仅没有加以实事求是的批评，反而予以肯定，将'春秋重义不重事'的今文家方法论移用到了'新史学'中，这个负面的影响是巨大而深远的。梁在'史界革命'的范畴中留下了一块太大的'空白'，使他的理论体系带有了严重的罅隙。"① "新史学"思潮初期的"致用"特征不仅有社会现实大环境的影响，而且有传统学术某些因素提供的温床。从这个意义上说，以否定旧史学面目出现的"新史学"，依然隐约受到了传统学术的内在影响，此种影响与"新史学"产生之时的现实背景相互结合，遂导致了"新史学"过分"致用"而在史学"求真"学术层面上的缺失。在肯定"新史学"开启中国史学近代化的"宣言"性的积极意义的同时，也应看到"新史学"因失衡于致用和求真所带来的局限性，纵观 20 世纪中国史学的发展路向，"新史学"的多重影响一直在不同时期以各种方式存在并延伸着。

从学术层面言之，"新史学"带给近现代中国史学有价值的遗产，是构建"新史学"理论体系的努力和撰述新型中国通史的尝试。梁启超在 20 世纪初关于"新史学"的一系列论述，已经涉及包括历史观、历史认识论等方面的内容，这些迥异于传统史学的理论阐述，使中国的"新史学"开始具备了现代史学的内涵和特色，也使"新史学"思潮的学术生命力得以不断延续。何兆武说："严格说来，中国近代的史学思想是到了梁启超的手里才正式奠定的。"② 可贵的是，梁启超一直没有中止对这方面的探索。"新史学"思潮在随后几年与复古思潮的较量中暂时处于停滞状态，但是在五四时期以梁启超的《中国历史研究法》和《中国历史研究法补编》等著述为标志，"新史学"以更为全面和成熟的理论建树再次风靡一时，其影响所及断续持至今日。

---

① 路新生：《经学的蜕变与史学的"转轨"》，182 页。

② 何兆武：《略论梁启超的史学思想》，《历史理性批判论集》，603 页，北京，清华大学出版社，2001。

近代新式中国史撰述的开端

——论清末中国历史教科书的形式与特点

随着清末新式学校的建立和学校教育的逐渐展开，亟须新的历史教科书以适应历史教学和历史教育的需求，以中国历史和外国历史为内容的历史教科书纷纷出现。20世纪初期，章太炎、梁启超等人已经开始着手新型中国通史的撰述，但是因为诸多条件尚不成熟而少有成书，同时期的中国历史教科书的编纂却颇有成就，实际上成为新式中国史撰述的开端。清末历史教科书的出现对晚清民初中国史学所产生的影响，已经为研究者所关注。较早涉及于此的是俞旦初在1982－1983年发表的《20世纪初年中国的新史学思潮初考》① 和周朝民于1983年发表的《戊戌变法后的中国历史教科书》②。前文以"新史方案的提出和中国历史的重新编写"为节题，介绍了几部中国历史教科书；后文则阐述了戊戌时期编纂中国历史教科书的缘起、旨趣及特点。此后，胡逢祥、张文建著《中国近代史学思潮与流派》③ 一书，有"新式历史教学与教科书的编纂"一节，把历史教科书的编纂作为20世纪初新史学思潮的组成部分，较为全面地叙述了历史教科书的出现与发展情况。刘龙心著《学术与制度：学科体制与现代中国史学的建立》④ 一书，详论"重编国史运动对历史教育的冲击"之问题，分析了不同"意识形态"在教科书中的反映。与之相近的还有李孝迁新近出版的

---

① 俞旦初：《20世纪初中国的新史学思潮初考》，载《史学史研究》，1982（3）、（4）、1983（2）。后更名为《二十世纪初中国的新史学》，收入俞旦初：《爱国主义与中国近代史学》，北京，中国社会科学出版社，1996。

② 周朝民：《戊戌变法后的中国历史教科书》，载《史学史研究》，1983（4）。

③ 胡逢祥、张文建：《中国近代史学思潮与流派》，上海，华东师范大学出版社，1991。

④ 刘龙心：《学术与制度：学科体制与现代中国史学的建立》，台北，远流出版事业股份有限公司，2002。

《西方史学在中国的传播》① 一书，对清季汉译历史教科书的版本、流传做了细致的梳理，对深入了解当时国人编纂中国历史教科书所受到的影响颇具启发意义。此外，还有多篇文章均对该问题进行了讨论②。

可见，论者对清末历史教科书在新史学思潮中的发展、新学制的建立、新旧史学的碰撞中所产生的影响、所起到的作用等问题已经非常重视。笔者意在讨论清末中国历史教科书与当时的中国通史撰述之间的关系、清末历史教科书的编纂形式和历史观点所反映出的特点等问题，进一步明确作为近代新式中国史撰述开端的清末中国历史教科书所产生的多种影响，并对以往相关研究略作补充。

一、编纂中国历史教科书与撰述中国通史的同与异

20 世纪初期，梁启超、章太炎等人有意撰述中国通史，夏曾佑、刘师培等人写出了中国历史教科书。清末"新史学"思潮除了宣传进化史观、激烈批判旧史学、倡扬"民史"、鼓吹"群学"之外，还蕴挟着撰述中国通史的学术要求。无论是改良派的梁启超还是革命派的章太炎等，他们对于"新史学"的要求，是将史学中的批判矛头指向当时的旧制度、旧政体，批判旧史学的实际意图，是为了唤起民众的爱国心、保种保国、救亡图强。这样的撰述目的，十分明确地体现在他们所要求撰述的中国通史中，也贯穿于中国历史教科书的编纂旨趣之中。

商务印书馆 1903 年出版的《中国历史教科书》中说："盖处今日物竞炽烈之世，欲求自存，不鉴于古，则无以进于文明，不观于人，则无由自知其不足。……其于本国独详，则使其自知有我，以养其爱国保种之精

---

① 李孝迁：《西方史学在中国的传播（1882—1949）》，上海，华东师范大学出版社，2007。

② 如：史广洲：《中国历史教材近代化的进程》，载《宿州教育学院学报》，2002（3）；储著武、汤城：《历史教科书与新史学——以夏曾佑、刘师培为中心探讨》，载《河北学刊》，2005（5）；李孝迁：《新旧之争：晚清中国历史教科书》，载《东南学术》2007（4）。

神，而非欲仅明于盛衰存亡之故焉。"①《普通新历史》中写道："我国国民之眼界，断不可仅注于内国数十朝之兴替沿革中。须考察种族势力之强弱，文明高下能力之大小，以为大众警醒振拔之标准。"② 汪荣宝撰写、封面注有"学部审定"字样的《中国历史教科书》，同样强调晚清以来"忧患时期"的"每战必败，每败必丧失权利无算"的状况，以及"西力之东侵，遂如洪水猛兽，一发而不可制"的危机局面，故"易称易之兴也，传曰多难所以兴邦，意者异日中兴之机，殆在此欤"。③ 与此相应的是，19世纪末传入中国的历史进化观念反映在中国历史教科书中，如夏曾佑的《最新中学中国历史教科书》"总以发明今日社会之原为主"④，刘师培的《中国历史教科书》意在明确"人群进化之理"⑤。汪荣宝在《中国历史教科书》的"绪论"中说："历史之要义，在于钩稽人类之陈迹，以发见其进化之次第。务令首尾相贯，因果毕呈。晚近历史之得渐成为科学者，其道由此。夫人类之进化，既必有其累代一贯之关系，则历史亦不能于彼此之间，划然有所分割。"⑥ 可见，同时期的中国历史教科书的编纂，受到"新史学"思潮的影响痕迹亦非常明显。缘于晚清时代需要，既然同为撰述中国历史，无论是撰述中国通史还是编纂中国历史教科书，在指导思想上多有一致，都体现出比较强烈的救亡图强的自觉意识，在表现形式上也都力图趋新，故论者多将二者等同，视为20世纪初中国历史撰述的重要部分。

　　然而，撰述中国通史和编纂中国历史教科书在编撰性质上毕竟不完全是一回事，两者在材料的使用、内容的安排、框架的设计以及思想意识倾向等方面还是存在着一定的差异的。

---

① 涉园主人：《中国历史教科书·序》，上海，商务印书馆，1903。

② 普通学书室编：《普通新历史》，上海，商务印书馆，1913。原书作于1901。

③ 汪荣宝：《中国历史教科书·绪论》（原名《本朝史讲义》），上海，商务印书馆，1910。

④ 夏曾佑：《中国古代史》，7页。

⑤ 刘师培：《中国历史教科书·凡例》，见《刘申叔先生遗书》，宁武南氏校印本，1936。

⑥ 汪荣宝：《中国历史教科书·绪论》（原名《本朝史讲义》）。

北京师范大学史学探索丛书

撰述中国通史较之编纂历史教科书显然更为繁难。近代以来的通史撰述不仅在整体观念上要有宏观把握，并努力体现现实社会的致用需求，而且因其体大思精而需要在各个方面有周全的考虑。章太炎在 1900 年手抄本《訄书》中所增第五十三篇《哀清史》后就有《中国通史略例》一文，并以此与梁启超等人通信讨论，说明他已经开始考虑撰述中国通史。梁启超的《中国史叙论》显然是为撰写《中国通史》而草就的，他于 1902 年写的《三十自述》称："欲草一《中国通史》以助爱国思想之发达，然荏苒日月，至今犹未能成十之二。"① 可知他在 1901 年前后已经写出了一小部分相关文字，再从《中国史叙论》的行文中可以推测，此当为《中国通史》的"叙论"部分②。所涉及的史之界说、研究范围、书名、地理、民族、纪年、分期等内容，无不是撰写新型中国通史所必须先行解决的基本问题。陈黻宸的《独史》也阐述了撰述新的中国历史的理论、方法及体例大纲。③ 梁、章在当时对完成通史撰述颇有信心，但是在接受进化史观之初的 20 世纪初期，在未及消化新的历史观和史学方法，并缺乏运用新的史学理论与史学方法进行局部研究的情况下，撰写一部贯穿古今的、期望值甚高的、完整的新型中国通史并非易事。事实上，他们也的确没有如期完成。④

中国历史教科书的编纂主要是应新式学校教育的急需，不仅在技术层

① 梁启超：《三十自述》，《饮冰室合集·文集之十一》，19 页。

② 如在"纪"一节之末，谓"故本书纪，以孔子为正文"等，可见此文即为其撰述"中国史"的"叙论"。

③ 原载《新世界学报》，1902（2）；收入《陈黻宸集》上册。

④ 章太炎计划写的《中国通史》为"百卷之书，字数不过六七十万，或尚不及，尽力为之，一年必可告竣"。[章太炎：《致梁启超书》（1902-07），见汤志钧编：《章太炎政论选集》上册，168 页]此计划未能实现。梁启超在写出《中国史叙论》之后，"然荏苒日月，至今犹未能成十之二"。（梁启超：《三十自述》，《饮冰室合集·文集之十一》，19 页）又及，齐思和在 1936 年发表的《改造国史之途径与步骤》一文中，仍慨叹"来新国史之需要，日益迫切。而标准之通史（学校课本与民众读物，又当别论），迄未出现者何耶？此岂尽由于中国史家之不努力哉。……依现代之标准，一国之通史，已非一手一足之力所能胜任，而有待于专家之分工合作。"（原载《大公报·史地周刊》，1936-05-01；收入《齐思和史学概论讲义》，214 页，天津，天津古籍出版社，2007）

面上的要求较低，而且在思想观点上也不会太过激进。以公认编纂水准最高的夏曾佑《最新中学中国历史教科书》为例，章太炎说，此书发明的"只有宗教最多，其余略略讲一点学术，至于典章制度，全然不说，地理也不分明，是他的大缺陷。"周容评论说，该书内容完全是纂录二十四史加以编制而成。蔡尚思认为，该书实多节录原文，使一部分不读古书的学生误认为自铸伟词。钱穆说，该书全篇收入顾栋高《春秋大事表》、司马迁《十二诸侯年表》、《六国表》，而此三表均多谬处，夏氏对之全无校正，"直钞三表，聊充篇幅，最为无味。"① 其他历史教科书的同类问题更为严重，主要表现为纂录史料过多、"撰述"意识不足、内容比例失当、体裁结构陈旧、疏于考证、讹误较多等。清末历史教科书常以"最新"题名，说明处于摸索阶段的历史教科书的编纂一直处在变化更新的状态中。而夏曾佑的书在1933年由商务印书馆重新出版，并由中学教科书升格为"大学丛书"之一种，也说明在编纂历史教科书时，把握内容繁简难易程度上的不确定性。

在史学思想方面，"清末各地历史教学由于受到清政府'中体西用'教育宗旨的不同程度的束缚，其中仍掺杂着不少封建主义的东西。"② 如陈庆年在他的《中国历史教科书·序》中说："属辞比事，春秋教也。其所以示人者如此，则圣人欲此散见之事实使之归于系统。""夫治史而不言系统纲纪，亡矣"。"若夫史之为用，则圣人固又言之曰：'疏通知远，书教也'"。"书之为教即史之为教，以史教天下即以疏通知远教天下。"③

那些经过"学部审定"的历史教科书代表的是官方认可的观点，见解一般趋于平和。"学部审定"之陈庆年的《中国历史教科书》，设目以政治事件为主，关注历代民族关系史以及各少数民族政权，均以平等眼光视之。朱维铮说："教科书需兼顾知识性、系统性，要考虑学生的接受能力，加以身处秘密状态必须的谨慎（指刘师培等当时的状态——引者），因而

---

① 以上诸条材料，均引自李洪岩撰《夏曾佑传略》〔载瞿林东主编：《史学理论与史学史学刊》(2006)〕一文，在此向李洪岩先生致谢。

② 胡逢祥、张文建：《中国近代史学思潮与流派》，271页。

③ 陈庆年：《中国历史教科书·序》，上海，商务印书馆，1909。

这类著作，虽然都显示作者力求以新式教科书为模式，使结构和内容都有别于八股式的高头讲章，见解却都比较平和，罕有激烈的议论。"① 同时期的新撰中国通史的计划，则多含否定君史、抨击旧史的言论，甚至会表现出一些偏激的民族观点。刘龙心认为："清末民间重编国史运动整体所呈现出的意识形态，与清廷官定版本下重编的历史教科书是有着极大的不同。"② 清末中国历史教科书并不能完全体现当时中国通史的撰述意图，但历史教科书在数量和种类上却远多于中国通史。

时下一些论著将清末中国历史教科书与中国通史合而论之，对二者的相同处更加重视，对二者的相异处则有所忽略。区别中国通史撰述和中国历史教科书的编纂，进而认清两者的相同与相异之特点，再行考察相关问题，是讨论清末中国历史教科书的时候所应该注意的。整个 20 世纪的中国通史撰述收获极多，清末中国历史教科书当是引领 20 世纪中国通史撰述的主要先导之一，即具有近代新式中国史撰述的开创性意义。但是历史教科书毕竟是以用于历史教学为编纂目的的，关注历史教科书的编纂与中国通史的撰述之不同点及其相互关系，更可得见当时新旧史学转换的种种特征在历史撰述中的具体表现。

二、编纂形式与内容观点的新与旧

早期新式外国史书被翻译介绍到中国，主要途径以来自日本为主，1901—1903 年间翻译出版的日本史地类书籍达 120 余种③。早期中国历史教科书的编纂直接受到日本史书的影响，在内容、分期上模仿痕迹甚重。如《普通新历史》（1901 年）在"凡例"中直言该书以"《东洋历史》为蓝本，取其序次明晰、记录简要，足备教科书之利用。原书虽称东洋史，为亚细亚东半洲诸国人民盛衰兴亡之历史，则全以我一国为枢纽，其余皆参

① 朱维铮：《刘师培辛亥前文选·导言》，《刘师培辛亥前文选》，7 页。
② 刘龙心：《学术与制度：学科体制与现代中国史学的建立》，114 页。
③ 参见胡逢祥：《20 世纪初日本近代史学在中国的传播和影响》，载《学术月刊》，1994（9）。

附耳。今就原书增删取舍，以合我教科书之用。"清末中国历史教科书的编纂受到日本史书的影响是不言而喻的。有学者认为柳诒徵的《历代史略》（1902 年）"大约是我国最早的第一部历史教科书"①。柳曾符说："（柳诒徵）阅读《支那通史》，而逐日修改四、五条。""从次年正月十三日起，他开始钞《历代史略》……这样我国第一部历史教科书就诞生了。""此书全书六卷，元代以前系译自那珂通世《支那通史》，元、明两朝则由先祖自编而成。"② 可知该书大部分就是抄自《支那通史》，故称其为"我国第一部历史教科书"，并不准确③。况且，在历史教科书编纂尚不成熟的早期阶段，冠"第一"或"最早"之名也无太大意义。周予同在《五十年来中国之新史学》一文中说："夏曾佑《中国古代史》书中虽没有说到这部书（指那珂通世的《支那通史》——引者），但他受日本东洋史研究者的影响仍是显然的。""夏氏这部书，于开端几节，述种族，论分期，以及以下分章分节的编制，大体与《支那通史》一书相近，而内容精审过之。"④ 1909 年，由"学部审定"、"中学堂师范学堂印"的两部历史教科书，即陈庆年《中国历史教科书》⑤ 和汪荣宝《中国历史教科书》（原名《本朝史讲义》）同时出版。两书当为配套同出，陈书和汪书的叙事内容相续，一为明以前的历史，一为清朝当代史。编纂者都说明他们受到日本桑

---

① 张舜徽说："当清末罢科举、兴学校的开始时期，江楚书局最先出版了一部《历代史略》，从唐虞三代编起，至明末止，共为六卷，而每卷各分篇章，用流畅的文辞，较有条理、有系统地把历代事迹叙述出来。由纲鉴的旧形式，一变而成为教科书的新形式，这大约是我国最早的第一部历史教科书，可惜此书没有标明编著者姓名和刊印年月，我们无从考见其详细情形了。"（张舜徽：《中国古代史籍举要》，6 页，昆明，云南人民出版社，2004）

② 柳曾符：《柳诒徵早期的三部历史著作》，见柳曾符、柳佳编：《劬堂学记》，198 页，上海，上海书店，2002。

③ 王家范在《中国通史编纂百年回顾》一文中认为，称《历代史略》是第一部新式历史教科书，"若从本土编著的角度说，笔者以为此说显难成立。"［载《史林》，2003（6）］

④ 周予同：《五十年来中国之新史学》，《周予同经学史论著选集》，536 页，上海，上海古籍出版社，1983。该文原载《学林》，1941-02（4）。

⑤ 据周朝民《戊戌变法后的中国历史教科书》一文记陈庆年书出版于 1903—1904 年，笔者未见该版本，只见 1909 所出的"学部审定"之版本。

原骘藏《东洋史要》的影响。陈书"序"中称赞："桑原骘藏之书尤号佳构，所谓文不繁、事不散、义不隘者，盖皆得之。"但是"后序"说："桑原骘藏《东洋史》……顾其为书，世界史之例耳，而于国史所应详者，尚多疏略。"

针对历史教科书的实际用途，再借鉴日本相关史书的内容与体裁，清末中国历史教科书在体裁体例和分期观点方面表现出的特点最为突出。

为后人所普遍称誉的，是清末中国历史教科书在编纂形式上采用的所谓章节体。不过，在当时历史教科书的编纂者看来，他们似乎并未刻意使用章节体，而是以使用传统的纪事本末体为主。较早出现的几部历史教科书均为纪事本末体形式，应该是作者考虑到编纂历史教科书是为了更适合于在新式学校用作历史教学的教材的缘故。1903年商务印书馆组织编纂的《历史教科书》"序"称："《钦定学堂章程》由大学以至小学无不有史学一科，而大学堂复有编纂课本之议。……（旧史书——引者）不宜于教科矣。编纂新本，迄未颁行，商务印书馆主人辑为是编，以应急需。"① 该书分上、中、下三册，共7卷，从太古之"三皇制作"到清末的"两宫回銮"，为纪事本末体。1902年，王舟瑶编历史讲义《京师大学堂中国通史讲义》，共七章，上起三皇五帝，下迄隋唐五代，采用的是新式"章节体"，不过王舟瑶认为章节体就是中国固有的纪事本末体。② 1904年，姚祖义编《最新中国历史教科书》由商务印书馆出版，全书分4卷（册），每卷分60课，从"历朝国统"、"上古时代"至清末"戊戌政变"、"拳匪大乱"、"两宫回銮"，均以事命篇，与纪事本末体无异，虽为"最新"的历史教科书，但是从内容和形式上看没有太多新意。1904－1906年间，夏曾佑的《最新中学中国历史教科书》（商务印书馆出版）出版了1至3册。分上古史、中古史和近古史（未写），上古史分传疑时代和化成时代，中古史分极盛时代和中衰时代，各时代之下仍采用纪事本末体。夏曾佑说过："五胡之事，至为复杂，故纪述最难。分国而言，则彼此不贯；编年为纪，

---

① 涉园主人：《中国历史教科书·序》。

② 参见李洪岩：《史学史话》，95页，北京，社会科学文献出版社，2000。

则凌杂无绪，皆不适于讲堂之用。今略用纪事本末之例，而加以综核。"①
夏氏本人即将其书视为纪事本末体。当时商务印书馆介绍夏书的广告中也
这样说："以十三经二十四史为主，而纬以群籍，其体裁则兼用编年纪事
两体，其宗旨则在发明今日社会之本原，故于宗教、政治、学术、风俗、
古今递变之所以然，志之独详。"陈庆年的《中国历史教科书》分上古史、
中古史、近古史，起自西周以前，迄明；汪荣宝的《中国历史教科书》共
三编二十六章，从述及满族先世始，至太平天国失败止。两书各部分谋篇
命章与纪事本末体相同。

从以上近十年间出现的中国历史教科书的结构、内容看，因教科书的
性质而大多自然采用了纪事本末体，这样可以把史事讲得完整和清楚，可
以更加方便地使用于课堂教学；又因为接受了进化史观，并且吸收了日本
学者所撰史书的分阶段观点（上古、中古、近古），在划分历史发展时期
的大框架上要有所体现，因此以篇、编或章的形式表示历史分期，而在具
体阐述过程中仍以纪事本末为之。就全书的整体内容而言，清末中国历史
教科书的编纂者并未真正体味到所谓章节体的特点而刻意加以运用。因
此，仅从编纂形式的角度对当时历史教科书有使用章节体而突出其史学新
意，似有过誉之嫌。

不过，在历史教科书中划分历史阶段的分期观念，以及受此影响在历
史叙事方式等方面的改变，所展现的由旧趋新的发展趋向，其学术意义不
可忽视。陈庆年的《中国历史教科书》仿桑原骘藏书分上古史、中古史、
近古史三大阶段，介绍该书的广告称："是书已经学部审定，其评语云，
略据日本桑原骘藏所著东洋史为底本，而取为中史之用，与原作旨趣稍
殊，事义较详。"汪荣宝的《中国历史教科书》虽为"本朝史"，同样是对
桑原骘藏的《东洋史要》的分阶段观点"姑用其说"："日本文学士桑原骘
藏，尝据中国本部之大势，参考旁近各族之盛衰"，分上古期、中古期和
近古期，而以清朝建立三百年以来为近世期。"欲使学者先今而后古，详

① 夏曾佑：《中国古代史》，443 页。

近而略远，以养成其应变致用之知识……特取本朝史为讲述之始事。"① 夏曾佑以卓越的史识，在其《最新中学中国历史教科书》中做得最为出色。周予同说："夏曾佑在中国史学转变的初期，是将中国正在发展的经今文学，西洋正在发展的进化论和日本正在发展的东洋史研究的体裁相糅合的第一人。"② 夏曾佑把进化思想和公羊三世说相结合，体现在历史发展的阶段划分中，既重视政治、经济、典制诸内容，也关注地理、文化、民族、宗教、风俗等方面。该书在观点、内容、体裁各方面不仅是当时历史教科书中的佼佼者，而且对以后中国通史、中国古代史的撰述与研究都有极强的借鉴意义。夏书在当时作为历史教科书出版，后来作为"大学丛书"再版，1955 年由三联书店重版，2000 年被作为"20 世纪中国史学名著"丛书之一由河北教育出版社再行出版，即说明其学术价值被认可的程度。近有学者评价称：

> 夏氏史识最让人印象深刻的，乃是历史阶段性思想。他宏观把握历史发展脉搏的能力之强，历史抽象力之高，让人惊叹。教科书《凡例》、《古今世变之大概》是其高度概括之作。经过划分，纷繁复杂的历史现象和历史发展过程即眉目清晰、便于把握了。他所运用的上古、中古、近古模式，也突破了传统史学完全依照王朝体系来划分历史的框格。夏氏能够把历史看作一个整体，试图整体把握历史走向，这在社会形态理论尚未为人所知之晚清，确属第一流的史识。③

1905 年刘师培出版了《中国历史教科书》（国学保存会印行），内容虽仅止于西周，也受到好评。刘师培认为"近日所出各教科书，复简略而不适于用"。他比较中西史书体裁："西国史书，多区分时代，而所作文明史，复多分析事类。盖区分时代，近于中史编年体，而分析事类，则近于中国三

---

① 汪荣宝：《中国历史教科书·绪论》（原名《本朝史讲义》）。

② 周予同：《五十年来中国之新史学》，《周予同经学史论著选集》，536 页。

③ 李洪岩：《夏曾佑传略》，载瞿林东主编：《史学理论与史学史学刊》（2006），304 页。

通体也。”① 刘书除了“所编各课，于徵引中国典籍外，复参考西籍，兼及宗教社会之书，庶人群进化之理，可以稍明”外，最大特点就是“分析事类”，该书涉及的古代地理、古代封建、古代政治、古代官制、古代田制、古代商业、古代刑法等部分，在传统史书中可见，而古代伦理、古代风俗、古代衣服、古代工艺、古代饮食则颇有新意。以夏书的划分时代纵向阐述和刘书的分析事类横向归纳，合而观之，则新型历史撰述之横纵交叉、灵活多变的章节体特点隐然可见。

清末中国历史教科书开始涉及进化、系统、因果、科学等词汇和概念，这些都是突破旧史学藩篱的关键因素。进化思想否定了旧的循环史观和倒退史观；系统观念开始突破王朝更替的历史叙事模式；因果律有助于深层次、多层面去探讨历史发展的内在动因；科学意识则强调在历史研究中重证据、重材料、实事求是，启发人们拒绝相信不可信的旧史成说。尽管这些内容在多数清末中国历史教科书中表现得并不十分充分，但正是在历史教科书中开始具备了运用进化史观划分历史阶段的分期观念，才使得上述诸多新的史学观念在历史撰述中有机会孕育，也使得纪事本末体的传统编纂形式有可能向章节体形式进行真正意义上的转变。历史教科书的编纂对新型中国通史撰述的影响即体现于此，清末中国历史教科书在此意义上成为近代新型中国史撰述的开端。

三、余论

辛亥革命以后，历史教科书的编纂仍持续不断，通过编纂历史教科书所引发的对中国历史诸问题的新见解，不仅反映在历史教科书中，还通过其他方式有所表现。最突出的例子，就是顾颉刚和王钟麒（伯祥）合著的《现代中学本国史教科书》。1922 年 3 月，离京返苏（州）的顾颉刚应商务印书馆之约着手编纂这本教科书。在搜集编书材料、拟定教科书目录的过程中，顾颉刚对古史问题进行了一番深入研究和思考，在他头脑中积蓄已

① 刘师培：《中国历史教科书·凡例》，国学保存会印行，1905。

久的疑古思想逐渐明晰起来。顾颉刚说：

> 三皇五帝的系统，当然是推翻的了。考古学上的中国上古史，现在刚才动头，远不能得到一个简单的结论。思索了好久，以为只有把《诗》、《书》和《论语》中的上古史传说整理出来，草成一篇"最早的上古史的传说"为宜。我便把这三部书中的古史观念比较着看，忽发见了一个大疑窦——尧舜禹的地位的问题！①

著名的"层累地造成的中国古史"说由此而最终形成。顾颉刚疑古学说的形成原因十分复杂，而编纂这部历史教科书当是促成其通盘考虑古史系统的真伪、进而提出引起轩然大波的"层累说"的直接机缘之一。

为了编纂这部历史教科书，顾颉刚曾写有《中学校本国史教科书编纂法的商榷》一文。文中认为，编纂历史教科书应注意以下几方面：（1）明事实，求因果。"所以历史书的好坏，就以说明事实明瞭与否，说明事实的因果确切与否为断。"（2）从大众的意志中而不是名人的意志中求得时势走向。"我们总先得把大多数人的意志说明，把时势的由来看定，然后名人的事实始有一个着落。"（3）旧史书为古人的成见所蒙蔽，不审定史料，宣扬三代为黄金时代，使之深入人心，造成了人们好古薄今、由信古而变为迷古。新教科书要严密地审定史料，指示进化的路径，排斥复古观念，"使学生知道黄金时代不在过去而在未来。"（4）"在剪裁上，我们的宗旨，总是：宁可使历史系统不完备，却不可使择取的材料不真确、不扼要。"（5）"编纂教科书也要使得它成为一家著述。我想了许多法子，要把这部教科书作成一部活的历史，使得读书的人确能认识全部历史的整个的活动，得到真实的历史观念和历史兴味。"②

这些看法，可以视为是借鉴清末中国历史教科书编纂中存在的问题，而对民国初年编纂历史教科书的各项要求的新总结。顾颉刚认为历史教科

---

① 顾颉刚：《古史辨第一册自序》，《古史辨》第 1 册，51 页，上海，上海古籍出版社，1982。

② 顾潮：《顾颉刚年谱》，71 页，北京，中国社会科学出版社，1993。

书的编纂应阐明因果关系、指示进化路径、重视群体作用、否定正统观念、把握历史真实，要"成为一家之著述"。《现代初中教科书本国史》（商务印书馆于1923年9月，1924年2月、6月陆续出版上、中、下册）分上古、中古、近古、近世、现代等五期，从分期观点和叙述内容上看，"体现了他们对中国史的整体看法，一是注重民族间的关系，二再由此扩大到中国与西方世界之关系，三则由此民族间之文化冲突与融合，推动着中国史走向世界史，形成进化的历程"①。在表现形式上，各历史发展阶段包含政治、民族、社会、文化诸方面，横纵阐述灵活丰富，显然已走出了清末历史教科书以纪事本末体为主的局限，对章节体的使用已臻成熟。

北京师范大学史学探索丛书

---

① 龚鹏程：《中国史读本·推荐序》，9页，北京，工人出版社，2007。按此《中国史读本》即为顾颉刚、王钟麒合编之《现代初中教科书本国史》。

学术期刊的出现与近代中国史学

20 世纪初，期刊开始在中国出现。经过一段时间的发展，各种期刊的门类也逐渐丰富起来，其中比较突出的是学术期刊的创办和发行。当时的学术期刊大致包含两类：一类是分别以各种学科为主要内容的期刊，另一类是高等院校的学报或以"国学"为名的综合性期刊。相比之下，以历史学为主要内容的期刊数量较多，历史学的研究成果在相关期刊中也受到重视，得到了比较多的反映。"20 年代与 30 年代之学术期刊中，以史学刊物为最多。"① 不仅史学刊物刊载史学论文，其他刊物也积极刊载史学论文，据笔者统计，五四时期前后发表过史学研究论文的刊物达 210 余种。② 具体来看，当时刊载史学研究成果的期刊主要有两类，即专门性的史学研究期刊和高等院校的学报。本文主要选取 20 世纪 20 年代前后学术期刊纷纷出现的时期，就这两类期刊所反映的史学研究情况和由此对史学发展的影响和促进做一初步介绍和总结。

一、专门性史学期刊的出现及影响

大约在 20 世纪 20 年代前后，开始出现专门性的史学研究期刊。主要情况见表1。

历史学与地理学最初合为一刊，缘于当时流行的将史地二学并列看待的观点。如，《史地丛刊》的"投稿规则"是"以关于历史地理之范围为限，其能阐扬史地学理以活用于现实诸问题者"③；《史学与地学》更认为

---

① 汪荣祖：《五四与民国史学之发展》，见杜维运、陈绵中编：《中国史学史论文选集三》，509 页。

② 据中国社会科学院历史研究所资料室、北京大学历史系合编《中国史学论文索引》（第一编上册）（北京，中华书局，1980）附"本索引所收杂志一览表"统计。

③ 载《史地丛刊》，1920-06（1）。

"欲识人生之真义，舍治史地，其道无由"，"求真之学，莫尚史地。"① 尽管如此，这仍标志着专门性史学期刊的出现。当时大量的史学论文发表于名为"国学"的刊物，或高等学校的学报，以及其他定期或不定期的综合性期刊中，有学者指出："从早期的《国粹学报》到北大的《国学季刊》，虽可见越来越走向纯学术化的倾向，唯这类刊物以今日的观念看大致仍属综合性而非专科类期刊。"② 而表 1 所列应该算得上是史学方面最早的"专科类期刊"了。

表 1　20 世纪 20 年代前后出现的专门性史学研究期刊

刊　名	主办者	创刊时间
史地丛刊	北京高等师范学校	1920 年
史地学报	东南大学史地研究会	1921 年
史学与地学	中国史地学会	1926 年
史学杂志	南京中国史学会	1929 年
史学年报	燕京大学史学系	1929 年
成大史学杂志	成都大学史学研究会	1929 年

抛开地理学而专以史学为独立内容的期刊不久就出现了，说明这时人们已经初步具有史学作为一门独立学科的观念。1929 年相继出刊的《史学杂志》、《史学年报》和《成大史学杂志》，可能是最早的专以史学为独立内容的期刊。燕京大学史学会创办的《史学年报》"发刊辞"说："近鉴于观今学术，非闭户独学之所可几也，乃忘其铜蔽，刊其师生所得，以与同好一商榷之，冀收他山之助。期于年刊一册，其内容则学理与工作并重，尤侧重于国史研究，盖同人深信，非学理无以指导研究工作，非有专门研究，则学理无所附丽。"③ 申明了史学期刊对于史学的作用，并强调史学研究中理论与考证间的辩证关系。由当时的国立北平研究院编辑的《史学集

---

① 柳诒徵：《史学与地学·弁言》，载《史学与地学》，1926-12（1）。
② 罗志田：《学术与社会视野下的 20 世纪中国史学》，载《近代史研究》，1999（6）。
③ 《史学报·发刊辞》，载《史学报》，1929-07（1）。

刊》（1936 年 4 月创刊），在"发刊词"中讲得更为明确：

> 近年以来各大学和研究机关对于国学的研究，尽了很大的努力；各院校都有专门的学报刊行。但所谓"国学"是个很广泛的名词，只要是中国的，几乎没有一种学问不可以包括在内的。……本刊名为"史学"，顾名思义，范围应较一般学报为窄。但因为中国文化本身的悠久，任何学问都脱离不了历史的渲染，所以在稿件方面，也自不能定下严格的界限：大致在历史和考古的范围之内的，都可以收刊。①

专门性史学期刊的创办，具有十分重要的意义，即从一个方面反映了现代学术分类导致的史学学科独立化的发展趋势。

就内容而言，由于具有专业的史学（或者说史学与地学）刊物的出发点，其关注的思路便有不同。相比之下，一般高校学报鉴于其学报的性质，当以反映本校各专业为主的各学科的研究成果为目的。以《清华学报》为例，虽然几乎每期都刊登历史学的论文，但也有其他如社会学、考古学、新闻学、哲学、经济学等诸多领域以及自然科学方面的论文，其第 6 卷第 2 期还为"自然科学号"。高校学报所刊载的史学论文，只是将其作为该学报内容的一个部分（尽管在当时是属于非常重要的部分）来看待。而"国学"杂志大都着眼于国学或"整理国故"的目的来看待和刊载史学论文，因而其内容多以"整理旧学"即所谓国学研究的成果居多。至于其他综合性杂志，尽管在当时对于刊发史学论文表现得并不懈怠，但也谈不上对历史学科本身的特别关注。专门性的史学期刊则不同，由于它是以专门反映历史学的研究状况为宗旨，其对于历史学科的意义与其他类的刊物相比当然更加重要。② 综合起来看，可概括为以下几个方面：

1. 专门性的史学期刊一般都有对历史学的基本观点，并以此作为其办

---

① 《史学集刊·发刊词》，载《史学集刊》，1936-04（1）。

② 专门性史学期刊与高校学报及国学类期刊在概念上也不是泾渭分明，实际上，一些专门性史学期刊就是高校所办，如《史学报》即是燕大史学会创办，有高校学报的性质。本文作上述区分，是为叙述上的方便，以利于说明问题。

刊宗旨。如北京高等师范学校创办的《史地丛刊》，何炳松在为该刊撰写的"发刊词"中说："自十九世纪以来，社会科学日新月异，而要以进化二字为宗。返观史地著述，犹是陈陈相因以'明灯''殷鉴'诸旧说炫世人之耳目。"① 表明该刊将力图摒弃旧史观的影响，努力贯彻进化史观作为历史学研究的基本观点。又如东南大学史地研究会创办的《史地学报》，柳诒徵在创刊号的"序"中说：

> 清季迄今，校有史地之科，人知图表之目，其学宜蒸蒸日进矣。顾师不善教，弟不悦学。尽教科讲义为畛畛，计年毕之，他匪所及，于是历史地理之知识，几乎由小而降于零，国有珍闻，家有瑰宝，叩之学者，举之不知，而唯震眩于殊方绝国钜人硕学之浩博，即沾溉于殊方绝国者，亦不外教科讲义之常识，甚且掇拾剿末稗贩糟粕，并教科讲义之常识而不全，则吾国遂以无学闻于世。②

显然是对当时的史学研究与历史教育存在的种种弊端不满，欲以创办专门的史学刊物予以纠正。此外，专门性的史学期刊会有意在某些方面加以侧重，意在以期刊的方式进行引导和促进。譬如在当时有关西方史学的文章普遍受到重视，"介绍西洋论史学之文字，如前北高之《史地丛刊》，东大之《史地学报》及今中国史地学会之《史学与地学》中颇或有之。"③《史地丛刊》在其"投稿规则"中规定："投稿以关于历史地理之范围为限，其能阐扬史地学理以活用于现世诸种问题者尤所欢迎。"④ 有了比较明确的办刊宗旨及侧重点，一方面表明专门性史学期刊对史学研究有着相对明确的总体把握和目的性；另一方面对当时史学研究的走向有一定的引导和促进效益，起到了其他类期刊所起不到的作用。

    2. 专门性的史学期刊非常注意从史学研究的多个方面编发稿件，一期

---

① 何炳松：《史地丛刊·发刊词》，载《史地丛刊》，1920-06 (1)。
② 柳诒徵：《史地学报·序》，载《史地学报》，第 1 卷，1921 (1)。
③ 卢绍稷：《史学概要》，97 页，上海，商务印书馆，1933。
④ 载《史地丛刊》，第 1 卷，1920。

刊物中往往包括了理论、考证、综述和动态等诸方面的文章，对历史研究、历史教学均予以重视。如，《史地学报》就设有通论、评论、研究、史地教学、古书新评、调查、书报介绍、读书录、史地界消息、杂缀等栏目；《史学杂志》（南京中国史学会主办）除了刊载研究论文外，还设有史地界消息、出版界消息、诗录等栏目。专栏的相对稳定性以及目的的明确性更有助于文章的征集和排比。当时其他类的学术期刊反映在史学方面主要是刊载研究性论文，而专门性的史学期刊则志在综合性地反映史学研究成果与史学界的动态，除了为史家提供发表研究成果的园地，还刊载史学研究领域的各种形式的文章，目的是全面体现当时的史学发展状况，这也是其他类期刊所不具备的特点。

3. 专门性史学期刊因期刊所具有的时效性强的媒介作用，有利于及时反映史学研究成果，并积极介绍国内外史学研究的新动态。仍以《史地学报》为例，其表现方式大致分为两类：（1）开设史地界消息、书报介绍和新书评论专栏。《史地学报》自第 2 卷第 2 期起，设立了史地界消息专栏，同时还对历史类消息的编辑作了规定，"本栏编辑历史类以研究所，史学家，出版物，历史展览，考古挖掘，以逮琐闻、讹闻等为次。"① 而书报介绍专栏的开设，是由于"学术与时皆进，而书报亦随学术之恢扩而益多。故觇一国之学术，虽当由各方面观察，要可由其书籍见之。顾典籍无涯，精力有限，知其大要，有需概述；而新著浩瀚，莫识精粗，学者问津，尤须深造者为之撷引示异。此所以欧美学者之于书报介绍'Book Review'视为切要，多由专家任之。吾国前人亦有'读书记''书录解题'之例，顾暗而未倡。吾人生今日学术奋进之秋，不可不仿异邦之良模，发前人之美意，而于此加之意也。史地之籍，新出綦多，本报新辟此栏，以供绍介之助。"② 十分明确地说明了设立这类栏目的起因和目的。（2）转载、译载或摘述有价值的、重要的史学研究论著，以达到及时反映当前史学研究动态的目的。如当时影响甚大的古史论战，辩论文章多刊载于胡适主持的

---

① 《史地界消息》，载《史地学报》，第 2 卷，1923（2）。

② 《书报绍介》，载《史地学报》，第 1 卷，1922（3）。

《读书杂志》上，《史地学报》在第 3 卷第 1、第 2 合期上转载顾颉刚的《与钱玄同先生论古史书》、《答刘胡二先生》，钱玄同的《答顾颉刚先生书》，刘掞黎的《读顾颉刚君与钱玄同先生论古史书的疑问》，在第 3 卷第 6 期转载刘掞黎的《与顾颉刚书》和胡适的《古史讨论的读后感》。

专门性史学期刊对于史学自身有着其他学术期刊（或一般性期刊）所不具有的特殊意义。专门性史学期刊的出现对于现代的、科学的历史学的形成与发展产生了十分积极的影响，是中国史学科学化进程中的重要内容之一。

二、高校学报及所属刊物中的史学研究

重点刊发史学论文的刊物，还有当时各高等学校出版的学报及所属各种学术期刊，其中比较主要的见表 2：

表 2

刊　名	主　办　者	创刊时间
国学季刊	北京大学	1923 年
北京大学研究所国学周刊	北京大学研究所国学门	1925 年
北京大学研究所国学月刊	北京大学研究所国学门	1926 年
清华学报	清华学校	1924 年
国学论丛	清华国学研究院	1927 年
实学月刊	清华大学实学社	1926 年
国学月报	清华大学述学社	1926 年
燕京学报	燕京大学、哈佛燕京学社	1927 年
国学丛刊	东南大学	1923 年
厦门大学国学研究所周刊	厦门大学国学研究所	1927 年
中山大学语言历史研究所周刊	中山大学语言历史研究所	1927 年
辅仁学志	辅仁大学	1928 年

虽然不像专门性史学期刊那样注重综合性反映史学研究领域的各个方

面，但由于高等学校有一流的教授忝列其中；而且缘于其高等学府的学术声誉与学术地位，许多非任教于该校的知名学者也积极投稿；加之高校已建立了初具现代规模的系、院两级史学人才培养体系，所以高校的学报或所属刊物发表的史学研究成果，往往具有很高的学术质量。此外，相对于某个社会学术团体或学术机构等主办的学术刊物因经费或其他原因动辄终刊而言，高等院校出版的院校学术杂志因有学校作为依托，杂志出刊虽然也不规律，但是存留时间相对更为稳定。20世纪二、三十年代出现的许多重要的史学论著，有相当的部分即首次发表于高校学报或所属刊物中。曾被称作"四大学术刊物"的《国学季刊》、《清华学报》、《燕京学报》和《中央研究院历史语言研究所集刊》，前三者均属高校学报，且都创刊于20世纪20年代。可以说，这些期刊代表着当时学术研究的最高水准，享有很高的学术声誉。其刊载的史学研究论文亦应标志着当时史学研究的最高水平。因此，高校学报类期刊对历史研究的作用不可小视。

本文先以《清华学报》、《国学论丛》、《实学月刊》、《国学月报》和《辅仁学志》为例，作简要介绍（后文详述《国学季刊》和《燕京学报》）。

《清华学报》由清华学校的清华学报社负责编辑，于1924年6月创刊。《清华学报》创刊号的"引言"中说：

> 我们以为求学的态度，应以诚实两字为标准：第一，要存一个谦抑的心，然后实事求是，平心静气，来研究学问；第二，要有科学的精神，然后求学的方法，可以渐趋精确稳实，脱离虚浮的习惯。……次论本报的内容：因为学问的范围，是很广的，所以本报的论著，不用机械式的分类；除文苑一门暂时不登外，其余的著作，但求与本报宗旨相合，俱可选载。

《清华学报》的内容包括人文学科、社会科学和自然科学的论文，史学方面虽不占绝对多数，但每期均可见到，且由于有王国维、梁启超、朱希祖、顾颉刚、陆懋德等著名学者的文章见诸学报，也为之增色不少。如王国维的《鞑靼考》（第3卷第1期）、《南宋人所传蒙古史料考》（第4卷第

1期）、梁启超的《近代学风之地理的分布》（第1卷第1期）、顾颉刚的《五德终始说下的历史与政治》（第6卷第1期）、张荫麟的《明清之际西学输入中国考略》（第1卷第1期）等论文，都是现代学术史、史学史上的重要著述。

不过，更为集中地反映清华的国学或史学方面研究成果的，应属国学研究院的《国学论丛》以及《实学月刊》、《国学月报》。

《国学论丛》为季刊，是清华国学研究院的出版物，于1927年6月创刊，"内容除本院教师之著作外，凡学生之研究成绩，经教授会同审查，认为有价值者，及课外作品之最佳者，均予登载。"①

《实学月刊》是由国学研究院学生刘盼遂、吴其昌、杜钢百等人以"实事求是整理国故"为宗旨，组织"实学社"，为发表其研究成果而创办的②，于1926年4月出刊。

《国学月报》为陆侃如、杨鸿烈、卫聚贤、储皖峰、黄节（后大都是清华国学研究院的学生）等人编辑，他们于1924年5月成立述学社，并出版《国学月报》以发表其研究成果。《国学月报》的"发刊引言"说："我们是极恨这种'顽固的信古态度'及'浅薄的媚古态度'的。我们宁可冒着'离经叛道'的罪名，却不敢随随便便的信古；宁可拆下'学贯中西'的招牌，却不愿随随便便的媚古。"这表明述学社及其刊物在西学东渐及整理国故问题上所持的态度。③

其中，《国学论丛》最具权威性，史学在其内容上占有较为重要的地位，以第1卷第1号为例，刊载的史学研究论著就有梁启超的《王阳明知行合一之教》、吴其昌的《宋代之地理史》、徐中舒的《从古书中推测之殷周民族》、周传儒的《中日历代交涉史》、余永梁的《殷墟文字考》、卫聚贤的《左传之研究》、陈守寔的《明史稿考证》等多篇（部）。另两刊也是如此，如《实学月刊》载有王国维的《鞑靼事略跋考》（第1期）、梁启超

①　苏云峰：《从清华学堂到清华大学1911—1929》，324页，北京，三联书店，2001。

②　齐家莹：《清华人文学科年谱》，33页，北京，清华大学出版社，1999。

③　同上书，45～46页。

的《先秦学术年表》（第 4 期）等文，《国学月报》载有姚名达的《章实斋之史学》（第 2 卷第 1 号）和《章实斋年谱》（第 2 卷第 4 号）、陈守寔的《明清之际史料》（第 2 卷第 3 号）等文。

总体来看，清华学人所创办期刊，独具特色。正如校长曹云祥所说："现在中国所谓新教育，大都抄袭欧美各国之教育，欲谋自动，必须本中国文化精神，悉心研究。所以本校同时组织研究院，研究中国高深之经史哲学。其研究之法，可以利用科学之法，并参以中国考据之法。"① 其史学方面表现出的特点及对于史学研究产生的影响，亦同此例。

1927 年 9 月，罗马教廷下属教会、德国的圣言会（Society of the Divine Word）在北平创办辅仁大学。1928 年 12 月，《辅仁学志》创刊，这是辅仁大学的学术刊物。辅仁大学校长陈垣担任主编，编委由辅大校方人士及文科各系的著名教授组成。其中有：校务长雷冕神父（德）、副校长兼秘书长英千里、教务长胡鲁士（荷）、文学院院长沈兼士、教育系主任张怀、国文系主任余嘉锡、历史系主任张星烺、经济系教授张重一、国文系教授储皖峰、校务长丰浮露（德）等人。《辅仁学志》每年出两期，整年为 1 卷。在实际出刊过程中，常将两期合刊为 1 卷出版。自 1928 年 12 月创刊，至 1947 年 12 月停刊，共出版 15 卷（其中 1932 年、1935 年和 1944 年全年没有出刊），计 21 期（某年第 1、第 2 期合刊以 1 期计）。版式为 16 开本。发表的文章以竖排为主，如遇文中有较多外文或长串数字等内容，则改横排。因此，该刊以右开为主（竖排），但横排文章则又从刊尾以左开排起。文体不分白话文和文言文，但概用新式标点。分量较重的长篇论文，一般都在文前附有章节目录。每期末尾均有本期所发表文章的拉丁文篇名目录。第 8 卷以后，每期都附有本期所发表文章的英文内容提要。② 《辅仁学志》虽属辅仁大学的学术刊物，但是它所发表的文章，其作者并不局限于辅大校内教师。刊物编委虽达 10 人，但是从约稿、组稿到审稿、编辑等具体工作，几乎悉由主编陈垣一人负责。因此，《辅仁学志》与陈

① 齐家莹：《清华人文学科年谱》，19 页。
② 1926 年 9 月，英文《辅仁学志》出版。因未见原刊，具体情况不详。

垣有着较为直接的关系。

《辅仁学志》从创刊至停刊，存在将近 20 年时间，这在同类刊物中算是较为突出的，尤其是经历了抗战时期沦陷区北平的特殊历史环境。其中原因也很简单，北平被日军占领后，高校或迁往内地，或被日军接收而变"伪"，辅仁大学属教会学校，主持者是德国圣言会士，而德、日、意三国在"二战"期间结盟，故辅仁大学在这个偶然的机会中得以保全，刊物得以照发。

《辅仁学志》"编辑略例"的第一条称："本志之旨，在研究中国学术，凡关于历史、语言、文字、宗教、哲学、美术、金石等著作或译文，均所欢迎。"在创刊号的"弁首"中，更为详细地表述了该刊宗旨：

> 迨海国棣通，新知输入，九州之大证，邹衍之非妄言。六合之外，穷往圣之所不论，文身句身之故则。尽扶其藩离，内籀外籀之新规，复殊其诡制。八儒三墨，逊其精深，七略四部，廓之益广。大启尔宇，异书间出，敦煌写卷，多宋元学者所未见。殷墟甲骨，更汉注唐疏所未言。访法书于山崖屋壁之间，微古文于流沙坠简之上。向之摩挲百宋千元者，今则须蹀躞于新疆大漠。倾向既异，工作自殊。然则欲适应时代之要求，非利用科学方法不可。欲阐发邃古之文明，非共图欧洲合作不可。昭昭然也。
>
> 吾人既承沟通文化之使命，发扬时代精神，复冀椎轮为大辂之始，揭橥斯志甄综客观材料。类聚群分，整齐百家杂语，同条共贯惩乡壁虚造之失，不辞远绍旁搜，洞因革损益之原。孟晋寻求背景，唯力是视，不敢告牢。一壶千金之喻，非敢企于鹬冠，驽马十驾之勤，庶无惭于荀况云尔。

从内容上看，《辅仁学志》发表的文章以考证研究为主，在考证研究范围的扩大和考史方法的变化方面，表现出新的历史考证学的特点。从中也可以看出这样一种发展趋势：考证所涉及的领域之广阔、选题之新颖以及方法的多样，说明考证学正在摆脱旧有的窠臼，考证也并非仅仅是为了考证，而是更多地联系历史和现实的诸多问题。

有关历史文献学方面的研究在《辅仁学志》中出现次数较多。如鞠增钰的《四库总目索引与四库撰人录》（第1卷第1期），那志廉的《四库总目韵编勘误》（第2卷第1期），岑仲勉的《汉书西域传康居校释》、《汉书西域传奄蔡校释》（均载第4卷第2期），周祖谟的《景宋本刊缪正俗校记》（第5卷第1、第2合期），方甦生的《清太宗实录纂修考》（第7卷第1、第2合期）等。音韵学方面也有一些很有分量的研究文章。敖士英的《古代浊声考》（第2卷第1期），几乎完全用表的形式，据广韵浊声字的偏旁和说文声类及魏晋人切语关于浊声诸字等，排列比较，证实清浊声的读法在古今的区别。刘复的《从五音六律说到三百六十律》（第2卷第1期），也辅以大量图表阐明三百六十律的详细内容。另如，戴明扬的《广陵散考》（第5卷第1、第2合期），周祖谟的《论文选音残卷之作者及其音反》（第8卷第1期）、《陈氏切韵考辨误》（第9卷第1期）、《四声别义释例》（第13卷第1、第2合期）等，均属专业性较强的音韵学论文。

民族史研究一直是历史学研究中的一个重要领域，也是难度较大的一个方面。《辅仁学志》刊发的有关民族史的文章不是很多，但是所发表的几篇颇有学术价值。如方壮猷的《室韦考》（第2卷第2期），比较详细地叙述了室韦族在后魏、隋代、唐代及辽代的分布和生存状况，考察了室韦族的起源、发展、衰亡以及其余支再次以女真之名强盛起来的过程。冯承钧的《辽金北边部族考》（第8卷第1期），对《辽史》、《金史》、《元史》中载录的不见于前代史书的北方若干少数民族的情况采用三史对比的方式进行考证研究，大致明确了这些少数民族的基本情况。张鸿翔先后发表了《明外族赐姓考》（第3卷第2期）和《明外族赐姓续考》（第4卷第2期）两篇文章，对明初朝廷中为明朝建立作出贡献而赐予汉姓的少数民族人物，包括鞑靼、女真、瓦剌、回鹘、兀良哈、阿速、古里、安南等族的人物，作了较为全面的考证，不仅澄清了有关文献中的历史人物实为少数民族但因载录的却是汉族姓氏而引起的混乱，也使少数民族杰出人物在历史上的作为得以确认。作者以此为发端，又连续发表了《明史·卷一五六诸臣世系表》（第5卷第1、第2合期）及《明西北化归化人世系表》（第8

卷第 2 期) 等系列文章,前者讲清了《明史》卷一五六中少数民族人物归入明朝更名易姓建功立勋的事迹,后者对在元亡明兴之后归入明朝的西北少数民族的世系作了系统考察。

《辅仁学志》在宗教史方面多有涉及。这也是该刊主编陈垣所致力研究的一个领域。他在宗教史方面于该刊发表了《雍乾间奉天主教之宗室》(第 3 卷第 2 期)、《汤若望与木陈忞》(第 7 卷第 1、第 2 合期)、《语录与顺治宫廷》(第 8 卷第 1 期)等论文,其中后两篇属姊妹篇,对于雍正谕旨作了驳正和揭露,解答了民间关于顺治的各种传说,并论述了当时天主教与佛教势力的消长,文中引用僧人语录"参互考校,足补前文之不足,证前文之不误"。他在第 10 卷第 2 期发表的《清初僧净记》,属作者著名的"宗教三书"之一,通过凭借新朝势力崛起的新潮派与故国派的矛盾,展示了僧人间不同的政治立场和人生目的。另有后收入《中国佛教史籍概论》中的《宋元僧史三种述评》(第 15 卷第 1、第 2 合期)一文,专论《禅林僧宝传》、《林间录》、《佛祖违载》三种宋元间佛教史籍。其他人撰写的宗教史文章也有一些,如余嘉锡的《北周毁锦者卫元嵩》(第 2 卷第 2 期)、牟润孙的《宋代摩尼教》(第 7 卷第 1、第 2 合期)、余逊的《早期道教之政治信念》(第 11 卷第 1、第 2 合期)等。

《辅仁学志》有关历史事件和历史人物的论述文章,主要集中于明清时代。伦明的《建文逊国考》(第 3 卷第 2 期)针对明朝建文帝逊国的疑案,从多方面论证作者得出的"建文帝乃逊国而非殉国"的结论。分两期刊载的赵光贤《明失辽东考原》(第 9 卷第 2 期,第 10 卷第 1、第 2 合期)是一篇 10 余万字的长文,文中通过对明季辽东边备的危机、明朝政治与经济的危机和腐败、明对辽东政策的失误等方面,详尽地把辽东地区最终被满清攻陷这个历史过程叙述出来。文章夹叙夹议,材料充实,内容丰富,即使在今天看来也不失为一篇明史佳作。作者又发表了《清初诸王争国记》(第 12 卷第 1、第 2 期),论述了从努尔哈赤至多尔衮时代诸王争夺皇位的复杂曲折经过。有关历史人物,除阐述历史人物的身世、思想、作为等专论外,还刊载了一些历史人物的年谱。陈垣写了《吴渔山晋铎二百五十年纪念》(第 5 卷第 1、第 2 合期)和《吴渔山先生年谱》(第 6 卷第 1、第 2

合期）。吴渔山是清初大画家、文学家，也是第一位国产神甫，具有华化背景的宗教家。作者对他如此下工夫研究，除了他在历史上的地位之外，与其为人行世多与作者相契合也有关系。王重民的《清代两个大辑佚家评传》（第3卷第1期），介绍了不大为人重视却贡献突出的辑佚家章学源和马国翰两人的事迹、成就。其他还有赵萌棠《清初审音家赵绍宾及其贡献》（第3卷第2期）、刘文兴《宝应刘楚桢先生年谱》（第4卷第1期）、容肇祖《吕留良及其思想》（第5卷第1、第2合期）和《何心隐及其思想》（第6卷第1、第2合期）、柴德赓《全谢山与胡稚威》（第15卷第1、第2合期）、黄文相《王西庄先生年谱》（第15卷第1、第2合期）等有关历史人物的研究文章。较多的是学术界人物，对政治、经济、军事等方面的历史人物涉及极少。

文学史、艺术史、戏曲史方面的论文也见于《辅仁学志》。余嘉锡的《宋江三十六人考实》（第8卷第2期）和《杨家将故事考信录》（第13卷第1、第2合期）分别将小说《水浒传》中的36个人物和流传甚广的杨家将故事在史书中记载的实际情况加以考证，把这些小说中和传说中的人物形象与他们在历史上的实际情况区别开来。孙楷第的《吴昌龄与杂剧西游记》（第8卷第1期）、《近代戏曲原出宋傀儡戏影戏考》（第11卷第1、第2合期），启功的《山水画南北宗说考》（第7卷第1、第2合期）等文章，也都提出了自己的见解。

《辅仁学志》十分重视用相应的图片、照片等配合文章的内容一同发表。在可能的情况下，将影印的有关碑铭、文献原件、古代人物的图像以及遗墨、遗文附上。这是十分有意义的做法，既可以使文、图的内容相辅相成、图文并茂，也可以使读者与之拉近距离，有更多的思考、理解和回味的余地。如，陈垣《雍乾间奉天主教之宗室》一文，前附"雍正硃批年羹尧密折"影印件；刘文兴《宝应刘楚桢先生年谱》一文前附"刘楚桢先生遗像"和"刘楚桢先生遗墨"；余嘉锡《晋辟雍碑考证》一文，前附辟雍碑石影及碑阴两幅影印件；方甦生《清列朝后妃传稿订补》一文，前附"清德宗珍妃册文"首页影印件等。

《辅仁学志》的前几卷中曾发表过几篇外国学者论文，包括柯劳斯的

《蒙古史发凡》（第1卷第2期）、演田耕作的《东亚文明之黎明》（第2卷第2期）、伯希和的《中亚史地译丛》（第3卷第1期）。中外交往方面的论文有：姚士鳌的《中国造纸术输入欧洲考》（第1卷第1期），对纸在土耳其斯坦的传布情况、造纸术经阿拉伯帝国传入欧洲的过程和时间等有关问题做了研究；张星烺的《唐时非洲黑奴输入中国考》（第1卷第1期）对唐代所称之昆仑国的地点、昆仑奴的来源及输入中国的情况作了详细考证；张星烺的《中国人种中印度日尔曼种分子》（第1卷第2期）则是一篇人类学方面的研究文章。英千里写了《弥撒祭考》（第8卷第1期），考察了西方天主教弥撒大典的起源及发展过程，是一篇仅有的外国宗教史论文，这或许与作者的治学兴趣以及辅仁大学是一所教会学校有关。

纵观《辅仁学志》的刊发过程，应以抗战爆发、北平沦陷前后分为两个时期。前一时期还可以比较正常地出版刊物，进入20世纪40年代，在险峻的政治环境和经费紧张的情况下，维持刊物的生存便比较困难了。当时一些国立高等院校迁往内地，一些私立大学纷纷关闭，辅仁大学因时值德籍神父为司铎而成为唯一未被日军接管、独立保存下来的大学。《辅仁学志》作为校方的学术刊物也坚持出版，但这是十分不容易的。1941年以后，该刊均为第1、第2合期为1卷出版。启功说：

> 学校经费不足，《辅仁学志》将要停刊，几位老先生相约在《学志》上发表文章不收稿费。这时期他们发表的文章比收稿费时还要多。老师（指陈垣——引者）曾语重心长地说："从来敌人消灭一个民族，必从消灭它的民族历史文化着手。中华民族的历史文化不被消灭，也是抗敌根本措施之一。"①

在内容上，《辅仁学志》也有较明显的改变。发表的文章从单纯学术研究转向以宣扬民族气节和爱国主义精神的含义在内，用历史影射现实，赞扬

---

① 启功：《夫子循循然善诱人——陈垣先生诞生百年纪念》，《励耘书屋问学记》（增订本），139页，北京，三联书店，2006。

历史上的忠贞爱国之士，斥责变节投降的汉奸叛逆。陈垣于 1940 年发表于该刊的《清初僧诤记》抨击了明亡后变节仕敌的僧人，以指斥沦陷区卖国求荣的汉奸。后来据作者本人说："日军既占据平津，汉奸们得意洋洋，有结队渡海朝拜、归以为荣、夸耀于乡党邻里者。时余方阅诸家语录，有感而为是编，非专为木陈诸僧发也。"① 又作《明末殉国者陈于阶传》（第 10 卷第 1、第 2 合期），表彰了明末天主教徒殉国者陈于阶，亦有深意。陈垣开设的"史源学实习"课，在抗战期间多以顾炎武《日知录》和全祖望《鲒埼亭集》为教材。"九·一八"事变后，民族危机严重，《日知录》这部经世致用之作引起了他的共鸣。"七·七"事变后，身处沦陷区北平的陈垣更为注意《鲒埼亭集》。他在教学中为这门课所作的范文也有数篇发表于该时期的刊物上。抗战期间，陈垣完成了名著《通鉴胡注表微》，从著述动机和思想感情上说，这部著作不仅发掘出了胡三省注《通鉴》时的爱国精神，而且也表达了作者本人强烈的历史感和时代感。《通鉴胡注表微》首次即发表于《辅仁学志》第 13 卷和第 14 卷上。

《辅仁学志》是一部颇具水平的文史杂志。它不仅反映了辅仁大学的学术水平，也从一个侧面反映了 20 世纪 20—40 年代中国学术界的发展情况。该刊持续了近 20 年时间，对传统学术作了多方面的研究和探讨，也译发了一些外国学者的研究成果，并在特定的历史环境下坚持民族气节、宣传爱国主义精神。所有这一切，都使《辅仁学志》成为中国近代学术史上的一份有价值、有特色的刊物。

此外，许多综合性期刊如《东方杂志》、《学衡》、《民铎》等，一些报纸的副刊或学术专栏如《学灯》（上海《时事新报》副刊）、《晨报》副刊等，也不断发表一些中短篇幅的史学论文。

学术期刊是学术研究成果的重要载体，是及时传播学术研究成果的一种重要形式。学术期刊既为学者们提供了及时发表和了解研究成果的机会，也提供了进行学术交流和学术争鸣、辩论的园地。"夫学术之深浅，

---

① 陈垣：《清初僧诤记·后记》，《明季滇黔佛教考》（下），563 页，石家庄，河北教育出版社，2000。

品评亦视乎其时"①，学术成果的及时发表，并很快得到反馈（包括对成果的介绍、评论或批评），其双向互动而导致的辩论驳难，对现代史学发展的意义至关重要。五四时期古史辩论的展开、唯物史观的传播、对史学方法的重视等，无一不与学术刊物所起到的前所未有的媒介作用有关。某一种学术期刊可以吸引学术旨趣大致相同的人们聚在一起共同切磋，进而形成某种思潮和学派；某一时期的学术期刊则能够比较全面地反映出该时期学术研究的状况和走向，为当时人了解学术动态提供方便，为后人的研究提供较为充分的资料。史学期刊的出现，改变了传统学术相对封闭的治学方式，适应了现代学术发展的基本要求，成为史学转型的基本条件之一。

三、《国学季刊》述评

《国学季刊》是北京大学创办的一份在 20 世纪前半期有着重要学术影响的学术刊物。《国学季刊》上承《北京大学月刊》②，是北京大学研究所国学门的专门刊物。20 世纪 20 年代初的北京大学，分预科、本科、研究所三级，研究所是为本科毕业生继续深造而设。1921 年 4 月，北京大学的学校评议会第三次会议公布了《国立北京大学研究所组织大纲》，规定研究所下设自然科学、社会科学、国学和外国文学 4 门，至 1922 年初，已成立国学门。1929 年研究所改为研究院，1934 年又改为文科研究所。研究所国学门创办学术刊物，目的在于"发表国学方面研究所得之各种重要论文"③。定于每年 1 月、4 月、7 月、10 月各出 1 期（号），当为季刊，全年合称 1 卷。创刊号出版于 1923 年 1 月，终刊号为 1952 年 12 月出版的第 7 卷第 3 号。在实际出刊过程中，《国学季刊》因时局和经费等原因经常不能按时出刊。1923 年 1 月创刊后，当年出版了 4 期。1924 年即因经费原

---

① 吕思勉：《三十年来之出版界（1894—1923）》，《吕思勉遗文集》（上），382页，上海，华东师范大学出版社，1997。

② 参见宋月红、真漫亚：《蔡元培与〈北京大学月刊〉》，载《北京大学学报》，1997（6）。

③ 《国学门研究所重要纪事》，载《国学季刊》，第 1 卷第 1 号，1923-01。

因未出刊。1925 年出版至第 2 卷第 1 号后，因时局原因停刊。1929 年 12 月恢复出版第 2 卷第 2 号，1930 年出版了第 2 卷第 3、第 4 号。1931 年没有出刊。1932 年出版了第 3 卷的 4 期。1933 年没有出刊。1934、1935 年分别出版了第 4 卷的 4 期和第 5 卷的 4 期。1936 年出版了第 6 卷的第 1、第 2 号后停刊。1950 年出版了第 6 卷的第 3、第 4 号。至 1952 年，出至第 7 卷第 3 号。共计出版了 7 卷 27 期。胡适、朱希祖、魏建功都曾出任过《国学季刊》的编辑主任，沈兼士、周作人、顾孟余、单不广、马裕藻、刘文典、钱玄同、李大钊、马衡、陈垣、刘复、姚士鳌、罗常培等人在不同的时期出任过编辑委员。

北京大学曾经是中国新文化运动的摇篮，是"五四"爱国运动的策源地。但是《国学季刊》却以"国学"命名，以"整理国故"作为"发刊宣言"的中心思想。这种看似矛盾的现象发生在提倡"兼容并包、思想自由"的北京大学，是可以理解的。如果联系到"国学"含义的变化与"整理国故"口号提出的时代背景，则更可以说明产生这一现象的内在原因。具体而言，国学指的是中国的学术，即区别于西学及其他新兴的社会科学，以中国传统学术为主要研究对象的本国之学。用新的观念和新的方法去看待、整理和研究中国的传统学术文化，是"五四"以后对国学的新理解，也是《国学季刊》赋予国学的新内容。蔡元培担任校长后，对北京大学的学校体制和学科设置进行了具有近代意义的改革。创办研究所的目的是研究学问和培养人才。研究所国学门的研究范围是国学。与带有激烈反传统色彩的、由北大学生创办的《新潮》等杂志不同，也与刻意守旧的、由北大旧派学者主办的《国故》杂志不同，《国学季刊》反映的是以当时"整理国故"为潮流的研究风格，而非新旧之争的思想冲突和争论。同时，作为北大学术的标志之一，《国学季刊》也力求比较全面平实地体现北京大学整体的学术研究状况，把注意力更多地集中于对学术问题的探讨上。

《国学季刊》编委会主任胡适在 1919 年曾经阐述新文化运动的宗旨是"研究问题，输入学理，整理国故，再造文明"①。在《国学季刊》的创刊

---

① 胡适：《新思潮的意义》，载《新青年》，第 7 卷第 1 号，1919-12。

号上，胡适撰写了"发刊宣言"，对他所提出的"整理国故"的倡议作了详细的阐述。这是一篇十分著名的有关"整理国故"的宣言。胡适在文中指出，国学的处境并不乐观，盲目地自大、简单地提倡、消极地僵守，都不是解决问题的正确态度。他论述了研究和整理国故的方法与原则：第一，扩大研究范围。打破以在国学的狭隘范围，主张国学领域"包括上下三四千年的过去文化，打破一切门户成见。拿历史的眼光来整统一切，认清了'国故学'的使命是整理中国一切文化历史，便可以把一切狭陋的门户之见都打空了"。第二，注意系统整理。具体包括民族史、语言文字史、经济史、政治史、国际交通史、思想学术史、宗教史、文艺史、风俗史、制度史。第三，要进行比较研究，反对学术上的闭关自守。这篇"发刊宣言"使《国学季刊》在创刊伊始就明确表明了"整理国故"、研究国学的方法和目的，也成为《国学季刊》的基本风格。

《国学季刊》在发表和展现史学研究成果的原则上，主要是继承和坚持传统史学、接受和借鉴西方史学观念和史学方法，并妥为处理好这两方面的关系，其结果表现为研究领域的拓展、研究课题的变化、治学观念的扭转和治学方法的更新。

1. 从《国学季刊》的内容上看，涉及许多新的研究课题，学术研究领域得以拓展。其中以历史考证研究为主，尤以宗教史、民族史、学术思想史、历史地理学等方面最为突出。

陈垣的宗教史著述《火祆教入中国考》、《摩尼教入中国考》分别发表在《国学季刊》第1卷的第1号和第2号上。宗教史是近现代以来在学术界颇被重视但又公认为艰难的一个领域。陈垣涉及这一领域，并取得了被称为"古教四考"和"宗教三书"的成就。上述两文即"古教四考"中的两考。火祆教、摩尼教都是流行于唐代的外来宗教，论文对于两教传入中国的时间、过程、发生的转变以及与佛、道等大教的关系作了详细考证，注重从宗教与社会政治的变化而产生相应变化这一角度立论。这是首次对这些宗教的系统研究。其他宗教史方面的力作，还有汤用彤的长篇论文《竺道生与涅槃学》（第3卷第1号），叙述了大乘涅槃的翻译、传译、修改过程，考察了空道生等人对此的研究和阐释。王维诚7万余字的论文《老子化胡说考证》（第4卷第2号），在比较详尽地掌握了有关材料的基础上，对老子化胡说作了全面性的考证，论述了自东汉老子化胡说之由来，经三国、两晋、南北朝、隋唐、宋元、明清诸朝对此说的辩论和禁毁过程。汤用彤的另一篇文章《读〈太平经〉书所见》（第5卷第1号），通过对《太平经》和《太平经钞》的对比，考证了两书的卷帙版本状况，认定其为汉代之旧书，还论及了《太平经》与道教及佛教的关系。孙楷第的《唐代俗讲之科范与体裁》（第6卷第2号），论述了唐代佛教传输的有关情况。

　　《国学季刊》相继发表了许多有分量的民族史研究论著。陈垣的代表作之一《元西域人华化考》（上编）最早即发表于《国学季刊》的第1卷第4号上。这部著作征引书籍200余种，对元代文化发展状况作了全面探讨，涉及元代西域人在儒学、佛教、史学、礼俗、文学、美术等多方面的成就，通过阐述元代西域各族接受汉文化的事实，纠正了明以来轻视元代文化的倾向。全书以专著形式出版时，陈寅恪在为之作的序中写道："近二十年来，国人内感民族文化之衰落，外受世界思潮之激荡，其论史著作，渐能摆脱清代经师之旧染，有以合于今日史学之真谛，而新会陈援庵先生之书，尤为中外学人所推服。"① 方壮猷的《鞑靼起源考》（第6卷第2号）论述鞑靼与柔然、突厥、室韦等族的相互关系，得出了鞑靼族属柔然苗裔、于元明期间壮大起来的结论。张鸿翔的《明北族列女传》（第4卷第1号），仿记体裁，把上起洪武初年、下迄崇祯末年的明朝270年间北方各族妇女关于政治、习俗、通婚、生活等历史状况分族别记述下来，包括女真、鞑靼、兀良哈、瓦剌、哈密、沙洲、土鲁番以及种族未详者。其独出心裁的选题和全面周详的论证，颇具有学术价值。傅乐焕的《宋人使辽语录行程考》（第5卷第4号）对宋辽关系作了相关考证。

　　《国学季刊》对于思想史领域也有所涉及。1924年适逢清代学者戴震诞辰二百周年，次年出版的《国学季刊》第2卷第1号为戴震专号，刊载了胡适用近两年时间完成的论著《戴东原的哲学》、魏建功的《戴东原年

---

　　① 陈寅恪：《陈垣元西域人华化考序》，《金明馆丛稿二编》，239页，上海，上海古籍出版社，1980。

谱》以及容肇祖的《戴震说的理及求理的方法》。这期专号对戴震的生平、思想、学术作了一次深入详尽的研究。胡适的《颜李学派的程廷祚》、钱穆的《龚定庵思想之分析》（第5卷第3号），分别对清代思想家程廷祚和龚自珍的思想进行了论述。另外，《国学季刊》还发表了钱玄同为方国瑜标点本《新学伪经考》所作的长序，篇名为《重论经今古文学问题》（第3卷第2号）。文章阐述了作者对于经今古文学问题的态度："是站在古代语文学的立场来考辨'古文经'，只是'求真'，两不偏祖"。朱希祖的《萧梁旧史考》（第1卷第1号）、《汉十二世著纪考》（第2卷第3号）等，李正奋的《魏书源流考》（第2卷第2号），王重民的《千顷堂书目考》（第7卷第1号），陈乐素的《徐梦莘考》（第7卷第1号），都是历史文献学方面的考证学成果。顾颉刚在《国学季刊》上撰写发表了《郑樵著述考》（第1卷第1号）和《郑樵传》（第1卷第2号）两文。南宋史家郑樵的史学思想及其《通志》的价值，曾长期不为人注意。顾颉刚很早就对郑樵发生兴趣，认为《通志》是一部有"创见"的书，郑樵是一位有独创性的史学家。他说郑樵是引导他走上怀疑古史的道路上的古人之一。

2.《国学季刊》非常及时地反映出20世纪初新史料的发现对历史研究所产生的积极作用。容庚的《甲骨文字之发见及其考释》（第1卷第4号），对于甲骨文从被发现到引起重视以至被视为重要的地下材料的全过程作了叙述，对将甲骨文考释的大致情形分别作了说明。《国学季刊》还分期登载了罗福苌译的伦敦博物馆和巴黎图书馆所存的敦煌书目（第1卷第1号、第1卷第4号、第3卷第4号），在第3卷第1号刊物上影印了8页敦煌石室存残刻本韵书，以飨读者。1934年，北大研究院文科研究所成立后，设置了考古室和明清史料整理室。考古室收藏了五千余种古器物，两万余份文献资料和金石拓片。考古室还与其他研究机构联合组成西北科学考察团，在新疆一带发掘了一万多件汉简。对于这些文献及实物资料的研究成果以及科考报告，陆续发表在《国学季刊》上。明清史料整理室购入清内阁大库所藏有关明清史档案60余万件，由孟森主持对这些史料的整理、研究和付印工作。研究成果也多在《国学季刊》发表。

3. 中国学者对有关外国历史的研究论文，以及西方学者的学术论文，都在《国学季刊》上有所反映。学术杂志成为中西史学在研究层面上开始接触和交汇的平台。《国学季刊》发表有西方学者的论文，如法国汉学家伯希和的《近日东方古言语学及史学上之发明与其结论》（第1卷第1号）、俄国汉学家伊风阁的《西夏国书说》（第1卷第4号）等。中国学者的相关研究有姚从吾的《欧洲学者对匈奴的研究》（第2卷第3号），全文达6万余字。文章首先概述了冒顿阿拉提在欧洲史上的地位和对匈奴研究的经过及最近趋势，然后详细叙述了法国学者得几内关于"匈人即是匈奴"的推论、德国学者夏特的"窝耳迦河的匈人与匈奴"的说法、荷兰学者底哥柔提的纪元前的匈人的观点。文后附有从欧洲学者专著到普通百科中所见到的匈奴研究的情况介绍。让中国学者了解国外对有关问题的研究状况，向中国学术界介绍外国学者及其学术观点，该文作出了有益的尝试。陈受颐的《明末清初耶稣会士的儒教观及其反应》（第5卷第2号），认为以往论者过分注重西方科学知识和器械的输入而忽略了双方文化的双向交流和渗透，他在文中特别指出"其实两方思想上的交换，问题甚大，不该看作西洋历算介绍之附庸。耶稣会士不特传播西洋思想和文化于中国，同时也传播中国思想和文化于西洋。在十七八世纪西洋思想史当中……中国文化都曾供献过相当的材料和观点。"这样的观点至今仍然对我们有启发意义。

4.《国学季刊》除为学者提供发表学术研究成果的园地以外，也不失时机地刊登一些具有时代气息的新问题和新见解的论文或讨论文章。胡适在崔述的《崔东壁先生遗书》刻成一百周年纪念日前夕，在《国学季刊》上撰写了《科学的古史家崔述》（第1卷第2号）一文，首次积极地肯定了崔述史学成就的意义："简单说来，新史学的成立须在超过崔述以后，然而我们要想超过崔述，必须先跟上崔述"。罗尔纲的《上太平军书的黄婉考》（第4卷第2号），将王韬的《读书随记》和以黄婉的名义上太平军书的内容相互对照，从笔迹、遣词用语等方面证实黄婉就是王韬。孟森就是否禁毁《清史稿》这个在当时存在很大争议的问题，在《国学季刊》上撰写了《〈清史稿〉应否禁锢之商榷》（第3卷第4号），提出自己的看法："《清史稿》为大宗之史料，故为治清代掌故者甚重。即使将来有纠正重作之《清史》，于此不满人意之旧稿，仍为史学家所必保存，供百世之尚论。"沈兼士在《国学季刊》创刊号上发表了《国语问题之历史的研究》，倡议中国语言文字需要改良，即使从历史上看，也是一种必然的趋势。胡适为陈垣《元典章校补释例》一书作的序，以《校勘学方法论》为题在《国学季刊》上发表（第4卷第3号）。他称赞"陈援庵先生校《元典章》的工作可以说是中国校勘学的第一伟大工作，也可以说是中国校勘学的第一次走上科学的路"。胡适对陈垣校勘学方法的肯定和总结，为"科学方法"在当时中国学术界的流行起到了很大作用。

从杂志的表现形式即编辑的角度来看，《国学季刊》也有自己的特色。《国学季刊》十分重视用图影来配合刊中学术论文所论及的内容。多数刊物用铜版纸印上相关图影随刊一同发表，多者每期达20余页。这大约可分为三种情形：（1）为了向读者展示某些不常见到的或新发现的珍贵史料的影印件，供读者观赏和研究。如北京大学藏"顺治八年追尊皇父摄政王多尔衮为成宗义皇帝诏"（第1卷第1号）、"清太宗天聪四年（1630）伐明以七大罪誓师谕"（第1卷第2号）。（2）以文附图，即用图影来作为论文的补充或附录。如唐兰的《寿县所出铜器考略》（第4卷第1号）一文，配发了多达13页30幅的图影。罗尔纲的《上太平军书的黄婉考》为说明黄婉就是王韬，附上王韬的《读书随记》原文图影和黄婉上太平军书字迹图影，以资对照。谢国桢的《清初东南沿海迁界考》（第2卷第4号），附上迁界地域形势变迁图。（3）以图附文，即重点在图，因图影而由专家撰写说明或考证文字。如第3卷第3号发表了辽碑9种17幅拓影，由孟森跋尾，并为其他学者进一步探讨创造条件。果然在下一期刊物上就发表了对孟文中存疑之处进行讨论的文章。《国学季刊》的这些做法，既可使刊物图文并茂，增加说服力和可信度，也可使编者、作者和读者三方相得益彰、共同交流、拉近距离。《国学季刊》编者在经费紧张的情况下，在编刊细节上做到如此程度十分不易。

及时报道学术界动态、学术消息和新的研究成果，也是《国学季刊》编辑方面的特色之一。《国学季刊》属于北大研究所国学门，因此在附录中不断报道国学门的重要事宜，包括其学术活动、组织机构、刊物、研究课题、人员配置等方面的内容。《国学季刊》对考古学界的活动和发现特别重视，如新发现的石器时代的文化（第1卷第1号）、蒙新旅行之经过与发现（第2卷第3号）、燕下都发掘报告（第3卷第1号）等。1927年5月，由北京大学、北京历史博物馆、中央观象台等单位联合组成的中国西北科学考察团开始了为期三年半的科学考察，《国学季刊》发表了两篇这次考察有关的论文（第3卷第1号）。《国学季刊》还不断登载《清华学报》、《社会科学》、《暨南学报》等学术刊物的论著目录，及时刊布北大出版的教授著作目录。

刊物坚持只问质量、不问资格的使用原则，只要文章有质量，就可以采用发表。《国学季刊》的作者以北大教授为主，发表率较高的有胡适、陈垣、朱希祖、孟森、刘复、魏建功等人。在学术界崭露头角的年轻学者顾颉刚、容庚、郑天挺等人也有论文发表。《国学季刊》还专门设立了"本校研究生成绩"栏目，选择研究所国学门研究生的高水平学术论文发表，并在文前附有该生指导教授对论文的"审查书"，如由孟森指导、张鸿翔撰写的《明北族列女传》，由汤用彤指导、王维诚撰写的《老子化胡说考证》等。

按照蔡元培的建议，《国学季刊》的版面文字，均从左向右横排，采用新式标点，文字不拘白话文言，封四附英文目录或提要，间或编以往刊发的论文目录索引。这些措施在当时的杂志中都是独创的，因而更显得别具特色。

北京大学在当时还创办了《国学门周刊》（后改为《国学门月刊》）等学术刊物，对史学研究亦多有重视，刊载了相当数量的研究论文。

四、《燕京学报》述评

《燕京学报》的编辑与出版，与哈佛燕京学社有直接关系。哈佛燕京学社成立于1928年1月4日。这个机构的建立，缘起于美国科学家赫尔（C·M·Hall，1863—1914）。赫尔因发明了用电解法提炼纯铝而积累了大量财富。在他于1914年去世前所立的遗嘱中，规定其财产中的一部分用作发展和资助亚洲及东欧的文化及教育事业。燕京大学校长司徒雷登在早些时候为燕大募捐时就已认识了赫尔基金会的主持人戴维斯和约翰逊，此番经过积极磋商，终于决定在美国与中国各选一所大学，双方联合组成一个机构，利用这笔财产，实施有关研究项目与培养人才的计划。在美国，选中的是著名的哈佛大学；在中国，选中的则是燕京大学。两所大学决定合作成立哈佛燕京中国研究学社（Harvard-Yenching Institute for Chinese Studies）。燕京大学可以分享到赫尔遗产中拨给哈佛燕京学社的450万美元。① 哈佛燕京学社在燕京大学方面实施的计划和活动，主要目标是推动中国文化的研究。学社所立的章程言明："关于中国文化的研究方向，准备把经费首先资助这些课题，如中国文学、艺术、历史、语言、哲学和宗教史。……以鼓励在中国开展东方问题研究。"具体内容：（1）奖学金计划，包括资助中文和历史系学生攻读学位。其中成绩优异者可到哈佛大学攻读博士学位，日后成名的学者如齐思和、翁独健、林耀华、周一良、王钟翰等人就曾因此而赴哈佛深造。（2）资助聘请当时的一流学者到燕大任教。燕大专职与兼职教授如容庚、郭绍虞、郑振铎、孙楷第、顾颉刚、洪业、张星烺、许地山、陈垣、邓之诚、聂崇岐等，均为当时的知名学者。（3）补助出版书刊，购置图书和文物。哈佛燕京学社资助出版的两种学术书刊最有影响。第一种就是《燕京学报》；第二种是"哈佛燕京学社引得"，20年间完成出版了包括经、史、子、集各类书籍的各种引得达64种81册，是较早用新方法编纂的中国古文献的工具书。

《燕京学报》创刊于1927年6月。其时，哈佛燕京学社尚未正式成立，但赫尔基金会的经费按规定1926年开始就可启用，所以当款项于1927年拨到后，《燕京学报》即率而出版。刊物为半年刊，每年逢6月和12月分别出刊。期号从第1期顺序排下，总共出刊40期，至1951年6月因燕大被合并、取消而出终刊号。从创刊至终刊的25年间，除抗战期间日军侵占北平使燕大不得不停办南迁而导致刊物停刊近5年（1941年12月至1945年12月）外，由于有着稳定的财力基础，《燕京学报》均能按时出刊，且

---

① 陈观胜：《哈佛燕京学社与燕京大学之关系》，载《燕大文史资料》，第3辑，北京，北京大学出版社，1990；陈毓贤：《洪业传》，99页，北京，北京大学出版社，1996。

纸张及印刷均属一流，这与当时其他学术刊物相比是不多见的。《燕京学报》发表的文章一律横排，无论文言白话，皆使用新式标点。每期页码少则 200 余页、多则 600 余页不等，多数在 300 余页。第 1 期至第 12 期，页码不分期次而一并排下（即第 2 期页码不从第 1 页算起，而是接第 1 期最后一页数续下），至第 12 期共续至 2742 页。从第 13 期开始，每期页码改为从第 1 页顺序排序。每期封四为英文目录，又从第 21 期起，每期增加本期刊发的重要论文的英文提要。另间或刊登杂志的"篇名引得"、"撰译者人名引得"等索引。

《燕京学报》设编辑委员会。容庚、顾颉刚及齐思和先后任编委会主任（即主编）。容庚在《燕京学报》的第 1 期至第 6 期、第 9 期至第 11 期、第 16 期至第 29 期任编委会主任，共主编了 23 期杂志。顾颉刚主编了《燕京学报》的第 7 期至第 8 期、第 12 期至第 15 期。齐思和主编了第 30 期至第 40 期（终刊号）共 11 期。此外还应当提到洪业（洪煨莲，William），1915 至 1920 年间留学美国，1920 年以后执教燕京大学，先后兼任大学文理科科长、历史系主任、图书馆馆长等职。他对于创办哈佛燕京学社、争取资金的支配、燕大的各方面建设以及《燕京学报》的筹备、出版均起到过重要作用。《燕京学报》编委会委员在不同的时期不断有所变动，先后担任过编委会委员的人员有：赵紫宸、许地山、冯友兰、黄子通、谢婉莹、洪煨莲、吴雷川、陈垣、郭绍虞、刘廷芳、马鉴、顾颉刚、张星烺、钢和泰、博晨光、王克私、陆志韦、张东荪、齐思和、王静如、翁独健、高名凯、陈观胜、林耀华、聂崇岐、孙楷第、翦伯赞。其中第 30 期至第 34 期编委会不存在，仅署名主编齐思和一人。20 世纪三、四十年代的燕京大学因其高水平的教学质量、一流的学术声誉和雄厚的财力基础而吸引了一批著名学者加盟其教师阵容。同时，因当时的许多知名教授往往同时应聘多所高校，教授任职关系的相对松散也使燕大招揽更多的人才成为可能。《燕京学报》的学术成就在很大程度上即体现了以燕大为主体的学术群体在人文社会科学研究方面的总体成就。

《燕京学报》简章称："本报以发表研究中国学术之著作为主旨，由燕京大学同仁担任撰述。"有关历史学、文学史、语言学、音韵学等方面的研究成果在《燕京学报》中占有绝大部分。历史学研究方面的新趋向，主要反映在科技史、外交史、经济制度史、民族史等方面。

《燕京学报》发表了多篇科技史方面的论文，充分反映了当时重视"科学"的时代氛围。张荫麟的《九章及两汉之数学》（第 2 期），对《九章算术》的成书时间、内容作了考证，也对两汉时期的数学发展状况作了阐述；他的另一篇论文《中国历史上之"奇器"及其作者》（第 3 期），论述了中国历史上重要的科技发明，如指南针、记里鼓车、浑天仪、计时刻漏等，并介绍了发明家张衡、祖冲之、耿询等中国古代发明家。王振铎的《汉张衡候风地动仪造法之推测》（第 20 期）根据有关文献记载推证出汉张衡候风地动仪的制造原理，文后附上地动仪的外观想象图、内部机构横断面图和纵断面图、动作情形图，清晰明确地向人们展示了我国古代科学家的精思构想。如今，这幅张衡候风地动仪的图形及据此而制作的模型被刊载、展示于各种有关书籍、场所中，为今人所熟知。使用现代自然科学等方法来研究人文社会科学课题，也为《燕京学报》所重视。如刘朝阳的《从天文历法推测尧典之编成年代》（第 17 期），就《尧典》所记录的各种天象资料利用天文学知识推测其成书时代为公元前 24、前 25 世纪。何观洲的《山海经在科学上之批判及作者之时代考》（第 7 期），则运用生物学分类知识对《山海经》所载植物作了科学分析。郑德坤的《层化的河水流域地名尽其解释》（第 11 期）通过河水流域地名层化（重化）的现象，运用地理学等相关知识分析证实这一现象乃是历史上民族迁移直接造成的。贺登榕的《中国语言学及民俗学之地理的研究》（第 35 期）介绍了西方和中国语言学研究方法，强调使用地理学方法研究语言文字及民俗学的意义，也就是当时所说的"科学方法"。

随着近代以来中外交流的加强，中国古代历史上的中外交往及中外交通史也渐成学者的研究重点。如《燕京学报》发表有张星烺的《中国史书上关于马黎诺里使节之记载》（第 3 期）、《菲律宾史上"李马奔"之真人考》（第 8 期），李长傅的《菲律宾史上李马奔之真人考补遗》（第 9 期）等论文。对远古传说时代的神话与巫术的重新认识，有陈梦家近 6 万字的长文《商代的神话与巫术》（第 20 期），论文志在通过对神话的研究，建立一个较可信的商朝世系，并从中探求商人的生存地域，分析有关野兽与治水方面的神话所反映出的历史的真实部分。顾颉刚的《周易卦爻辞中的故事》（第 6 期）一文，是作者考辨古史的研究成果，该文对《易经》和《易传》的内容、成书时代、产生的影响和作用作了论述。敦煌学是刚刚兴起的新学问，相关文章有洪业的《尚书释文敦煌残卷与郭忠恕之关系》（第 14 期）、周一良《敦煌写本杂钞考》（第 35 期）等。其他如经济制度史、民族史等领域的文章，以历史考证研究居多。

总共 40 期的《燕京学报》，共刊载了 300 余篇文章。其中分量最重的当属历史考证方面的论文。具体分析相关论文，对于了解 20 世纪新历史考证学的成就是有必要的。

（一）历史考证学的内容与方法上的变化

《燕京学报》所发表的历史考证论文明显反映出新历史考证学在研究领域和研究范围上的扩展。如吴晗的《胡惟庸党案考》（第 15 期）和王钟翰的《清世宗夺嫡考实》（第 36 期）是考证明清历史的研究成果。前文澄清了胡惟庸党案的真相；后文根据清世宗即位前后的史实，考证出清世宗夺嫡抢权的过程。清统治者讳言曾受明朝封赏与统治的史实，故意销毁了大量有关史料。张鸿翔的《努尔哈赤受明封赏考实》（第 38 期）利用幸存下来的史料考证出努尔哈赤先后受封的各种官职。在典章制度方面，有齐思和的《战国制度考》（第 24 期）、《商鞅变法考》（第 33 期）、《孟子井田说辨》（第 25 期）等先秦时期变法改制问题的考证论文。其中的《战国制度考》一文得出了"战国变法始于魏"的论断，从而将史学界长期认同的商鞅是历史上第一位变法者的观点作了修正，这个论点已被学术界接受，并写入教科书。瞿兑之的《西汉物价考》（第 5 期）和刘选民的《中俄早期贸易考》（第 25 期）也属历史考证学涉及的新课题。后者的考证内容是与现实颇有关联的中俄边贸情况，作者指出：

> 清廷对外之政策，本自一统之观念，以为对外贸易，于中国本无利益，大皇帝体念西洋诸邦国小民穷，是以有互市之设。乃不谙十九世纪之时代精神，西力东渐之大势，妥为应付；其结果遂致南有鸦片

之战，清算于南京条约，北有黑龙江流域之沦丧，终于瑷珲天津条约之缔订。

在这里，历史考证不仅探讨历史问题，而且也涉及严峻的现实问题。李俨的《筹算制度考》(第 6 期)和《珠算制度考》(第 10 期)是对古代算制的考证，属自然科学史的内容。民族史与民族关系史也是历史考证学获得重要成果的一个方面。陈垣的《元西域人华化考(下)》(第 6 期)(上半部发表于《国学季刊》，第 1 卷第 4 期)是一部经典之作，作者在征引 200 余种材料的基础上全面考证了元代文化的发展状况，阐明元代西域各族接受汉文化的事实，纠正了明以来轻视元代文化的现象。冯家昇的《契丹名号考释》(第 13 期)详考"契丹"之由来及其字义，努力廓清契丹族的起源、发展的历史过程。聂崇岐的《宋辽交聘考》(第 27 期)以宋人文集笔记等材料，考证出宋辽百余年交往及通使的史实，反映了民族交往积极的一面。翁独健的《斡脱杂考》(第 29 期)对散见于诸史、用法分歧的"斡脱"一词，根据大量史料考证它的各种含义及语源。

(二) 将甲骨文、金文及其他新发现的史料运用于历史考证学中

《燕京学报》的作者如容庚、陈梦家、吴其昌、于省吾等人都是著名的甲骨、金石文字研究名家，更方便在杂志上展现运用新史料做出的考证成果。如吴其昌的《卜辞所见殷先公先王三续考》(第 14 期)，作于王国维著名的《殷卜辞中所见先公先王考》和《续考》之后 15 年。作者利用王国维身后所未见的、新发现的甲骨文作成"三续考"，补充了前"二考"中的内容，充实了有关材料，更加完善了对该课题的研究成果。陈梦家的《商王名号考》(第 27 期)根据甲骨文材料列出商王的三个世系，考证出第一系先王与《史记·殷本纪》记载不同，第二系先王与《殷本纪》所列次序也有出入，第三系先王则与《史记》、《汉书》的有关记载基本相同。陈梦家的《甲骨断代学甲篇》(第 40 期)运用甲骨文考证得出的殷商世系、周代祭祀等研究成果，标志着甲骨学研究已颇具规模。同类文章还有容庚的《殷周礼乐器考略》(第 1 期)、吴其昌的《矢彝考释》(第 9 期)、郭鼎堂的《汤盘孔鼎之扬榷》和《臣辰盉铭考释》(均载第 9 期)等。正流亡日

本的郭沫若为生活计撰文卖稿，将从事的金文研究文章署名郭鼎堂交《燕京学报》发表。

（三）历史文献与历史地理考证并重

《燕京学报》发表的历史文献方面的考证文章有校注、辨伪、补撰等类，如杨明照《庄子校证》（第 20 期）、梁启雄《论语注疏汇考》（第 34 期）、孙海波《国语真伪考》（第 16 期）、陶元珍《三国吴兵考》（第 12 期）、张荫麟《南宋亡国史补》（第 20 期）、郑德坤《水经注版本考》（第 15 期）等。钱穆的《周官著作时代考》（第 11 期），从《周礼》有关祀典、刑法、田制等记载论证该书成书于战国晚期。齐思和的《孙子著作时代考》（第 26 期）和《战国策著作时代考》（第 34 期）主张《孙子》成书于战国中后期，《战国策》经战国至汉初，至刘向合编成书。陈垣为钱大昕诞生二百周年纪念而作的《史讳举例》发表在《燕京学报》第 4 期，举各种避讳 82 例，首次对中国的避讳制度做了全面性研究，是历史考证学的总结性成果之一。《燕京学报》发表的历史地理考证方面的文章也很多。齐思和的《西周地理考》（第 30 期）通过大量史料考证了渭水及支流与周初民族的关系，并从多方面论证了周起源于渭水流域说。谭其骧的《新莽职方考》（第 15 期）基本考证出了新莽政权时的政区建置，总结了王莽设置政区和命名地名的规律。另有钱穆的《周初地理考》（第 10 期）、钟凤年的《战国时代秦疆域考辨》（第 31 期）、刘选民的《清开国初征服诸部疆域考》（第 23 期）等论文，都具有很高的学术价值。奉宽的《燕京故城考》（第 5 期）考证了燕京故城的位置变迁，侯仁之的《北平金水河考》（第 30 期）考证了金水河的疏导、功能及演变。这是两篇具有北京地方特色的史地论文。

《燕京学报》展现的学术成就，还表现在以下几个方面：

思想史与哲学史方面的文章在《燕京学报》中比较多见，如冯友兰的《中国哲学中之神秘主义》（第 1 期）、《孔子在中国历史中之地位》（第 2 期）、《儒家对于婚丧祭礼之理论》（第 3 期）、许地山的《道教思想与道教》（第 2 期）、黄子通的《朱熹的哲学》（第 2 期）、《王守仁的哲学》（第 3 期）、容肇祖的《焦竑及其思想》（第 23 期）等。与之相应的是宗教史方面的论文，如许地山的《摩尼之二宗三际论》（第 3 期）、陈垣的《耶律楚材父子信仰之异趣》（第 6 期）、汤用彤的《中国佛史零篇》（第 22 期）、张东荪的《中国哲学史上佛教思想之地位》（第 38 期）等。

裴文中的《中国细石器文化略说》（第 33 期）将中国远古时代细石器文化存在的时间及地域分布作了概括性叙述，是有意识地将考古成果纳入中国上古历史发展进程的研究的早期成果。

天文历法研究因与历史研究的密切关系也常见于《燕京学报》之中，如刘朝阳的《殷历质疑》（第 10 期）、钱宗琮的《汉人月行研究》（第 6 期）、容肇祖的《月令来源考》（第 18 期）、莫非斯的《春秋周殷历法考》（第 20 期）等。

研究明清史的论文在中国古代史研究中相对较多。陈芳芝撰写了《清代边制述略》（第 34 期），作者深感近代以来的边疆危机的状况，"但欲明症结所在，则前代递嬗之迹，函应详其因革。爰不揣锢陋，略述清代统治边陲制度"。另如王崇武的《明代户口的消长》（第 20 期）、《吴三桂与山海关之战》（第 33 期）、聂崇岐的《满官汉释》（第 32 期）、王钟翰的《胤禛西征纪实》（第 8 期）等。史学史方面的文章有卜德的《左传与国语》（第 16 期）、周一良的《魏收之史学》（第 18 期）、杨明照的《太史公书称史记考》（第 26 期）、程金造的《史记体例溯源》（第 37 期）等。

《燕京学报》发表的许多高水准的学术论文，在今天看来依然有着重要的学术价值。如，谭其骧的《晋永嘉丧乱后之民族迁徙》（第 15 期）根据东晋、南朝侨置州郡的记载，对西晋末至南朝宋中期 150 余年间人口南迁作了定量分析。"此文在纷纭的史料中找到了侨州郡县设置过程这把'钥匙'，解开了永嘉南渡后移民迁徙、定居与土著化的一系列关键问题，对中国移民史研究、地名学研究和定量分析方面都具有开创意义"。① 齐思和的《魏源与晚清学风》（第 39 期）第一次把魏源作为影响中国近代学术思想的关键性人物立论，指出了魏源在当代史研究、边疆史地研究和外国史地介绍、倡导今文经学等方面的突出贡献，由此提出了有清三百年间，

---

① 葛剑雄：《悠悠长水——谭其骧传》，载《史学理论研究》，1996（1）。

学术风气三变的新论断。"文章发表后引起海内外学者的强烈反映。国外学者如美国哈佛大学著名史学家孔菲力教授在费正清主编的《剑桥中国晚清史》一书中，高度评价了齐思和对魏源的研究，香港学者陈云甫教授在其《魏源研究》一书中，称齐思和在对魏源的研究中是一个'里程碑'。"[①]另如邓嗣禹的《明大诰与明初之政治社会》（第20期）、齐思和的《封建制度与儒家思想》（第22期）、陈锹的《戊戌政变时反变法人物之政治思想》（第25期）、周一良的《北朝的民族问题与民族政策》（第39期）等，无论从选题还是从内容上看，都充分反映出了近代中国史学变化的特征，仅从论题中出现的"政治思想"、"政治社会"、"封建制度"、"民族政策"等概念，即可窥见一斑。

《燕京学报》保持高水平的原因也与编者对于编辑工作的科学态度和敬业精神分不开。只要是确有学术价值的论著，编者不论作者的学术观点是否与之相合、作者的名气大小，均予登载。这样做的结果，既保证了杂志的学术质量，也有助于青年学人尽快成才。《燕京学报》发表了钱穆的《刘向歆父子年谱》（第7期），论文系统驳斥了康有为《新学伪经考》所主张的、在当时极为流行的刘歆伪造诸经之说，证明刘歆无伪造诸经的必要和可能。这篇论文打破了近代以来今文经学的一统天下，纠正了一味疑古的倾向，该文也使钱穆一举成名。当时的《燕京学报》主编顾颉刚亦持康说。钱穆本人晚年回忆："……乃特草《刘向歆父子年谱》一文与之。然此文不啻特与颉刚争议，颉刚不介意，既刊余文，又特推荐余至燕京任教。此种胸怀，尤为余特所欣赏。因非专为余私人之感知遇而已。"[②] 对于有争议的学术问题，《燕京学报》也尽量将双方争论、商榷的文字公开发表。如郑德坤发表了《层化的河水流域地名及其解释》，文中引用了徐中舒有关文章的论点，徐认为郑误用了他的观点并有必要进一步探讨相关问题，于是致信主编顾颉刚。顾在《燕京学报》第13期，将徐的信、郑的答辩复信、冯家昇对双方观点发表的意见一并登出。信中语言平和，一切都

---

① 齐文颖：《中国史探研·前言》，见齐思和：《中国史探研》，10 页，石家庄，河北教育出版社，2000。

② 钱穆：《师友杂忆》，152 页，北京，三联书店，1998。

是为了解决学术问题而作的申辩、批评及自我批评，并无任何攻讦争讼的言词。《燕京学报》第 26 期发表了李世繁对冯友兰《中国哲学史》的批评商榷文章，文后同时登载冯对此文的答复，对有分歧的地方作了解释，对李文言之有理的意见则称"极是"、"甚佩深思"。《燕京学报》所营造的这种学术气氛是值得肯定的，更值得今人借鉴与发扬。《燕京学报》还发表了许多崭露头角的青年学者的文章。如在第 15 期的显要位置发表了当时刚刚毕业的研究生谭其骧的《晋永嘉丧乱后之民族迁徙》和《新莽职方考》两文。另如吴晗的《胡惟庸党案考》、周一良的《魏收之史学》、翁独健的《斡脱杂考》、王钟翰的《清世宗夺嫡考实》等，这些作者当时均二、三十岁。日后，他们均在各自的研究领域做出了突出的贡献，成为著名的历史学家。

《燕京学报》还发表了一些外国学者的论文。如日本学者鸟居龙藏发表论文多达 15 篇，如《奴儿干都司考》（第 33 期）、《金上京城及其文化》（第 35 期）等，他是在《燕京学报》上撰文最多的外国学者。还有俄国学者钢和泰、哈佛燕京学社学生卜德、顾立雅等。

近代以来，中外学术交流逐渐增多，其中关于借鉴或引用他人学术成果的学术规范问题在 20 世纪初期尚不十分明确。《燕京学报》在编发稿件的时候已经开始重视学术规范和学术道德问题。一个实例是：第 8 期的《燕京学报》刊载了同一作者的两篇文章《匈奴王号考》和《鲜卑语言考》，论文发表后，被发现两文内容均取自日本学者白鸟库吉的《东胡民族考》，但作者却未标明出处或翻译，造成抄袭之嫌。《燕京学报》编者在这次事件中未能严格把关，编委会认为主编也应承担责任，决定第 9 期至第 11 期由容庚暂时任主编，取代造成事故那期的主编顾颉刚，顾在这 3 期中仅名列于编委成员，至第 12 期方才"复职"。[①]《燕京学报》并于第 9 期登出编委会"启事"，强调"凡此类似翻译之文字而不声明其出处者，自属不便登载，此后请投稿诸先生注意，苟非自己研究之结果，幸勿见赐"。

在当时出版发行的各种学术杂志中，《燕京学报》是最重视发布学术

---

① 参见李固阳：《顾颉刚先生在燕京大学》，载《燕大文史资料》，第 5 辑。

消息和发表书评的杂志之一。《燕京学报》发布的学术消息总计近 200 条，主要内容包括：各学术机构近况，如中央研究院、北平研究院等学术机构的研究所设置情况、研究计划、科研进展等；各大图书馆近况，如北平图书馆收藏善本书介绍、编辑目录和辑佚校勘情况；考古消息，包括考古现场发掘纪要、考古发掘的进展（如殷墟发掘工作进展介绍）、新发现某文物的形状描述及各种数据、重大考古发现的经过（如周口店发现北京人头盖骨及左下颚骨的经过）、某地发现古墓古文物等；科学考察团近况，如西北科学考察团的人员、行程、收获，中央研究院考察苗疆的经过等；古籍珍本的影印出版消息；学术杂志的创刊或复刊消息；文物陈列展开幕消息；修纂方志的情况介绍；学术名流逝世消息及对他们生平学术的介绍；捐献私人藏书消息；中国学者获国内外学术奖项消息；古墓文物被盗被毁消息等。这其中有许多内容成为后人了解研究该时期学术发展状况的宝贵资料。应该提到的是，上述所有学术消息几乎全部由容媛女士（容庚胞妹，在燕大历史系资料室和哈佛燕京学社引得编纂处工作）一人搜集整理（仅第 8、第 9 两期是她与余逊合编），持续时间长达 20 年，如此持之以恒的工作精神令人钦佩。此外，她还在《燕京学报》上发表了两篇论文及 20 余篇书评。

《燕京学报》先后发表过多篇评述及考察报告性质的文章。如容庚的《王国维先生考古学上之贡献》（第 2 期）一文，从金石、甲骨、杂著三个方面介绍王国维的学术贡献。此文发表时距王国维逝世后仅 6 个月的时间，是研究王国维学术成就的最早的文章之一。贺昌群的《近年西北考古的成绩》（第 12 期）叙述了西北敦煌一带发现的古文献、古艺术品和古器物，全面介绍了对于这些文物以及对于西北地区存留过的多种语言文字宗教进行研究的中外文著述，极具文献和学术价值。顾颉刚、洪业的考察报告《崔东壁先生故里访问记》（第 9 期），马鉴、周一良的《山西石佛考查记》（第 18 期），都是学术考察报告。

《燕京学报》发表有质量的史学研究成果，展现当时主要的史学研究趋势，并充分发挥期刊这一学术载体的特殊功能，从多个方面表现和促进学术事业的各项内容，十分典型地反映出了学术期刊对史学发展所起到的重要作用。

五四时期中国史学的转型

中国史学有着悠久的历史，从古代史学到近现代史学，经历了由简单到复杂、由低级到高级的发展过程。近现代以来，由于中国社会性质的变化，社会矛盾、民族矛盾所造成的危机日益严重，史学也开始出现了前所未有的嬗变。史学的变化总是与客观历史的变化密切相关的，近代史学出现的对边疆史地的研究、对当代史的撰述、对外国史地的介绍等方面的热潮，无不与爱国主义的主旋律相呼应，既是时代影响史学使然，也是史学关注社会、关注现实的具体表现。然而，史学毕竟是一门相对独立的人文学科，有着自己的学科特性和学科范畴。近代以来救亡图强、挽救民族危亡的严峻现实，从外部刺激了中国史学从古代向近代转化的趋势，但这尚不具备传统史学转型的全部条件，换句话说，爱国主义激情还不是影响和替代学术研究的全部因素，它只是对史学转型起到了强烈的外部推进作用，史学的真正转型还需要从其理论、观点与方法等诸多史学的内部因素中产生根本性变化。这种变化经过19世纪后半期以来的酝酿、发展，特别是20世纪初期对传统史学的批判与新的历史观的引进，到了五四时期对民主与科学的大力提倡，才得以初步实现。因此，我们认为，五四时期是中国史学转型的重要时期，是传统史学步入现代史学的开始。

一、提倡科学的历史学

1901年，梁启超发表《中国史叙论》，次年，又发表《新史学》，以此为标志，新史学思潮开始出现于中国史坛。梁启超以进化论为指导，对史学做了界定："历史者，叙述进化之现象也"；"历史者，叙述人类进化之现象也"；"历史者，叙述人类进化之现象而求得其公理公例者也。"① 把史学研究认定为寻求人类进化发展的过程并求得其公理公例，标志着中国史学界开始以新的历史观为指导去认识历史学的目的和意义，这样明确的认识在中国史学发展史上还是第一次。

梁启超在《新史学》中还对传统史学进行了激烈的抨击，指责旧史学有"四弊"、"二病"，二十四史是"二十四姓之家谱"，呼吁"史界革命不起，则吾国遂不可救，悠悠万事，惟此为大。"② 这样的论断虽不无武断偏激之处，然而在当时的情况下，有着为史学研究的思想解放开辟道路、为史学转型奠定基础的作用，其积极意义不容忽视。

"五四"新文化运动高扬的两面旗帜是民主与科学，"只有这两位先生，可以救治中国政治上道德上学术上思想上一切的黑暗"。③ 新文化运动引导人们走出愚昧，重新看待人本身，重新看待人类历史的发展，重新估定中国的传统文化。民主与科学促使人们具有平等的眼光，历史上圣人、帝王、显贵们的不可动摇的地位不再牢固，历史上被奉若神圣的经典、价值观念、说教成为被怀疑的对象。在学术研究方面，科学精神和理性观念成为人们所遵奉的信条，推翻偶像、拒绝迷信、摒弃成说，凡事都要问一声"为什么"。摒弃旧的历史观念，在真实可信的基础上重新看待中国的历史发展，用科学方法重新估价中国的史学遗产，是五四时期史学的重要特征，亦成为史学转型的内在主因。

五四时期崇尚"求真"的学术风气。中国史学一直有着强调实录的"求真"精神，但这反囿于传统史学范畴。现代意义上的史学"求真"，始于"五四"前后对学术"独立"的追求和对学术研究自身的"尊重"。梁启超指出学者应是"为学问而学问，断不以学问供学问以外之手段"，学问的价值，"在善疑，在求真，在创获"。④ 他以"求真"、"求博"、"求通"为标准来衡量治学，其中又以"求真"为首位。顾颉刚则认为，学问"只当问真不真，不当问用不用"，"应用只是学问的自然结果，而不是着手做

---

① 梁启超：《新史学》，《饮冰室合集·文集之九》，7～10 页。
② 同上书，7 页。
③ 陈独秀：《〈新青年〉罪案之答辩书》，载《新青年》，第 6 卷第 1 号，1919-01-15。
④ 梁启超：《清代学术概论》，《饮冰室合集·专集之三十四》，78 页。

学问时的目的"。① 中国传统史学一直强调实事求是和无征不信的基本准则，五四时期史学强调为学术而学术、把"求真"作为治学宗旨和首要目标，相比之下，前者在观念和认识上均有诸多的束缚和局限，而在五四时期新的历史条件下有可能摆脱这些束缚和提高认识程度，使历史学研究在内容和形式上都发生了前所未有的变化和发展。

建立科学的历史学，因"五四"新文化运动对科学的提倡而成为中国史学在 20 世纪的首要目标。提倡科学，重在渗透到各个学术研究领域的科学精神，而表现出来的，则是对研究中的科学方法的大力提倡。"五四"前后对史学"求真"和建立"科学"的历史学的要求愈来愈强烈，随着对西方学理的了解增多，"科学方法"在中国史坛被特别重视起来。中国史家更加注重中西史学结合的问题，而对史学方法的探索，成为一个突破口。这一现象，从表面上看，是在五四时期强调科学的时代思潮中，史学沟通中西的具体表现，实质上与历史观仍然有着内在的联系。五四时期的中国史学要求建立科学的历史学，尽管对于究竟什么是科学的历史学有着不同的见解，但是在用科学的方法来研究历史这一点上，意见基本是一致的。

对于"科学方法"的宣传和提倡，以胡适最著名，影响也最大。胡适"感觉到清代的朴学与近世西洋所谓科学方法相合，遂以现代学术的眼光表扬清代学者的治学方法，于清儒之中，尤特别表扬戴震和崔述，这对于当时的治学的风气发生了很大的影响。"② 胡适多次讲到这样的观点："我的唯一的目的，是要提倡一种新的思想方法，要提倡一种注重事实，服从验证的思想方法"。③ 梁启超也多次提及清代考证方法的科学意义，从他对传统史学的重新发掘、对史料的辩证系统的认识、对清代学术的全面研究等方面，仍然可以在更深的层次看到进化观点和新的方法对他的影响。除了胡适、梁启超以外，多数五四时期史家也都在不断强调科学方法对历史研究的重要作用。顾颉刚说："我们研究的主旨在于用了科学方法去驾驭

---

① 顾颉刚：《古史辨》第 1 册，《自序》，25 页。

② 齐思和：《近百年来中国史学的发展》，载《燕京社会科学》，第 2 卷，1949。

③ 胡 适：《我的歧路》，《胡适文存》二集卷三，100 页。

中国历史的材料。"① 朱希祖认为："用治生物学、社会学的方法来治学问。换一句话讲，就是用科学的方法来治学问。""方今治科学的方法，最要者是分析、比较、综合；而尤要者在乎经验。"② 陈训慈也指出："史学当有条件的采用科学方法，已为必然之趋势。"③

对史学研究中"求真"的要求和"科学方法"的具体实施，主要表现为两个方面：一方面是对史料的科学认识和运用，另一方面是对历史考证方法的科学阐释和提倡。这就直接促成了新的历史考证方法的盛行。考证方法因被强调为具有科学的因素而受到重视，加之受到各种西方史学理论与方法的影响，新的历史考证学表现出多样化的趋势，大大丰富了历史考证学自身。20 世纪新历史考证学的各具特色的、含有科学因素的考证方法，不仅对探明历史真相作出了重要贡献，而且为历史研究在更高层次上的理论归纳和总结打下了坚实的基础。还应该看到，在历史考证学的范畴内，重视历史材料是理所当然的，但是如果把史料的方法和作用过分夸大，可能也失之偏颇。历史研究并不仅仅是历史考证，考证的方法也只是历史研究方法的一个重要部分，而不是历史学的全部。

当时的一些史家还着力在其他方面对史学方法有所探讨。如强调史学研究方法与其他社会科学以及自然科学的研究方法之间的关系，进而提出用跨学科的方法研究历史，何炳松、李璜、陆懋德等人对此都有专门论述。

必须提到的是，对唯物史观的介绍与论述在五四时期取得了重要进展。李大钊是传播介绍马克思主义理论的代表人物。他认为"吾侪治史学于今日的中国，新史观的树立，对于旧史观的抗辩，其兴味正自深切，其责任正自重大。吾愿与治斯学者共勉之。"④ 李大钊撰写的《史学要论》及其他一系列宣传和论述唯物史观的论著，为中国马克思主义史学的建立奠

① 顾颉刚：《国学门周刊 1926 始刊词》，载《北京大学研究所国学门周刊》，1926(2)。
② 朱希祖：《整理中国最古书籍之方法论》，载《北京大学月刊》，1919 (1)。
③ 陈训慈：《史学观念之变迁及其趋势》，载《史地学报》，1921 (1)。
④ 李大钊：《史观》，《史学要论》，5~6 页。

定了理论基础。

要之，五四时期史学"求真"与提倡"科学方法"的趋势，一方面有力促进了先进的、科学的历史观在中国史坛扩大影响，是历史观的进步的基本保证，而历史观的进步是中国史学发展过程中具有根本性质的变革；另一方面，也使中国史学有条件开始真正走出旧史学的窠臼，使历史学科初步具备了现代史学在理论与方法上的基本要求。我们认为五四时期是中国史学转型的重要时期，正是基于此种意义上的认识。

二、史学走出经学的羁绊

中国传统史学一直或隐或显地受到经学的束缚与支配是一个不争的事实，史学长期以来更多的是被动地受到经学的影响。鸦片战争以后，以公羊学为主的今文经学由复兴到昌盛，至戊戌时期，康有为等人将今文经学发挥为变法维新的理论依据，今文经学以公羊学说为代表，一时风靡海内。以康有为为代表的经今文学家大肆阐发的公羊学说，即融入了西方外来的思想观点。夏曾佑在中国通史撰述《最新中学中国历史教科书》（后改名《中国古代史》）中讲到了今文学说与进化论的关系："本编亦尊今文学者，唯其命意与国朝诸经师稍异，凡经义之变迁，皆以历史因果之理解之，不专在讲经也。"① 这说明，史学家已经有了用西方进化论学说解释历史而有条件地排斥经学思想束缚的较为明确的意识。周予同认为："给予转变期的中国新史学以转变的动力的今文学，其自身已含有外来文化的因素了。"② 这在经学史上是一个重要变化，今文经学结合西方进化论，预示着经学的统治时代即将结束。

五四时期，经学走向终结，史学则开始了其新的发展历程。

范文澜认为经学趋于灭亡的原因有二：一是外部原因，缺乏统治者的强有力的支持；二是自身原因，"它有夺取对方武器的传统本领，虽然新

---

① 夏曾佑：《中国古代史》，362页。
② 周予同：《五十年来中国之新史学》，《周予同经学史论著选集》，528页。

民主主义的武器（民主）欢迎任何人去采用，可是阶级性质限止了它，使它没有勇气去夺取或采用。"① 换句话说，在五四时期新的历史条件下，经学已经失去了继续存在的可能。"五四"新文化运动的主题是民主与科学，打倒孔家店的呼声使经学失去了以往神圣的光环。陈寅恪在1935年为陈垣《元西域人华化考》作的序中说："近二十年来，国人内感民族文化之衰颓，外受世界思潮之激荡，其论史之作，渐能脱除清代经师之旧染，有以合于今日史学之真谛。"② 史学的转变若此，扩言之，经学的衰落和终结标志着进步，标志着理性的觉醒。

经学走向衰落，使得史学有可能挣脱经学的羁绊；五四时期民主与科学的深入人心，则促使史学以主动的姿态要求学科的独立。史学独立的条件首先是史学研究应超越功利目的和利害关系，这在很大程度上又是以反对"通经致用"为主要内容。这些都是五四时期史家所刻意强调的。总之，学术研究中求是大于致用、史学研究中求真大于致用，科学精神取代经学的说教，史学与经学的关系发生了根本的转变。

经学的衰落已是大势所趋，脱离经学对于史学转型而言显得至关重要。顾颉刚曾经指出，"经学在中国文化史里自有其卓绝的地位"，但不允许批评、不允许怀疑的"圣道"和有碍于客观研究的"家派"特征，使其不能成为"科学"③。按照五四时期史家的理解，史学成为"科学"的首要条件是必须摆脱并打破所有"名教"、"圣道"以及偶像的束缚和桎梏，以"求真"作为史学研究的追求目标，以客观历史的真实取代儒家经典的说教。走出经学的羁绊，为史学科学化开辟道路，成为中国史学转型的不可忽视的重要条件。

需要指出的是，经学的终结是其失去了继续发展的内在和外在的条件，是历史发展的结果。史学作为人文学科的一支，其过去和未来都是永无止境的探索过程。经学的衰落并不一定意味着史学必然兴盛，反之，经

---

① 范文澜：《中国经学史的演变》，《范文澜历史论文选集》，269页，北京，中国社会科学出版社，1979。

② 陈寅恪：《陈垣元西域人华化考》，《金明馆丛稿二编》，239页。

③ 顾颉刚：《我的治学计划》，载《传统文化与现代化》，1993（2）。

学的兴盛也不是说史学完全无地位可言。因此，简单地将经学的兴衰类比等同于史学的沉浮并不恰当。经学是在史学发展过程中的某一阶段，因种种原因与史学产生了密切关系的一门学问。正是由于中国史学曾经在相当长的时期内受到经学的支配与束缚，所以在经学走向终结之时，固然为史学转型创造了条件，但二者的关系也并非由经入史般的简单转化，经学对于史学的影响在短时期里却不会随之消亡，并且，这种影响对于中国史学而言依然值得重视。范文澜说："'五四'运动以后，经学本身已无丝毫发展的可能，古史研究的新道路却由新汉学的成就而供给丰富的材料。"① 刘家和先生认为："'五四'运动以后，经学在反封建的浪潮冲击下已经走向衰落，中国史学终于摆脱了经学的思想和义例的束缚。这是中国史学发展中的一大变革。当然这种变革并不排斥我们对于学术史的反省，相反，我们应当分析中国史学与经学关系密切的传统，从中汲取有益的东西。"②

　　"五四"前后传统史学遭到了抨击，走出经学羁绊的新史学豁然感受到了挣脱束缚后的开阔视野，如期而至的各种西方的思想理论也可以在一定程度上填补经学终结后的理论真空。19世纪末传入的进化论，到了五四时期仍然为多数史家所信奉。不同的是，他们此时更加重视科学对于史学的意义。史学求真、史学独立无不出于建立科学的历史学的目的。齐思和指出，"今古文之争，早已成为陈迹，但对于现代史学界的发展颇有重大的影响。"③ 在传统史学向现代史学转变的过程中，汉学、宋学中辨伪、存疑、考证等方法，被五四时期史家敏锐地抓住，并结合西方的治学方法，称之为"科学方法"而大加阐发。"五四"以后的数十年间，历史考证学成为当时史学研究的主流，与五四时期史学走出经学羁绊、但又在治史方法中有意识地承继治经方法有很大关系。因此，经学终结与史学转型间的关系是多方面的。

　　①　范文澜：《中国经学史的演变》，《范文澜历史论文选集》，268页。
　　②　刘家和：《史学与经学》，《古代中国与世界》，216～217页，武汉，武汉出版社，1995。
　　③　齐思和：《近百年来中国史学的发展》，载《燕京社会科学》，第2卷，1949。

三、对西方史学的引进与中西史学的沟通

五四时期中国史学转型的另一个重要推力是对西方史学的引进与史学的中西沟通。

19世纪末的戊戌维新时期，人们开始注重介绍和引进西方史学，其中影响最大的是进化史观。这个时期，西方史学对于中国史学的意义，是开启了人们的视野，在接受西方史学的同时，以西方史学为参照，比较中国史学的落后和封闭状况，进而对旧史学进行了猛烈的抨击，提出"史界革命"的口号，要求建立"新史学"。

引进西方史学在五四时期出现了前所未有的热潮。与戊戌维新时期不同的是，五四时期介绍和引入西方史学，不再是以从日本转译西方史学著作为主要渠道，而是多由西文原著直接翻译过来，并且从事西方史学输入的人员群体发生了变化，主要是在欧美学习的留学生。更重要的是，许多人已经意识到了中西史学的结合对建立科学的历史学、对中国史学的新的发展的重要性，因而在五四时期致力于引入西方史学的学者，更多的是注重西方的史学理论与方法，从引入史学研究方法入手，比较中西史学间的差异，寻求中西史学结合的可能和途径。

除了李大钊等人致力于介绍的马克思主义理论外，经胡适、蒋梦麟等人介绍过来的杜威的实验主义，在当时的中国学术界也产生了很大影响。此外，还有法国柏格森（Henri Bergson）的生命哲学和直觉主义，德国杜里舒（Hans Driesch）的新生机主义，德国新康德主义弗赖堡学派的代表人物文德尔班（W. Windelband）和李凯尔特（Heinrich Rickert）的自然科学与历史科学或文化科学的理论，法国孔德（Auguste Comte）的实证主义，德国朗普勒西特（Karl Lamprecht）的文化史观以及晚些时候在中国流行起来的德国斯本格勒（Oswald Spengler）的文化形态史观等。① 有关史学自身的理论和方法，主要有留学美国的何炳松翻译的美国人鲁滨孙

---

① 参见于沛：《外国史学理论的引入和回响》，载《历史研究》，1996（3）。

（James Harvey Robinson）的《新史学》，留学法国的李思纯翻译的法国史学家朗格诺瓦（Charles V. Langlois）和瑟诺博司（Charles Seignobos）合著的《史学原论》，留学德国的傅斯年等人带来了从兰克（Leopold von Ranke）到伯伦汉（Ernst Bernheim）的德国史学等。

梁启超、胡适和何炳松在这方面所做的工作最有影响。梁启超借鉴西方史学的理论观点，将中国传统史学从理论到方法重新整齐阐释，其视野之广阔、见解之新颖、思路之清晰，都值得称道，对中国现代史学的建立具有开拓性的意义。胡适将传统的乾嘉考据方法联系西学中的科学方法，从而突出了中西学术间的相通之处，为中西史学的结合起到了具体的示范作用，有力推动了中国史学的科学化进程。何炳松做了大量的介绍引进西方史学的实际工作，给当时的中国史学界以很好的启发，在中西史学的结合方面亦功不可没。

分析这个时期中西史学结合的情况，可以得出几点认识：（1）中西史学的结合途径应当多种多样，结合的重点也不尽相同，全方位探讨中西史学的结合之路，是中国史家的艰巨任务。（2）在任何时候都不可忽视中西史学结合的目的所在，外来思想"即令一时输入，非与我中国固有之思想相化，决不能保其势力。"① 中西史学的结合并非简单地引进、介绍就可以完成，中西史学结合的目标是为了建设中国的新史学。（3）中西史学的结合不是一朝一夕的事情，而是一件长期的、不间断的工作，不断地引进西方史学，不断地总结中西史学结合的成果，才能加速发展中国史学的发展进程。

五四时期西方史学的引进和中西史学沟通的热潮，是中西史学在相互碰撞中追求理性交融的过程，促使中国史学从观念到方法、从内容到形式上的全面更新。西方史学的影响和刺激、中西史学的结合，是中国传统史学向现代史学转型的重要内容。

---

① 王国维：《论近年之学术界》，《王国维遗书》第 5 册，97 页。

四、史学转型的代表人物

任何一次学术转变中，都会出现具有典型意义的代表性人物，他们的作为和成就具有总结、摒弃、继承与开新的重要作用。五四时期史学转型的过程中，有数位学者就起到了这样的重要作用，他们是：王国维、梁启超、胡适、顾颉刚等人。

（一）王国维

王国维在当时可以说是最具科学眼光和现代方法的史学家。他有着深厚的乾嘉考据学的功底，继承了乾嘉考证学无征不信的优良传统，又吸收了西方学术的观念和方法，并且积极地将新史料运用于古史考证中，最先突破了传统考证学的种种局限。他得到了几乎当时各派学者的称道，也在以后的学术发展实践中被证明确为"新史学的开山"。

王国维对史学研究最重要的贡献，是在古史考证中取得的史学成就和所运用的史学方法。他利用甲骨文、金文材料所进行的古史考证，包括古代的民族史、商周史地、殷商世系、殷周制度与文化等内容。他的著名论文《殷卜辞中所见先公先王考》和《殷卜辞中所见先公先王续考》，考证了殷代先公先王的名号及前后顺序，有力证实了商代历史的存在，也证明了《史记》所记载的商代世袭基本无误。他的《殷周制度论》指出殷、周制度的主要不同之处，认为"中国政治与文化之变革，莫剧于殷周之际。"① 时人评论说：

> 此篇虽寥寥不过十数页，实为近世经史二学第一篇大文字。盖先生据甲骨及金文字，兼以《诗》《书》《礼》参之，以证殷之祀典及传统之制，均与有周大异。而嫡庶之别，即起于周之初叶，周以前无有也。复由是于周之宗法丧服及封子弟尊王室之制，为具体之解说，义据精深，方法缜密，极考据家之能事，殆视为先生研究古文字学及骨

---

① 王国维：《殷周制度论》，《观堂集林》卷十，《王国维遗书》第2册，1页。

史学之归纳的结论可也。①

王国维还提出古史研究的"二重证据法"：

> 吾辈生于今日，幸于纸上之材料外，更得地下之新材料。由此种材料，我辈固得据以补正纸上之材料，亦得证明古书之某部分全为实录，即百家不雅驯之言亦不无表示一面之事实。此二重证据法，唯在今日始得为之。②

王国维在史学研究中取得的突出成就以及他对古史二重证据法的总结，在表面上看属于具体研究领域，但实际上都有普遍意义之功效，他是无可争议的中国现代史学的先驱人物。

（二）梁启超

梁启超在 20 世纪初激烈抨击旧史学，提出"新史学"、"史界革命"的主张，对中国史学产生了振聋发聩的影响。1919 年前后他在游欧过程中切身感受到了西方的社会现状，实际接触了当时流行于西方学术界的各种思想观点之后，随之产生的困惑导致梁启超的史学主张与史学思想发生了一些变化。他对曾经深信不疑并大力宣传的进化史观开始产生了怀疑，并进而否定历史发展中的因果关系。"我们平心一看，几千年中国历史，是不是一治一乱的在那里循环？何止中国，全世界只怕也是如此。"③ 一方面，面对五四时期各种各样、形形色色的西方思想观点，无暇经过相当时间的对比、消化和借鉴，缺乏深刻的把握、准确的理解和全面的认识，梁启超所表现出的惶惑和变化，原因即在于此；另一方面，梁启超所信奉的进化史观无法解释历史发展过程中的一些复杂现象，说明进化史观在当时已经在许多方面难以适应时代的需要，有必要用更科学的理论来代替它。梁启

---

① 赵万里：《民国王静安先生国维年谱》，30 页，台北，台湾商务印书馆，1978。
② 王国维：《古史新证》，3 页，北京，清华大学出版社，1994。
③ 梁启超：《研究文化史的几个重要问题》，《饮冰室合集·文集之四十》，5 页。

超素以善于接受新思想和勇于否定自我著称，他不惜推翻自己曾经大力宣传的进化史观，坦率承认进化史观并不能令人满意地说明和解释历史。梁启超的变化，在一定程度上反映了中国史学在探索中西结合之路过程中的艰难与曲折；也说明西方的一切并非尽善尽美，由此可以持一种批判的态度对待西方学理，用更客观的眼光来看待传统，用新的眼光来看待我们自身的文化遗产。梁启超在五四时期撰写的《中国历史研究法》及"补编"，就是吸收借鉴西方史学理论与方法对中国史学的系统论述之作；《清代学术概论》、《中国近三百年学术史》等论著，研究旨趣也与《中国史叙论》、《新史学》等有明显不同，而在学术价值上显然高出一筹。有学者指出："任公新史学的成长经历，恰好是一个从迷信西学到择善而取、从背离传统到选优发扬的辩证过程。"①

梁启超在五四时期的史学成就及变化，在很大程度上反映了转型中的中国史学所必须面对的诸如如何对待传统史学、怎样借鉴与融合西方史学等重要问题而应采取的正确态度，从这个意义上说，梁启超在转型中的中国史学的地位是无可替代的。

（三）胡适

胡适于1919年出版的《中国哲学史大纲》破天荒地"截断众流"，撇开三皇五帝尧舜汤禹的传说，径直"从孔子、老子"讲起，首次对没有可靠材料依据的中国古史的内容采取了拒绝的态度。《中国哲学史大纲》还给当时的中国学术界展示了现代学术的研究方法，界定了什么是哲学、什么是哲学史以及研究哲学史的目的等研究哲学史首先应当明确的基本概念，对中国哲学史的发展作了阶段划分，指出研究哲学史的目的在于"明变"、"求因"、"评判"。论者称《中国哲学史大纲》是具有"示范"、"典型"、"典范"、"划时代意义的书"，也可以说，这部书使中国史学开始具有现代史学的基本观念。胡适还是史学"科学方法"的积极倡导者。他结合西方现代科学方法，阐发清代乾嘉考据学已经具有"科学"的精神，"他们用的方法无形之中都暗合科学的方法"，强调"把'汉学家'所用的

---

① 许冠三：《新史学九十年》，13～14页，香港，香港中文大学出版社，1986。

'不自觉的'方法变为'自觉的'"①，才是当务之急。他还结合进化论的观念，注重使用"历史的眼光"、"历史的态度"、"历史演进的方法"对研究对象进行考察，目的在于"各还他一个本来面目"。他所宣扬的以"重新估定一切价值"、"大胆假设，小心求证"为中心内容的存疑的方法，既促进了历史考证学的发展，又为打破充满着神话与杜撰的古史体系提供了理论依据。

胡适在史学方面的成就，为史学转型起到了开新风气的作用，为中西史学的交融提供了典范，为中国现代史学的建立作出了贡献。

（四）顾颉刚

顾颉刚于1923年提出了著名的"层累地造成的中国古史"观，引起了史学界的震动。顾颉刚的疑古学说较之于胡适在《中国哲学史大纲》中对三皇五帝的不可信的古史体系采取"截断众流"的做法更为实实在在地进了一步，以一种严肃审慎的科学态度对其提出了怀疑，进而予以打破。这对于当时学术界的任何人都是一种无法回避的震撼。顾颉刚的疑古观点发表以后，引发了一场关于古史的论战。这是自中国史学界要建立"新史学"、提出"史界革命"之后的更趋理性的阶段性进展。崇尚科学、追求真实、斩除思想上的荆棘，顾颉刚的疑古学说带来的最重要的影响是在历史观念上的更新。史学观念上的变革的具体内容，即如顾颉刚自己所特别强调的："要使古人只成为古人而不成为现代的领导者，要使古史只成为古史而不成为现代的伦理教条，要使古书只成为古书而不成为现代的煌煌法典。"② 是安然信奉传统史学所构建的古史体系，还是把"求真"作为历史学研究的追求目标而不惜推翻长期以来几成信仰的旧的古史观念；是为了维持人们对古史的认识不出现"空白"而宁愿置真实与否而不顾，还是在怀疑和打破伪史的基础上用科学的方法重建真实可信的历史，顾颉刚及"古史辨派"作出了明确的回答。

顾颉刚疑古学说的形成及产生影响，最根本的原因应当归结于"五

---

① 胡适：《论国故学——答毛子水》，《胡适文存》一集卷二，287页。

② 顾颉刚：《顾序》，《古史辨》第 4 册，13 页。

四"新文化运动的思想解放。在思想解放的风气下，顾颉刚能够彻底地批判旧传统旧文化，能够用科学、求真的态度对待传统文化和学术研究，能够超越今古文之争和走出经学的羁绊，能够对胡适的"截断众流"产生共鸣，能够从戏剧、故事、歌谣等非正统的材料中感悟治学的路径，能够接受历史进化观点并将其有机结合于他的疑古学说中。今天看来，顾颉刚疑古学说以及由此引发的古史大论战，促使中国史学从观点到方法、从内容到形式都产生了革命性的变革。顾颉刚也是史学转型中的一位代表性史家。

五四时期还有李大钊、陈垣、柳诒徵、吕思勉等著名史家，他们在各自的研究领域都为史学发展作出了自己的贡献。

五、新的历史教学规模及课程设置

现代史学规模指的是建立以培养史学人才为主要目的的教学和研究机构、设置新的教学讲授课程、创立和出版以发表史学研究成果为主要内容的学术刊物、成立历史学方面的学术研究性的研究所或研究院等现代史学所要求的相应规模。现代史学规模的建立，初多仿效西方而来，虽然史学规模属形式而非内容，但五四时期开始建立健全的现代史学规模，对中国史学而言，在各个方面均属"开新"之举，对于史学转型具有非常重要的意义，形式对内容的促进和影响，表现得极为明显。

五四时期各地有条件的大学陆续设立了史学系、历史系或史地系，开设一系列新的课程。其中北京大学最具代表性。1917年初，蔡元培出任北京大学校长后，即着手对北大学制进行改革，1919年，废去文、理、法科之名，改门为系，建立了史学等14个系。朱希祖任史学系主任。沈兼士在《近三十年来中国史学之趋势》中说："至于史学的革新，却为一般人所忽视，民初蔡元培长北大，初设史学系，大家都不太重视，凡学生考不上国文学系的才入史学系，但这不能不算打定了史学独立的基础。"[1] 朱希祖主

---

[1]　参见沈兼士：《段硕斋文集》（葛信益编印），1947-12。

持的"北京大学史学系，首以科学方法为治史阶梯，谓历史为社会科学之一，欲治史学，必先通政治、经济、法律社会诸学；而于史实考证，则首重原始资料与实物证据"，① 反映了他对历史教学的眼光和见识。"史学系也是北大有名的学系之一，1919 年成立时，在国内各大学中首创现代历史学系的课程和规模。过去讲授历史，往往与文学不分，所谓'文史'往往相提并论；现代的史学，是以社会科学为其基础，所以它和经济、政治、法律三系的联系最为密切。在北大十八系中，史学是和这三种学科并列为一组的。"②

五四时期的另一个学术中心是南京高等师范学校，1923 年改名为东南大学后，各学科重新划分，设有历史系，柳诒徵等知名学者在此任教，讲授中国文化史、东亚各国史、印度史、南亚各国史、中国政治制度史等课程。南开大学的历史系在 20 世纪 20 年代属文科门下，开设有中国历史及史家、日本通史、美国通史、英国通史、清史、欧洲近代外交史、中国外交史、欧美政治哲学史等课程。中山大学的史学系也在文科门下，1927 在朱家骅的主持下改革学科设置，著名史家顾颉刚曾担任史学系主任。此外，北京高等师范学校、武昌高等师范学校等也设有史地系或史地部。

在本科一级历史教学的基础上，一些学校仿西方大学制，开始筹建更高一级的研究所或研究院。蔡元培曾经说过："大学者，研究高深学问者也。"③ 吴宓也表示，研究院"乃专为研究高深学术之机关"④。目的十分明确，利用这种现代的学术建制进行深入、系统的学术研究。时值"整理国故"运动兴起，凡中国学术与文化领域皆以"国学"统称，故这类研究所或研究院也纷纷冠名"国学"，但是其实际的研究对象则以史学、文学等人文学科为主要内容，这又反映出当时的中国学术界的学科分类、学科

---

① 罗香林：《朱逖先先生行述》，载《文史杂志》，第 5 卷，1945（11）、（12）合刊。

② 朱偰：《五四运动前后的北京大学》，载《文化史料丛刊》，第 5 辑，173 页，北京，文史资料出版社，1983。

③ 蔡元培：《就任北京大学校长之演说》，《中国近代学制史料》第 3 辑下册，36 页，上海，华东师范大学出版社，1992。

④ 参见齐家莹编撰：《清华人文学科年谱》，19 页。

独立的实际状况，仍处于新旧转换的尚未成熟的阶段。

1922 年 12 月，北大的学校评议会第三次会议公布了《国立北京大学研究所组织大纲》，正式确定了预科、本科、研究所三级的学制方式，计划在研究所下设自然科学、社会科学、国学和外国文学 4 门。至 1922 年，已率先成立了国学门，研究对象包括中国的文学、史学、哲学、语言学、考古学等方面。研究所国学门委员会委员长由蔡元培兼任，委员有顾孟余、沈兼士、胡适、马裕藻、钱玄同、李大钊、朱希祖、周作人等；沈兼士任国学门主任，受聘为国学门导师的有：王国维、陈垣、钢和泰、伊凤阁、陈寅恪等人。① 顾颉刚指出："大学里设置历史学系可以有两个目的：一是造就中等教育的师资，二是给愿望自己成为史学家的学生以基本的训练，养成专家则是研究院和研究所的事情。国立北京大学的历史学系比较办得理想，因为北平随处都是史迹和史籍，这一种气氛很适宜于历史学的研究，而北京大学一向就保持着文史哲三门学科特别有成绩的优良传统。"②

1925 年，清华学校建立国学研究院，吴宓任研究院筹备主任，聘请王国维、梁启超、赵元任、陈寅恪为研究院导师。其章程宗旨为"本院以研究高深学术，造就专门人才。""其目的专在养成下列两项人才：（一）以著述为毕生事业者。（二）各种学校之国学教师。"在其《研究院章程缘起》中说：

> 学问者一无穷之事业也。其在人类，则与人类相终始；在国民，则与一国相终始；在个人，则与其一身相终始。今之施高等教育专门教育者，不过与以必要之预备，示以未来之途径，使之他日得以深造而已。故东西各国大学，于本科之上更设大学院，以为毕业生研究之地。近岁北京大学亦设研究所。本校成立十有余年……故拟同时设立研究院。……要之，学者必致其曲，复观其通，然后足当指导社会昌

① 梁柱：《蔡元培与北京大学》，62 页，北京，北京大学出版社，1996。

② 蒋星煜：《顾颉刚论现代中国史学与史学家》，载《文化先锋》，第 6 卷，1947-09（16）。

明文化之任。然此种事业，终非个人及寻常学校之力所能成就，此研究院之设所以不可缓也。①

1926 年林语堂任厦门大学文科学长，聘沈兼士、顾颉刚、鲁迅等人同办厦大国学研究院②；傅斯年等人于 1927 年 7、8 月间筹备，1928 年 1 月在中山大学成立了语言历史研究所。③ 1928 年 10 月，中央研究院历史语言研究所在广州正式成立，1929 年 3 月迁至北京，初设有历史组、语言组、考古组。这是由国家设立的第一个现代史学的研究机构，对 20 世纪的历史学、考古学的发展具有重要意义。

设立系、院（所）两级的教学和研究建制，其目的在设立者那里至少有以下几点是明确的：（1）为了进行高水平、高层次的研究。（2）由于环境的变化，传统的单兵作战或依靠家学、师承关系式的治学形式已经落伍，必须建立新型研究建制，延聘名师、集中材料、选拔人才，创造全新的研究氛围，方能适应时代的要求。（3）新材料的出现、对学术门类和内容的新认识，也需要新的研究体制，"如历代生活之情状，言语之变迁，风俗之沿革，道德、政治、宗教、学艺之盛衰……无不需专门分类之研究。至于欧洲学术，新自西来，凡哲理文史诸学，非有精深比较之考究，不足以把其菁华而定其取舍。"④（4）基础研究乃是各种应用学科的基础，应该勉力加强，"文、理两科是农、工、医、药、法、商等应用学科的基础，而这些应用学科的研究时期，仍然要归到文理两科来，所以文理两科，必须设各种的研究所。"⑤

五四时期历史教学的课程设置，较之 20 世纪初期有了明显改变。以北京大学为例，朱希祖于 1920 年任北京大学史学系主任后，"把北京大学史

---

① 参见齐家莹编撰：《清华人文学科年谱》，8～9 页。
② 顾潮：《顾颉刚年谱》，129 页。
③ 梁山、李坚、张克谟：《中山大学校史》，46 页，上海，上海教育出版社，1983。
④ 参见齐家莹编撰：《清华人文学科年谱》，9 页。
⑤ 蔡元培：《我在北京大学的经历》，载《东方杂志》，第 31 卷第 1 号，1934-01。

学系的课程，大加更改。本科第一、二年级，先把社会科学学习，做一种基础——如政治学、经济学、法律学、社会学等——再辅之以生物学、人类学及人种学、古物学等。特别注重的，就推社会心理学。然后把全世界的史做综合的研究，希望我们中国也有史的发展。"① 朱希祖广为延聘学有所长的著名史家来史学系任教，并十分重视史学理论方面的教学工作，积极在教学中引进有关西方史学理论与方法方面的授课内容。他请李大钊讲授"唯物史观研究"、"史学思想史"、"史学要论"，请刚从美国回国的何炳松以美国学者鲁滨孙《新史学》为课本讲授"史学原理"、"历史研究法"，还建议学校选派优秀学生去国外留学。这些变化说明，历史教学课程的设置，并非简单地将西方学制的有关内容照搬过来，而是在对西方史学理论的理解和认识的基础上，进行有一定针对性的改革。朱希祖说：

> 我看了德国 Lamprecht 的《近代历史学》。他的最要紧的话就是："近代的历史学，是社会心理学的学问。现在历史学新旧的争论，就是研究历史，本于社会心的要素？还是本于个人心的要素？稍严密一点说起来，就是历史进程的原动力在全体社会呢？还是在少数英雄？" Lamprecht 的意思，以为历史进程的原动力，自然在全体社会；研究历史，应当本于社会心的要素。所以研究历史，应当以社会科学为基本科学。②

看过鲁宾孙的《新史学》后，更感觉课程"改革的尚不算错"。朱希祖用这样的理论依据进行的课程改革对史学产生了何种具体影响，诸如历史研究是否仅以社会科学为基础、把属人文学科的历史学紧密联系于社会科学的做法对历史学自身产生了什么影响等问题，在这里并非本文所论的重点，只想说明新的课程设置是以某种西方的史学理论作为依据而非无的放矢，这样做的结果促进了史学转型，进一步规范了现代意义的历史学的学

---

① 朱希祖：《新史学序》，见何炳松译：《新史学》，《何炳松文集》第 3 卷。
② 同上。

科体系。

　　新的课程设置的逐步完善，所产生的非常重要的影响之一，是有力促进了现代史学研究格局的初步形成。清华国学研究院采用教授指导下的"专题研究"制度，由指定教授负责指导学生的研究论文的撰写。研究院公布教授的指导学科范围，进一步明确了历史学的新的学科分类的内容。以1926年为例，梁启超的指导学科范围是：中国文学史、中国哲学史、中国文化史、宋元明学术史、清代学术史、东西交通史、中国史、史学研究法、儒家哲学、中国文学。改革后的北大史学系的课程设置，分史学的基本学科（如社会学、社会心理学、人类学、人种学、政治学、经济学等）、史学的辅助学科、史学史及史学原理、中外通史及断代史、专门史、外语等6个部分。其他高等学校历史学专业的课程设置也与上述内容相近。

　　总体来看，课程设置的内容包括了中国通史与断代史（古代、中古、近代）、西洋通史与断代史（古代、中古、近代）、人文学科的专门史（史学史、文学史、哲学史）与社会科学学科的专门史（政治史、经济史、文化史等）、史学理论与历史研究法，以及思想史、民族史、历史地理学等内容，初步显示了现代史学研究格局的基本框架。尽管在实际的教学内容上还存在着不同的情况（如北大陈汉章和胡适讲授的中国哲学史就有着很大差别），但是已经具备了这个基本框架，逐渐充实和完善则指日可待。我们看到，在五四时期，中外通史、断代史、专史、史学理论和史学史方面的撰述虽已出现了一些，但还很不充分，如果仅从当时的研究内容和撰述成果所显示的情况来看，甚至还不能说在五四时期已经形成了现代史学研究的基本格局。换句话说，我们所谓现代史学的研究格局，最早可能是在史学课程的设置上初显雏形的。所以，史学课程设置在形成中国现代史学研究格局的框架方面起到的作用实在不可小视，值得深入研究。

　　可以肯定地说，因为种种原因，史学成为当时这种新型学术建制中的最主要的研究内容之一，而史学也是这种新型学术建制的最主要的受益者。北大研究所国学门和清华国学研究院培养了一批专门人才，完成了一批高水平的研究成果，其中有相当数量是史学人才和史学成果，为中国现代史学的发展作出了重要贡献。

北京师范大学史学探索丛书

五四时期史学的理论建树：
"科学"与"求真"

　　中国史学从晚清以后开始渐显区别于古代史学的若干"近代化"特征。王国维说"道咸以降之学新"①，其中"以降"二字的历时性意味颇为明显，即指中国学术自鸦片战争以后在新旧中西诸种因素影响与制约下的趋新过程。事实上，学术变化较之社会变化往往更为平缓滞后，即使19世纪后期被李鸿章称为"三千余年一大变局"，然而史学的"近代化"依然若隐若现，直到五四时期，近代中国史学的真正"变局"才终于形成。

　　20世纪初期梁启超提出"新史学"的口号，呼吁"史界革命"，此"新史学"思潮浸染了强烈的民族主义色彩，既是时代影响史学所使然，也是史学关注社会、关注现实的具体表现。虽为"史学思潮"，实则政治诉求大于学术关怀，批判意识多于理性分析。客观而言，近代史学不同于传统史学之处在于：近代史学受到社会的影响开始出现了前所未有的嬗变趋势，其中包含近代民族主义、今文经学、进化论等各种因素。19世纪末至20世纪初期的中国史学的发展及其近代化的特征，在各个方面为古代史学向现代史学转型打下了基础、创造了条件，然而，到五四时期之前，史学主流仍然是传统史学的延续，对史书的校勘、考订、续补、辑佚等工作依然是绝大多数学者的案头工作，史学尚未获得现代学科意义上的独立地位，史学自身从观点、方法到内容都还没有突破传统史学的基本轨迹。

　　笔者认为，史学毕竟是一门相对独立的人文学科，有着自己的学科特性和学科范畴。近代以来救亡图强、挽救民族危亡的严峻现实，从外部刺激了中国史学的近代化趋势，但这尚不具备传统史学转型的全部条件，换句话说，爱国主义激情还不是影响替代学术研究的全部因素，它只是对史

---

　　①　王国维：《沈乙庵先生七十寿序》，《观堂集林》卷二十三，《王国维遗书》第4册，26页。

学转型起到了强烈的外部推进作用。然而近代社会的变迁不可能不影响到史学，史学的真正转型还需要从其理论、观点与方法等诸多史学的内部因素中产生根本性变化。这种变化经过19世纪后半期的酝酿、发展，特别是20世纪初期"新史学"思潮对传统史学的批判与新的历史观的引进，直到五四时期对民主与科学的大力提倡，才得以初步实现。五四时期是中国史学转型的重要时期，西方史学思想和方法的涌入，无论在规模和系统方面，都达到了前所未有的程度。同时，其他学问的变化，如文学、哲学和新兴的社会科学学科等，也辗转影响到了史学。一批学贯中西的学者茬列其中，自觉地将中国与西方史学相结合，史学主流力求融会中西、贯通古今，显示出了崭新气象。中国现代史学在五四时期初步建立起来。

五四时期史学成为近现代中国史学发展的一个重要发展阶段。顾颉刚说：

> 中国史学进步最迅速的时期，是"五四"运动以后到抗战以前的二十年中。这短短的一个时期，使中国的史学由破坏的进步进展到建设的进步，由笼统的研究进展到分门的精密的研究，新面目层出不穷，或由专门而发展到通俗，或由普通而发展到专门；其门类之多，人材之众，都超出于其他各种学术之上。①

内涵丰富的"五四"新文化运动所掀起的狂飙，是促成中国史学转型的最重要的推动力。"五四"新文化运动解放了人们的思想，五四时期的中国史坛，新旧史学的冲突和承继、中外史学的碰撞与交融，构成了史学转型的复杂景象，带来了中国史学从观念到方法、从内容到形式上的全面更新，并由此动摇了传统史学长期以来赖以生存的理论根基，为现代史学的建立扫清了思想障碍。若干关乎现代意义的历史学科的基本理念在五四时期酝酿、形成。五四时期中国史坛对相关史学理论问题的讨论，不仅在学理层面促进了中国史学转型，也在知识层面影响到了自那以后直到今天的

---

① 顾颉刚：《当代中国史学·引论》，南京，南京胜利出版公司，1947。

中国史学发展。因此，五四时期中国史学的理论建树亦可视为现代中国史学理论建设的先导。

一、对历史学"科学"性质的争论与对"科学方法"的认同

"科学"二字在五四时期大行其道。讲求"科学"的历史学，是中国史学受"五四"新文化运动所赐的直接收获。五四时期对科学的大力提倡，使中国史学的面貌焕然一新，其潜移默化的影响一直持续到今天。中国史学的学科独立、史学研究的规范化和规模化等，都与重视科学关系密切。其中最突出的，是从认识论层面对历史学学科性质的思考与讨论，以及因崇尚科学而产生的直接效应——"科学方法"，"科学方法"在五四时期的中国史坛广为流行。

用科学的标准与规范看待历史学，关乎历史学的性质问题，即历史学究竟是不是一门"科学"。这个问题在19世纪的西方就已经成为争议问题。在中国，"早在19世纪末年，主要是20世纪初期，中国史学界，对于历史和科学的关系，历史是否能成为科学，以及怎样成为科学的问题，也曾经有过一系列的介绍和论述。"① 在"五四"新文化运动的高涨时期，科学几近成为人们信仰与崇拜的对象。胡适在20世纪20年代初曾经说：

> 这三十年来，有一个名词在国内几乎做到了无上尊严的地位；无论懂与不懂的人，无论守旧和维新的人，都不敢公然对他表示轻视和戏侮的态度。那个名词就是"科学"，这样几乎全国一致的崇信，究竟有无价值，那是另一问题。我们至少可以说，自从中国讲变法维新以来，没有一个自命为新人物的人敢公然毁谤"科学"的。②

因此，历史学究竟是不是科学的问题，也就更加引起人们的重视，因为在

---

① 俞旦初：《中国近代史学界对历史和科学的关系问题的最初提出》，见俞旦初：《爱国主义与中国近代史学》，282页，北京，中国社会科学出版社，1996。

② 胡适：《〈科学与人生观〉序》，《胡适文存》二集卷二，2～3页。

当时的情况下，如果历史学的科学属性还有问题，似乎历史学的地位也就随之下降，假如历史学连"科学"都不是，那它还有什么价值呢？

尽管如此，五四时期的中国史学界对历史学的性质问题仍然存在不小的争议。崇信"科学"者大有人在，而历史学是否为"科学"，则难以得到统一认可。譬如，以梁启超、何炳松为代表，持历史学完全不同于自然科学、历史发展中没有因果律这样的观点；李大钊承认各种科学"自异其趣"，都各自具有其特点，史学也是如此，但是他坚信历史科学是可以建立起来的；张荫麟等人认为历史学既是科学的，又是艺术的；学衡派（因《学衡》杂志聚集的一批学者）强调历史学与自然科学的区别，但是把历史发展的本质归结于心理的、主观的，肯定历史学的科学性，又将其限定在一定的范围中；还有一些人则断然否定历史学的科学性质。可见五四时期对历史学性质问题的讨论已经逐渐展开，并基本形成了几种具有代表性的观点。一个在西方史学界开始出现并引发了长时期争论的问题，在中国史学界又开辟了"战场"。这个讨论本身的积极意义毋庸置疑，说明五四时期的中国史学已经能够走出旧的道德教诲说教的束缚，获得学科独立的地位。只有在史学独立的语境中，对历史学性质的探讨才能成为可能，在思考历史学自身属性与科学之内涵、外延的关系和互动中，开始现代中国史学的理论建设，这对于历史学研究具有普遍性意义。

虽然对历史学性质这一认识论层面问题的探讨见仁见智，科学的历史学这一命题在方法论层面却获得了基本一致的认同。提倡科学，重在一种渗透到各个学术研究领域的科学精神，而表现出来的，则是对研究中的科学方法的大力提倡。这就是以胡适为代表所提出的"科学方法"。他自述说："我治中国思想与中国历史的各种著作，都是围绕着'方法'这一观念打转的。'方法'实在主宰了我四十多年来所有的著述。"[1]

获得此种认同的理论前提之一，是摆脱经学束缚的五四时期中国史学有可能纯然将史学"求真"、考辨史料、重现事实作为其"终极"学术目标。时人确信，"科学方法"便是走向这一目标的通途。胡适借古人"鸳

---

① 唐德刚译注：《胡适口述自传》，94 页。

鸳绣取从君看，不把金针度与人"的诗句，强调"科学方法"就是"金针"。"科学方法"的科学二字契合时人对科学的"崇拜"意识，"科学方法"的实际效果是为历史考证方法提供了方法论依据，"科学方法"的内涵是将"历史学拉到朴素的事实的层面上来"。何兆武先生指出：

> "五四"的功绩在此，"五四"的缺点也在此。它力图把历史学拉到朴素的事实的层面上来，但事实本身却并不构成其为历史学。历史本身在很多情况下并不是实证的，历史学也并非是一门实证的科学，尽管它并不排斥自己有其实证的一方面；然而归根到底，它在其本性上并不就是一门实证的科学，也不可能把自己限定在实证的范围之内。证件或史料本身是不会说话的，说话的乃是掌握了这些材料的人。①

"科学方法"实际上是逆向回答了历史学性质问题，即通过方法论的认知，把历史学限定为一门实证科学，历史学的"科学"属性便可以得到确认。同样原因，历史学的主观性在一定程度上被"科学方法"所制约，尽管在正面讨论历史学性质的时候，梁启超、何炳松、张荫麟等人也强调历史学的人文特征，但是在实际研究过程中，"科学方法"所标志的历史考证学渐成主流，遂使历史学的"求真"与实证性功能在"五四"史学得以彰显。

认同历史学的实证性，排斥历史学的非实证性；只见历史理性，未见历史研究主体与客体中的非理性成分；强调历史事实，忽视历史解释，这便是科学和科学方法带给五四时期中国史学的理论认知，现代中国史学理论建设由此起步。

二、追求史学"求真"与强调史学"致用"

中国古代史学一直强调"据事直书"的"求真"精神，但这仅囿于传

---

① 何兆武：《历史与理论》，见何兆武：《历史理性的重建》，137 页，北京，北京大学出版社，2005。

统史学。传统的历史考证学以实事求是和无征不信为基本准则，仅从概念上言之，这与"五四"前后要求的为学术而学术、把"求真"作为首要目标的治学宗旨并无二致。不同的是，旧史学在贯彻实事求是的原则方面，在观念和认识上均有诸多的束缚和局限。20世纪初"新史学"思潮激烈批判旧史学，但是"新史学"的目的并非求真，而是视史学为"国民之明镜"、"爱国心之源泉"①，目的是"叙述人群进化之现象而求得其公理公例"②。"五四"新文化运动猛烈抨击旧礼教、旧道德、旧信仰，努力打破长期束缚在人们头脑中的精神桎梏，传统史学中被奉若神圣的儒家经典、传统价值观念、道德伦理说教和旧史学所具有的鉴戒功能、教化功能、资治功能等，多成为五四时期史家所抨击和怀疑的对象。现代意义上的史学"求真"，始于儒家经典神圣光环的被打破，以及对学术"独立"的追求和对学术研究自身的"尊重"，这都为"五四"前后史学仅从学术功能和学科意义的角度"求真"开辟了道路。

北京师范大学史学探索丛书

1911年，王国维提出"学无新旧也，无中西也，无有用无用也"，"余谓凡学皆无用也，皆有用也"。③ 王国维所阐述的"有用之用"与"无用之用"的道理，首次从理论上论证了史学求真的必要性。史学致用固然是史学的重要功用，但史学还有着其他一些学科所不具备的"无用之用"的功用，此"无用之用"的功用在某种意义上说，甚至是史学更重要的功用。无论是"有用之用"还是"无用之用"，"事物必尽其真"、"道理必求其是"才是学术研究的宗旨，因此，史学首先应当追求的是"求真"。

五四时期中国史学讲求科学，重视材料和证据，史学"求真"更成为许多五四时期史家所信奉与追求的首要目标。过分强调求真就会与致用发生矛盾，一些五四时期史家或在求真的目标下轻谈致用，或不谈甚至否定历史学的致用功能。梁启超说学者不应该以学问供学问以外之手段，在"求真"、"求博"、"求通"等治学标准中，"求真"位居首位。顾颉刚更

---

① 梁启超：《新史学》，《饮冰室合集·文集之九》，1页。
② 同上书，7～10页。
③ 王国维：《〈国学丛刊〉序》，《观堂别集》卷四，《王国维遗书》第4册，7、9页。

为极端地认为："应用只是学问的自然结果，而不是着手做学问时的目的"①。

过分强调历史学的"求真"属性是五四时期史学的一个特点。然而，求真与致用是史学相伴而生的矛盾统一体，史学"求真"呼声的凸显，则史学"致用"必有反弹，此为二者之间的张力使然。五四时期同样有人重视史学的致用功能，非常关注史学的社会价值。柳诒徵说："我们研究历史的最后目的，就在乎应用。""我所希望于研究历史的人，并不在乎成为考据家，或历史家，而在乎自己应用。"② 陈训慈也说："实则史之范围与价值，断不仅前事之记载，其在学术上之地位，与对于社会之关系，且远在其他社会科学也。"③ 主张史以致用，是就史学的目的和功能而言，柳诒徵等人强调正人心、讲史德，进而阐述史学在伦理道德上的作用，"此点从前道德史家笃主之，言之太过。但前事观摹，足以助吾人之节操，其功效未可全没"④。缪凤林说历史的意义是"温故而知今，彰往而察来，畜德而日新，崇善而去恶，生活之超脱，胸怀之扩大，爱国之心发，精进之心生"⑤。

从王国维宣称学无新旧、无中西、无有用无用，到五四时期史家对史学求真的刻意强调，再到一些史家对史学致用功能的重视，反映出当时人们对史学功用的认识存在着很大的分歧。把史学求真定于一尊，关注史学的独立性，摒弃史学研究中的一切功利目的，是转型中的中国史学对旧史学的一种否定。同时期另一些史家突出史学的致用功能，把史学与个人修养、爱国主义等联系在一起，也不能说是守旧与倒退的表现，他们实际上是将所谓史学的"无用之用"具体化了。史学的求真与致用是史学自身功能不可或缺的两个方面。中国传统史学一直在据事直书与经世致用的张力下求得和谐，但囿于传统史学的诸多局限，在理论和实际上不可能突破传

① 顾颉刚：《自序》，《古史辨》第 1 册，25 页。
② 柳诒徵：《历史之知识》，载《史地学报》，第 3 卷，1925-05（7）。
③ 陈训慈：《历史之社会的价值》，载《史地学报》，第 1 卷，1922-05（2）。
④ 陈训慈：《史学蠡测》，载《史地学报》，第 3 卷，1924-05（1）、（2）合刊。
⑤ 缪凤林：《历史之意义与研究》，载《史地学报》，第 2 卷，1923-11（7）。

统史学被赋予的种种致用功能，求真也多表现为在某种致用功能规定下的求真。"五四"前后的中国史学经过新文化运动的洗礼，在历史观、史学方法等方面都力图突破旧史学的桎梏，对史学功用的认识也是建立在新的现代史学意义上的。因此，无论是从史学自身还是与史学相关的各个方面来看，关于史学的求真与致用的探讨已不同于以往，而是完全处于一个新的起点或层面上，所表现出来的便有可能是某些矫枉过正的看法，如史学仅为求真，或史学就是致用，这是在新的条件下从理论上探讨这个问题的开始。求真与致用不是对立的，致用是以求真为前提，不能强史以就我，但史学却不能局限于求真。从 20 世纪中国史学的总体发展趋向看，史学求真与致用的变化趋势表现得十分复杂，经验教训值得总结。仅就五四时期史学而言，追求史学"求真"，具有斩除"思想荆棘"的作用，也是强化学科独立意识的自然反应。"求真"和"致用"交错影响了 20 世纪中国历史学的研究走势。

三、借鉴西方史学与融汇中西史学

随着近代以来国人"开眼看世界"的视野扩至西方的思想文化领域，到了 19 世纪末，西方史学理论与方法渐次输入中国。新史学思潮中包含的进化论观念、对历史学概念与范围的界定、对历史发展与地理环境的重视、对史学与其他学科关系的讨论等，均与吸收借鉴西方史学有关系。当时输入西方史学还处于最初阶段，存在着很多不尽如人意的地方，如梁启超说当时"新思想之输入"的特点是："无组织、无选择、本末不具、派别不明"，"稗贩、破碎、笼统、肤浅、错误诸弊，皆不能免"，批评"畴昔之西洋留学生，深有负于国家也"①。柳诒徵不满译介者的不负责任，他说：

> 译寄初兴之时，颇有诵述威尔逊、浮田和民之学说者。威尔逊氏之说有广智书局之《历史哲学》，浮田氏之说有进化社之《史学通

---

① 梁启超：《清代学术概论》，《饮冰室合集·专集之三十四》，71～72 页。

论》、文明书局之《新史学》，其中所言原理，多可运用于吾国史籍，惜译者未尝究心国史，第能就原书中所举四史示例耳。①

五四时期迎来了输入西方史学的高潮。五四时期介绍和引入西方史学已经不像以前那样以从日本转译西方史学著作为主要渠道，而是多由西文原著直接翻译过来。由于从事西方史学输入的人员主要是在欧美留学的留学生，他们"多为直接受过欧美现代史学或科学方法正规训练的专业史学家，如何炳松、陈哲衡、徐则陵、李济、李思纯、陈翰笙、胡适等"②。西方史学较之以往更为系统地被翻译介绍到中国、被宣讲于大学讲坛，其规模和内容，与晚清时代相比已不可同日而语。其中产生较大影响的，主要有美国鲁滨孙的"新史学"理论（何炳松译《新史学》）、法国朗格诺瓦和瑟诺博司的史学方法论以及德国的兰克史学。借鉴并融汇中西以建设中国史学的努力也颇有成效。胡适将传统的乾嘉考据方法联系西学中的"科学方法"，从而突出了中西学术间的相通之处，为中西史学的结合起到了具体的示范作用。梁启超借鉴西方史学的理论观点，将中国传统史学从理论到方法重新整齐阐释，其视野之广阔、见解之新颖、思路之清晰，都值得称道。何炳松做了大量的介绍、引进西方史学的实际工作，尤其注重借助西方学理发掘中国传统史学的理论价值。

限于客观条件和主观原因，五四时期借鉴与融汇中西史学仍然存在着种种问题，反映了中西学术交融的复杂性和艰巨性。当时留学西方或接受西方教育的人，尚难把西方学术界的最新成果系统地介绍到国内。胡适宣传的实验主义，并非当时西方哲学思潮的主流；德国兰克史学在中国史学界一度被作为实证史学的代名词，这与兰克史学本身其实存在着很大距离③；在西方批判唯科学主义的时候，中国史学正流行"科学方法"；"尽

---

① 柳诒徵：《史学概论》（1926 年商务印书馆函授社国文科讲义），《柳诒徵史论文集》，116～117 页。

② 参见胡逢祥：《五四时期的中国史坛与西方现代史学》，载《学术月刊》，1996（12）。

③ 参见［美］伊格尔斯（Georg. G. Iggers）：《美国与德国历史思想中的兰克形象》，见伊格尔斯：《二十世纪的历史学》附录，沈阳，辽宁教育出版社，2003。

管鲁滨孙的著作很多，而且风行一时，他的学术地位并不甚高"，"他只是一个历史知识的传播者，而不是一个研究者；他并没有对于某些重大历史问题的研究作出卓越贡献"，"实在他的基本主张并无任何新奇之处"①。何兆武说："某些西方近代的重要史学流派的思想和方法并没有（或者很少）被介绍到中国来。新康德学派在西方曾经风行一时，而介绍到中国来的，梁启超之后竟成了绝响；另一个近代西方极有势力的流派，新黑格尔学派，在中国史学界也全无介绍。"②

面对形形色色的各家各派的西方史学理论和方法，在中国产生持久影响的并不很多，五四时期的史家不可能在短时间内真正接受、消化和理解。多数传入中国的西方史学理论和方法尚未被真正消化便复归于沉寂。如何炳松在谈到通史编撰时说：

> 吾国近年来史学界颇受欧化潮流之激荡，是以努力于通史编纂者颇不乏人。其对于西洋史学原理之接受，正与一般政治学家、经济学家、新文学家同，一时顿呈饥不择食活剥生吞之现象。偏而不全似而非是之通史义例，因之充斥于吾国现代之史著中。③

五四时期，除了胡适所倡导的"科学方法"在史学研究中产生明显的影响之外，多数西方史学流派的理论与方法并没有为专业史家所重视，在众声喧哗的五四时期思想学术领域匆匆来去，很少被运用于具体的史学研究中。此外，西方的学术思想也在不断地变化发展，刻意追求和了解其变化发展的内容，并将其运用到中西学术交融中，在当时的情况下，也的确难以做到或力不从心，结果便会出现南辕北辙的结果，如在当时西方已认识到唯科学主义所带来的消极作用，而在同时代的中国学术界发生的科玄论

---

① 齐思和：《新史学·中译本序言》，见齐思和等译：《新史学》，3、6页，商务印书馆，1964。

② 何兆武：《近代西方史学理论在中国》，《历史研究方法论集》，395页，郑州，河南人民出版社，1987。

③ 何炳松：《通史新义》，13页，上海，商务印书馆，1930。

战，却以"科学"战胜"玄学"而告终。

杜维运说："中西史学各自独立发展两千余年，不通生息。自十九世纪末叶起，百年之间，双方开始交流，而认识未至透彻阶段。"[①] 五四时期是有规模引进西方史学和有意识融汇中西史学的首次尝试，对西方史学的发展了解有限，判别西方史学价值的能力微弱，中西史学比较研究少有进展，都成为制约中国史学借鉴西方史学的因素。20 世纪前期西方史学的强势地位，也使中西史学间处于某种失衡的态势，"饥不择食活剥生吞之现象"说明五四时期的中西史学交汇是以一厢情愿为基础的。固然，近代以来中国史学落后于西方，但是以中国史学的悠久积淀，知识层面的碰撞与交流还需摒弃某种先入为主的成见。有效避免在中西史学交叉研究中出现的以中附西的不平衡现象，不仅需要人们用新的视角对中国史学和西方史学作更深入全面的研究，而且还有待于对中西史学比较本身的理论与方法作进一步的充实与完善。五四时期中国史学为我们开启的一系列新课题，的确让后人深感任重道远。

---

① 杜维运：《中国史学与世界史学》，7 页。

中国近代史学中的民族史
研究与撰述

鸦片战争以后，由于边疆危机的不断加深，以往曾经被认为是威胁中原地区的少数民族力量，转而成为捍卫祖国边疆的重要力量，一些有识之士将国防大计与民族史研究结合起来，如徐松的《新疆识略》、张穆的《蒙古游牧记》、何秋涛的《朔方备乘》、沈垚的《新疆私议》、张骕霖的《筹边刍言》等，都将边疆民族史与边防问题结合在一起。民族史撰述由此被赋予了史学近代化的新意义。

20世纪初以后，进化史观的引入和"新史学"思潮的兴起，使中国史学发生了全面的转变。历史撰述无论在形式和内容上，还是在观点和方法上，都呈现出了新的面貌。随着清朝的灭亡，中华民国的建立，国际和国内形势复杂纷乱，从历史的角度研究和阐述中国境内各民族的起源演变及其相互关系，不仅是一个历史问题，而且是关系到在当时的国际环境下对中华民族的政治认同与文化认同的大问题。梳理和认清历史上中华民族的发展脉络和实际状况，是中国建立多民族统一国家并保证其稳定发展的理论基础之一。因此，关于中华民族发展历史的研究和撰述受到了前所未有的重视，且成就斐然。民族史亦成为近现代史学的重要研究领域。

一、中国通史撰述中对民族史研究的重视

20世纪的中国通史撰述，突出的特点之一，就是阐述多民族共同发展的中国历史，而不是单一的汉族历史，打破了民族出于一元的观念，从中华民族整体出发来研究以汉族为主体以及各少数民族构成的中华民族的形成和发展的历史和规律。

1901年，梁启超在《中国史叙论》中指出："民族为历史之主脑，势

不可以其难于分析而置之不论"。① 在次年发表的《新史学》中，他进一步强调："叙述数千年来各种族盛衰兴亡之迹者，是历史之性质也；叙述数千年来各种族所以盛衰兴亡之故者，是历史之精神也。"② 在《中国历史研究法》中，梁启超认为："欲成一适合于现代中国人所需要之中国史，其重要项目"包括："中华民族是否中国之原住民，抑移住民；中华民族由几许民族混合而成，其混合淳化之迹如何；中华民族最初之活动，以中国何部分之地为本据，何时代发展至某部分，何时代又发展至某部分，最近是否仍进行发展，抑以停止。"③ 梁启超从现实出发，深刻认识到民族史研究的重要意义，再从学术研究的角度，开创性地论证了民族史研究的主要内容、基本理论、研究方法与研究路径。他曾经撰写了《历史上中国民族之观察》、《中国历史上民族之研究》这两篇专门探讨民族史研究的论文，对于后人的中国通史撰述和专门的中国民族史研究产生了重要的影响，至今仍具有不可忽视的学术价值。

清朝末年，夏曾佑著《最新中学中国历史教科书》（又名《中国古代史》），这是近代第一部以进化史观为基本观点、以章节体为表述形式的新式中国通史。在这部通史中，夏曾佑把民族问题放到了十分重要的地位。书中第二篇"中古史"的第二章第一节中说："凡国家之成立，必凭二事以为型范，一外族之逼处，二宗教之薰染是也。此盖为天下万国所公用之例，无国不然，亦无时不然。此二事明，则国家成立之根本亦明矣。本书所述，亦以发明此二事为宗旨。"④ 作者认识到，民族问题关系到政权的更迭、宗教信仰的类型，在中国通史的撰述中，必须认真研究民族史和民族关系史。将民族问题与政权兴替、宗教信仰相结合，把民族史在通史中的地位看得如此重要，不仅是前所未有的，也充分说明了民族问题与现实的密切关系，这在以后的历史撰述中愈来愈明显地反映出来。

1923 年 9 月，吕思勉的《白话本国史》出版，这是中国第一部白话本

① 梁启超：《中国史叙论》，《饮冰室合集·文集之六》，6 页。
② 梁启超：《新史学》，《饮冰室合集·文集之九》，12 页。
③ 梁启超：《中国历史研究法》，《饮冰室合集·专集之七十三》，5 页。
④ 夏曾佑：《中国古代史》，417 页。

的通史著作。该书的特点之一，是非常重视中国的多民族国家的历史，在每一个历史发展阶段，作者都设有专章叙述"汉族以外诸族"，或中央王朝与周边少数民族的关系，对少数民族建立的王朝也称为"朝"，与汉王朝同等对待。书中将宋辽金元同列一章为"宋辽金元四朝的政治与社会"，这样的体例安排，也说明了作者在通史撰述中将汉族和少数民族建立的王朝平等地视为中华民族历史发展的一部分的认同意识。①

王桐龄于1926至1931年间撰写出版了4卷本《中国史》。在书前"自序"中，作者以"历代各民族之盛衰兴亡"为题指出：

> 中国者，合六大族组织而成，中国之历史，实六大族相竞争相融合之历史也。此六大族中，现于中原者曰汉族，现于南方者曰苗族，现于东北方者曰通古斯族，现于正北方者曰蒙古族，现于西北方者曰突厥族，现于西方者曰西藏族。②

可以看出，作者在这里是将少数民族视若与汉族同等的地位来叙述中国历史的发展过程，其"中国者，合六大族组织而成"的观点，很明显是受到了辛亥革命后"五族共和"思想的影响。书中的"序论"专列"中国史上之种族"一章，阐述了中国史上各民族的发展状况。该书的"凡例"称"本编之体裁为通史，最注意于民族之盛衰，国家之兴亡"。全书以汉族和其他少数民族的斗争融合作为考察中国历史发展进程的主要线索，分上古史（自太古至战国末年）为汉族萌芽时代，中古史（秦统一至唐亡）为汉族全盛时代，近古史（五代至明亡）为汉族衰微时代，近世史（清初至清末）为西力东渐时代。从唐虞到三代，汉族据有黄河流域，此时期初年汉族与交趾支那（苗）对抗，汉族占优势，末年西北地区少数民族的势力崛起，汉族居劣败地位。春秋战国时期，汉族以武力相吞并，南服苗族，北退西北民族，以长城为屏障，汉族势力膨胀自此始。秦汉时期，汉族大帝

---

① 参见张耕华：《人类的祥瑞——吕思勉传》，96页，上海，华东师范大学出版社，1998。

② 王桐龄：《中国史·序二》，北京，北平文化学社，1926。

国建立，四周诸少数民族势力皆内属。三国两晋时期，汉族势力衰微，少数民族势力进入中原。隋唐时期，汉族建立统一的大帝国，外来文化与固有文化相交融，变成一种新文化。

缪凤林在1943年撰写出版的《中国通史要略》中指出：

> 国史主人，今号中华民族，其构成之分子，最大者世称汉族。自余诸族，无虑百数，世或别之为五：正南曰苗族，正西曰藏族，东北曰东胡族，西北曰突厥族，正北曰蒙古族；或以荤粥、猃狁、东胡、匈奴、乌桓、鲜卑、柔然、突厥、回纥、契丹、靺鞨、女真、蒙古、满洲等为北方国族，九夷、三韩等为东方国族，蛮、闽、哀牢、黎、苗、瑶、獞、摆夷、猓猡等为南方国族，氐、羌及西域各国为西方国族。中国史者，即汉族与诸族相竞争而相融合为一个中华民族之历史也。[①]

缪凤林不仅将"国史主人"明确称之为中华民族，而且包含的汉族以外的少数民族的范围也从王桐龄《中国史》中的"五族"扩展至几十个，说明对中华民族的认识更为全面。

从上述几例通史撰述中所反映的对中国民族史的重视程度和认识深度可以发现，中国通史撰述因对于历史上民族发展、民族关系的记载而成为体现近代意义的民族认同、国家观念的主要载体。中华民族是由汉族和各少数民族共同组成，这在撰述中国历史的绝大多数史学家那里已经形成共识。尤其是在国家民族处于危急关头的抗战时期，更有学者认为中华民族是一个整体，在通史撰述中应当有意识地加强这方面地阐述。如顾颉刚在目睹了西北民族问题的实际情况后，坚信中国通史的撰述不能专以汉族为本位，而应以中华民族全体的活动为中心，从历史上证明我们中华民族是不可分离的，从文化上证明我们中华民族为一个互相融合的大集团，将文化与历史永远打成一片。[②] 与传统史书相比，民族史研究不仅是中国通史撰述中不可或缺的内

---

① 缪凤林：《中国通史要略》第1册，1页，上海，商务印书馆，1943。

② 参见顾潮：《历劫终教志不灰——我的父亲顾颉刚》，196页。

容，而且是体现史家所持撰史观念的基本坐标，是反映一部中国通史是否具有系统性、完整性、学术性和现实意义的重要组成部分。

二、对中国民族专史的研究和撰述

20世纪二、三十年代，清朝的覆亡，中华民国的建立，国内国际形势异常复杂纷乱，从历史的角度研究中国境内各民族的起源、发展和演变过程，认清其相互关系，进而阐述中华民族的认同意识，是非常重要的历史问题，也是十分迫切的现实问题。因此，民族史不仅在中国通史撰述中得到重视，而且还出现了近代形式的中国民族史的专史撰述。对此，梁启超倡之于前，王桐龄、吕思勉、林惠祥等相继撰写于后。

1922年，梁启超撰写了《中国历史上民族之研究》，概括论述了中国的民族发展，解释了"民族"一词的含义，将"民族"跟"种族"、"国民"区别开来。他论述了中国民族的起源，驳斥了中国民族西来说、中国民族南来说等错误观点。梁启超认为，中国境内有六个民族，中国古代民族可分为八个组，汉族是在长期发展过程中跟各族混合而成的混合体。尽管他对各个民族的分别论述和古今民族的演变过程的研究有许多不准确的地方，但是从民族史研究的发展来看，这是一篇在民族史研究方面具有开创性意义、产生重要学术影响的文章。

王桐龄的《中国民族史》初版于1928年（1934年再版）。1934年，吕思勉的《中国民族史》出版。1939年，林惠祥的《中国民族史》出版。这三部著作是较早出版的关于中国民族史方面的专门著述，具有较高的学术价值。王桐龄在其《中国民族史》的"序"中写道："晚清光宣之交，国人对于民族观念上发生两种误解：一为对内之误解，是曰排满；一为对外之误解，是曰媚外。实则中国民族本为混合体，无纯粹之汉族，亦无纯粹之满人，无所用其排。"[1] 林惠祥在其《中国民族史》的"序"中也指出，该书"为实际政策上之参考，民族之分歧在今日国际或国内均为重大之问题，多少不幸事件

---

[1]　王桐龄：《中国民族史·序》，1页，北京，北平文化学社，1934。

均由于此而发生。对付此种问题之实际政策殊不能不参考记载民族历史之书以为根据。"① 可见，中国民族史撰述之所以得到学者的重视，是与近现代以来社会历史发展变化的实际状况密切相关的，如林惠祥所言：

> 中国民族史之研究今日方在兴起之际，以中国历史之长，民族之众，事迹自然繁而且杂。古人记载虽多，然不过为史料性质，于民族史上之问题多有未尝解决者，以故近今中外学者奋起探研，竞倡新说，以补前史之不备……然意见分歧，未有一致结论者亦颇不甚少，且于此外亦尚有多数问题，未经论及。②

联系现实的需求、运用新的历史观点来研究中国民族史诸多亟待解决的问题，是学者们专注于民族史研究的主要原因。

使用进化的观点和发展变化的眼光来认识历史上中国各民族的演变与融合，以此证明中华民族在政治上和文化上的认同事实，是这几部民族史撰述的共同特点。王桐龄说：

> 我中国建国之久，已历四千余年。……国犹如是，民犹如是，户口之多，有加于昔，虽内部经过许多变乱，外部受过许多骚扰，而我常能顺应环境，利用吾族文化，抵抗外族武力，每经一次战争，常能吸收外来血统，销纳之于吾族团体之中，使之融合无间；中间受过几多压迫，忍过几多苦楚，而卒能潜滋暗长，造成庞大无伦之中国者，曰唯蜕化之故。③

他表示，在其《中国民族史》中，以"注重民族之混合及发展事迹"④ 为主要内容。该书特点，即以中华民族的不断融合变化为线索，阐述以汉族为主体的中华民族的发展变化过程，认为中国人民是多民族"混合体"，

---

① 林惠祥：《中国民族史·序》，1页，上海，商务印书馆，1936。
② 同上书，4页。
③ 王桐龄：《中国民族史》，3页。
④ 王桐龄：《中国民族史》凡例。

"不必互相排斥"。① 林惠祥则强调：

> 历史上一民族常不止蜕蟺为现代一民族，而现代一民族亦常不止
> 为历史上一民族之后裔。历史上诸民族永远互相接触，无论其方式为
> 和平或战争，总之均为接触，有接触即有混合，有混合斯有同化，有
> 同化则民族之成份即复杂而不纯矣。故从大体言之，可以指称古之某
> 族之后即为今之某族，或云今之某族即为古之某族之裔，然当知此外
> 尚有其他关系之族，不能一一指数也。

他得出的结论是："中国诸民族原属多数族系，固在历史上互相接触，互
相混合，最后竟有渐趋统一之势。其接触与混合之程序乃以其中之一系为
主干，逐次加入其他诸系，逐渐扩大主干之内容。此一主干永远保存其名
称与文化……""中国之民族虽多，然有日趋混合而成一族之势。""中国
诸民族系以一系为主干而其他诸系以次加入之。"② 吕思勉说："唯我中华，
合极错杂之族以成国。"③

关于历史上的民族关系问题，王桐龄主要依据古代历史文献的记载；
吕思勉在引用古代文献记载之外，还试图利用古代文献中关于文化风俗的
间接资料来进行分析；林惠祥则比较广泛地参照了同时代中外学者的研究
成果，并关注语言及衣食住行方面的习俗。④ 在这三部著作中，作者都不
同程度地探讨了中华民族的文明文化持续发展、绵延不绝的原因，阐述了
中国各民族之间在历史上互相交流与融合的历史事实，对中华民族发展历
史从汉族的形成与"蜕变"的角度进行了分期。在著作结构上，王桐龄
《中国民族史》是以历史发展的时间先后，阐述各个历史时期各民族交往
的历史；吕思勉《中国民族史》是分章对各民族的历史发展过程分别进行
阐述；林惠祥《中国民族史》也基本如吕著。这两种民族史的撰述结构基

---

① 王桐龄：《中国民族史》，669 页。
② 林惠祥：《中国民族史·序》，8、22、39 页。
③ 吕思勉：《中国民族史》，9 页，上海，世界书局，1934。
④ 参见马戎：《从王桐龄〈中国民族史〉谈起》，载《北京大学学报》，2002（3）。

本上都为以后的民族史撰述所使用。三部著作对于中国民族史的研究有着重要的学术价值，对于正确理解与认识中华民族大家庭的发展过程有着十分积极的现实作用。

在20世纪三、四十年代，还有其他一些中国民族史撰述，也各有其特点。1935年中华书局出版的宋文炳编《中国民族史》，是为"供给高级中学专门学校暨大学学生参考书之用"。该书"绪论"部分分节论述了"中华民族来源的种种传疑"、"构成中华民族的基本成分"、"中华民族历代同化的演进"和"中华民族历代活动区域的变迁"等内容①，可见作者具备了以"中华民族"作为一个整体来看待中国民族史的观点，该书记述的满族、蒙古族、回族、藏族、苗族等少数民族的历史，均属中华民族历史发展过程中的组成部分。从作者分章重点阐述满族、蒙古族、回族、藏族、苗族等少数民族历史的撰述特点来看，该书书名称为"中国少数民族史"似更妥帖。1944年国民出版社出版了俞剑华撰写的《中华民族史》一书。该书同样重点强调中华民族这一基本概念，并径直以"中华民族史"来命名其书，先行阐述中华民族的由来、内容、亲属关系和特性等，再分别论及"中华民族第一宗支——汉族"，以及满族、蒙古族、回族、藏族等少数民族的历史。②

20世纪前半期的中国史坛以历史考证学为主流，对民族史的研究和考证成为一个重要方面。主流学术刊物刊发了诸多颇有分量的民族史考证方面的论文。譬如：方壮猷的《鞑靼起源考》（载《国学季刊》，第3卷第2号）论述了鞑靼与柔然、突厥、室韦等族的相互关系，得出了鞑靼族属柔然苗裔的认识。方壮猷的另一篇文章《室韦考》（载《辅仁学志》，第2卷第2期）比较详细地叙述了室韦族在后魏、隋、唐及辽诸时代的分布和生存状况，考察了室韦族的起源、发展、衰亡以及其余支再次以女真之名强盛一时的过程。冯承钧的《辽金北边部族考》（载《辅仁学志》，第8卷第1期），对《辽史》、《金史》、《元史》中载录的不见于前代史书的北方若干少数民族的情况采用了三史对比的方式进行考证，大致弄清了这些少数民

---

① 参见宋文炳：《中国民族史》，上海，中华书局，1935。

② 参见俞剑华：《中华民族史》，国民出版社（出版地不详），1944。

族的基本状况。张鸿翔先后发表了《明外族赐姓考》及其《续考》（载《辅仁学志》，第3卷第2期、第4卷第2期），对那些为明朝的建立作出贡献而被赐予汉姓的少数民族人物，包括鞑靼、女真、瓦剌、回鹘、兀良哈、阿速、古里、安南等族的历史人物，做了较为全面的考证，澄清了有关历史文献中的人物实为少数民族但载录的却是汉族姓氏而引起的混乱，也使少数民族杰出人物在历史上的作为得以彰显。姚丛吾的《欧洲学者对匈奴的研究》（载《国学季刊》，第2卷第3号）以6万字的篇幅，介绍和评述了国外学者对匈奴的研究情况。文章的导言部分概述了冒顿阿拉提在欧洲史上的地位和欧洲学者对匈奴史研究的经过及当时的研究状况，然后详细叙述了法国学者得几内关于"匈人即是匈奴"的推论、德国学者夏特"窝耳迦河的匈人与匈奴"的观点、荷兰学者底哥柔提的纪元前的匈人的看法。文后附有从欧洲学者专著和普通百科书中所见的匈奴史研究的情况介绍，使中国学术界得以了解国外相关的研究情况。

在中华民族之民族认同的大前提下，中国民族史的研究被赋予了与传统史学迥然不同的学术意义和现实关怀。多种中国民族专史的撰述出版以及相应研究论文的不断发表，使民族史研究很快成为近代史学中的一个专门的研究领域，也决定了民族史研究因现实关怀而获得了更为开阔的学术视野，中华民族的起源与发展、民族交流与民族融合、多民族的统一、各少数民族发展的历史、疆域问题等，都成为在新的学术视野下所必须面对并亟待深入研究的重要课题。新的中国民族史研究的格局与框架也在逐渐形成。同时，对多民族发展的中国历史和中国民族史进行的大量而详尽的分析研究，对于摆脱以往"内中华、外夷狄"、"中华正统、夷狄窃据"一类旧观念的影响具有十分积极的现实作用，为近现代中国的民族文化认同作出了重要贡献。

三、中国马克思主义史学家的民族史论述

中国马克思主义史学在20世纪三、四十年代不断发展壮大起来。民族史同样也是马克思主义史学的重要研究内容。

20 世纪 30 年代，翦伯赞就着重指出民族史研究的重要意义："关于国内各民族，如回纥、西藏、蒙古、女真、苗族、瑶族……的社会史"，不研究这些民族的历史，"要想写成一部正确的中国通史，又是不可能的。"[1] 他说：

> 研究中国史，首先应该抛弃那种以大汉族主义为中心之狭义的种族主义的立场，把自己超然于种族主义之外，用极客观的眼光，把大汉族及其以外之中国境内的诸种族，都当作中国史构成的历史单位，从这些历史单位之各自的历史活动与其相互的历史交流中，看出中国史之全面的运动与全面的发展。[2]

翦伯赞分析了中国历史上各民族发展过程中的关联性问题，认为："汉族的历史在其发展过程中，一贯的就与其国内各民族有着密切的关系。这些关系，不但改变中国史的本身，也改变世界史，如春秋时之荆蛮，汉之匈奴，唐之突厥，皆曾给予中国史以巨大影响。"[3] 他的观点说明，各民族历史的发展是一个复杂的过程，民族之间的互动与融合，不仅存在于国内各民族，使其共同创造了中华民族的历史文化与其本身，而且存在于世界范围内的各民族之间，使其共同创造了世界历史，对于正确解释中国民族史的演进过程有着积极的意义。翦伯赞强调："我们研究中国史，应该尽可能的去搜集汉族以外之中国境内的其他诸种族的史料，从这些史料中去发见他们自己的历史之发展，以及在他们的历史发展过程中之彼此间的相互关系与相互影响。"[4] 当时的很多非马克思主义史家在史实上的精到考证，为中国历史上各民族融合的认识提供了有力的证据，而翦伯赞等人对各民族相互联系、相互融合的现象在理论上作出了高度的概括。

吕振羽在 1941 年撰写的《简明中国通史》"序"中指出，该书的特点之一是"尽可能照顾中国各民族的历史和其相互作用，极力避免大民族主

---

① 翦伯赞：《历史哲学教程》，4 页，北京，北京大学出版社，1990。
② 翦伯赞：《略论中国史研究》，载《学习与生活》，第 10 卷，1943-05（5）。
③ 翦伯赞：《历史哲学教程》，61～62 页。
④ 翦伯赞：《略论中国史研究》，载《学习与生活》，第 10 卷，1943-05（5）。

义的观点渗入"①。范文澜在《中国通史简编》中写道："现代的中华民族，是吸收无数民族，在一定文化一定民族的基础上，经四五千年的长期斗争和融化，才逐渐形成起来。"② 翦伯赞在《中国史纲》第2卷《秦汉史》中讲到秦汉时期各民族活动时说："所谓汉族者，并不是中国这块历史地盘上天生的一个支配种族，而是自有史以来迄于秦族徙入，中原的诸种族之混合的构成。"③ 他专门以"大汉族的形成与国内其他各种族的活动"、"东汉时国内各种族的活动与世界史的形势"等为题叙述了秦汉时期的民族关系，可以看到，无论是汉族还是少数民族，作者都强调为"国内"，是中国历史的组成部分。这些见解说明，中国马克思主义史家在通史撰述中已经充分认识到了汉族及各少数民族共同组成的中华民族在历史上形成的认同感和凝聚意识，以及他们对中国历史发展所作出的贡献。

吕振羽于1947年出版的《中国民族简史》，是首次运用马克思主义理论和方法考察各民族历史的一部著作。缘于著述该书的时代背景，作者在书中对制造民族分裂和大汉族主义的观点进行了严厉批判。书中认为，根据"龙山系"和"仰韶系"地下遗址的考察，确知商族系山东半岛沿海向西发展，夏族则由西向东发展。夏在到达今山西后，与苗发生战争，之后夏商之间又不断发生冲突和战争，但具有较高生产力的商族，先后战胜了室韦族、昆吾族等，最后又战胜了夏。到"武王革命"胜利，建立了封建国家时，由于长期相互融合的结果，已由夏商两族为骨干，而形成华族，或华夏族。由于华族在各个方面的力量都超过了中原周围各民族力量，如徐夷、淮夷、吴越等，到秦始皇统一时，他们也都成为华族的构成部分。因此，"纯粹民族论"、"优秀民族论"等谬说是没有道理的。④ 联系实际，吕振羽在书中讴歌了中华民族团结抗战的状况："中华民族四千年光荣的文明历史，过去辉煌灿烂的封建文化，是东方文化的主流，对全人类的文明，也有着伟大贡献……中国境内其他兄弟民族，对过去中国文化的创造

---

① 吕振羽：《简明中国通史·序》，上海，生活书店，1941。
② 范文澜：《中国通史简编》，12页，石家庄，河北教育出版社，2000。
③ 翦伯赞：《中国史纲》第2卷，《秦汉史》，11页，上海，大孚出版公司，1946。
④ 吕振羽：《中国民族简史》，14～16页，光华书店（出版地不详），1948。

也都直接间接或多或少有其不朽的贡献；对这回的民族抗战也都有相当的功绩。"①

《中国民族简史》的材料来源，除了文献材料外，还有另外三个方面：一是作者"自己在工作和行动中的实地接触与调查"所得，二是"身历国内各少数民族地区的同志们的口述"，三是"搜集到的一些书籍杂志等"。书中探讨了国内数十个民族的历史，如汉族、满族、回族、藏族、缠回族、哈萨克族、札萨克族、布鲁特族、唐古拉族、罗罗族、苗族、黎族、土蕃、鄂伦春、达呼尔、呼尔克、黑斤奇勒等。对民族起源、形成、发展、现状以及体质、面貌、分布地区、生存环境、语言、风俗、宗教、文字、居住、婚姻、服饰形态等都作了相应的分析和研究，并运用唯物史观考察了他们的生产力状况、社会经济结构、阶级关系演进的历史发展，其中以汉、满、蒙、回、藏五个民族为重点研究对象。在许多具体问题上，如回族起源与演化、藏族起源于海滨等，提出了自己的独到见解。

在该书的结语中，吕振羽对民族"同化"问题作了简要阐述。他在回顾了中国民族发展史后认为，在中国历史上，民族之间的"同化"基本有三种类型：（1）彼此间没有进入国家时代的部落间的斗争与同化；（2）进入阶级社会与没有进入阶级社会的民族之间的斗争与同化；（3）彼此间都进入阶级社会的民族之间的斗争与同化。他认为，"由于汉族在生产、人口、文化，以至政治、军事的总的力量，常大于对方，加之这种力量又常贯穿着汉族人民的斗争，发挥作用"，因此，进入汉族地区的少数民族，不论是否进入文明时代，都往往被汉族"同化"，甚至已取得了支配权的民族，也每每"大部"或"全部""同化于汉族——自然，也有不少汉人同化于他们"，所以历史上汉族的强大，并不是汉族有"特有的同化力"，其他民族只能被同化，汉族的发展完全遵循着历史发展的规律。所谓汉族具有"特有的同化力"的说法，是对少数民族的污蔑，是对革命人民的麻痹。② 这个观点虽明显带有当时的时代烙印，但是其中强调各民族平等的

① 吕振羽：《中国民族简史》，2页，光华书店（出版地不详），1948。
② 同上书，163～165页。

思路，仍然是值得肯定的。白寿彝评价说："吕振羽试图从马克思主义民族理论上解释一些问题，并探索各民族的历史的前途，尽管他在具体的史实方面有不少误解，但从书的总体上看，代表一个新的研究方向。"①

1941 年，李维汉主编的《回回民族问题》一书出版，这是运用马克思主义民族理论研究民族问题的第一部著述。

> 书中讲到回族的来源、回族长期被压迫和斗争的历史，分析了回族跟伊斯兰教的关系，分析了西北伊斯兰各个教派的经济基础，批判了各种有关回族问题的谬论。这是一部富有创见的书，也是为适应当时革命斗争需要的书。这书的名称虽叫《回回民族问题》，实际上，它对开展民族问题的科学研究，包含民族史研究在内，有广泛的指导意义。②

中国马克思主义史家对中国民族史的研究和论述，在当时还有着批判那些否定少数民族作为平等民族存在的错误言论、反对国民党政权对少数民族实行歧视政策的现实目的。同时，马克思主义史家对各民族在共同创造中华民族历史中所作出的贡献、各民族在近代反帝反封建斗争中的互相支持、各民族在历史上的交流和融合的总体趋向等重大问题都持有鲜明的肯定态度。以马克思主义为指导对民族史问题进行理论上的探索，是中国马克思主义民族史研究的主要特点。

历史撰述中对民族史的研究，对于近代以来中华民族的历史文化认同具有重要意义，也为新中国建立后的民族史研究打下了较为坚实的基础。正是由于历史学家们强烈的社会责任感和严谨求实的学术研究，使得中国历史发展进程中各民族的交流与融合的历史事实得以系统全面地展现出来，从理论上和实际上论证了中华民族多元一体的格局，为弘扬民族精神、增强民族凝聚力、实现中华民族的伟大复兴，起到了极为重要的促进作用。

---

① 白寿彝：《民族史工作的历史传统》，载《史学史研究》，1997 (1)。
② 白寿彝主编：《中国通史·导论》，31 页，上海，上海人民出版社，1989。

《古史辨》与"古史辨派"辨析

1923 年 5 月，顾颉刚在《读书杂志》第 9 期发表了《与钱玄同先生论古史书》，首次公开提出了他的著名的"层累地造成的中国古史"观，也由此引发了引人注目的古史论战。1926 年，汇集了讨论古史的文章与信件的《古史辨》第 1 册由朴社出版，"古史辨派"因此而得名。80 年来，围绕着"层累"说、"古史辨派"、"疑古"与"信古"、"疑古"与"释古"、"疑古"与"走出疑古"等问题，在学术界展开了一次次的讨论高潮，顾颉刚及"古史辨派"的相关学说涉及越来越广泛的问题，古史重建、古籍辨伪、经史关系、古史研究的理论与方法、考古学对古史研究的作用与意义等重大学术问题均与之密切相关。随着对这些问题探讨的不断深入，一些关于疑古学说的基本问题实有必要得到明确和澄清，可有助于加强对相关问题的深入理解。这里试对《古史辨》和"古史辨派"之意作一辨正。

一、《古史辨》第 1 册的出版与"古史辨"的含义

顾颉刚在为《古史辨》出版所写的《自序》（1926 年）中对《古史辨》第 1 册的出版经过作了交代。古史辨论展开后，朴社同仁希望能将论辩文字编辑成书，因为时间关系，顾颉刚一直未能动手来做这个工作。直到 1925 年夏天，"上海某书肆中把我们辨论（原文如此——引者）古史的文字编成了《古史讨论集》出版了。社中同人都来埋怨我，说：'为什么你要一再迁延，以致给别人家抢了去。'我对于这事，当然对社中抱歉，并且看上海印本错字很多，印刷很粗劣，也不爽快，就答应道：'我立刻编印就是了！'哪知一经着手编纂，材料又苦于太多了，只得分册出版。现在第一册业已印刷就绪，我很快乐，我几年来的工作得到一度的

整理了"。①

1979 年 3 至 4 月，顾颉刚应邀为《中国哲学》作《我是怎样编写〈古史辨〉的?》② 一文，文中也提及《古史辨》第 1 册的编写出版情况：

> 在上海的时候，我同沈雁冰、胡愈之、周予同、叶圣陶、王伯祥、郑振铎、俞平伯等人晚上常常在郑振铎主办的"文学研究会"所租的一所房子里开会或闲谈，算作一个俱乐部。自从我加入之后，也讨论些古史和民歌问题。有一次由郑振铎发言，说我们替商务印书馆编教科书和各种刊物，出一本书，他们可以赚几十万，我们替资本家赚钱太多了，还不如自己办一个书社的好。大家听了他的话，都说很好，于是办了"朴社"。……《古史辨》第一册，是我与胡适、钱玄同、刘掞藜等讨论古史的函件和文章，以"禹"为讨论的中心问题，兼及历代的辨伪运动。在这一册中，许多问题的论证，现在看来是不够坚强的，但主要的见解我还是坚持下去。我写了一篇六万字（原有十万字，发表时去掉了"孟姜女"的一部分）的《自序》，说明了我研究古史的方法和我所以有这些见解的原因。这篇序实足写了两个月，是我一生中写得最长最畅的文章之一。海阔天空地把我心中要说的话都说出了。……出版了《古史辨》第一册。想不到这一册销路好极了，一年里竟重印了二十版。③

可见，《古史辨》的出书，直接缘于顾颉刚发表"层累"说而引发的古史讨论所发表的一系列文章，又因为顾颉刚等人组织了朴社，便有意将这些文章汇集成册出版，及至见到"上海某书肆"编成了《古史讨论集》④出版，而该书"错字很多"、"印刷很粗劣"，终于促成顾颉刚"立即编

---

① 顾颉刚：《古史辨》第 1 册，《自序》，1 页。
② 顾潮：《顾颉刚年谱》，396 页。
③ 顾颉刚：《我是怎样编写〈古史辨〉的?》，《古史辨》第 1 册，20～21 页。
④ 1925 夏，曹聚仁将讨论古史的文章编为《古史讨论集》一书，由上海梁溪图书馆出版。

北京师范大学史学探索丛书

印"，再加上一篇 6 万字的长序，《古史辨》第 1 册就这样于 1926 年 6 月 11 日问世了。当然，这只是《古史辨》第 1 册出版的简单过程，因顾颉刚疑古学说的提出所产生的学术影响和社会影响是导致《古史辨》第 1 册出版的真正缘由。《古史辨》第 1 册出版之前，就已经有人根据古史讨论编成了《古史讨论集》，说明不仅顾颉刚及朴社中人关注及此，顾颉刚的疑古学说及相关的讨论已经成为当时学术界所重视的学术现象。

《古史辨》第 1 册由时任北京大学中文系教授的沈尹默题写书名，而书名为"古史辨"，应该是顾颉刚亲自定下来的。钱玄同认为此书名不合适，顾颉刚则坚持未改，他在致钱玄同的信中说：

> 先生谓《古史辨》之名不适用，但我所以不换去者亦有故。因为我所作的各种文字，凡收入此编者，其目光皆在于古史。例如与建功辨论（原文如此——引者）《诗经》与歌谣之文，虽与古史无直接关系，但此文既为辨明《诗经》之性质……《诗经》之考定即可辅助古文之考定，故仍不妨收入。①

顾颉刚执意以"古史辨"命名，说明其"目光皆在于古史"的深刻用意，反映了当时经史转换、史学独立、学术求真、解放思想的学术与社会趋向，这对于作为史学家的顾颉刚来说是理所当然的决定。

需要讨论的是"古史辨"之"辨"字的含义。"辨"与"辩"在当时通用为"辨"，顾颉刚在《古史辨》第 1 册的《自序》中使用了"辨论"、"辨伪"、"辨明"、"辨证"等词汇，可知当时所用的"辨"字包含了今天人们使用的"辨"和"辩"字的双重含义。目前尚无资料确定顾颉刚在定书名为"古史辨"时，取的是"辨"的辨别之意还是辩论之意，从《自序》的行文来看，似乎是两种含义都有使用。如，在《自序》的结尾处写道："我个人的工作，不过在辨证伪古史方面有些主张，并不是把古史作

---

① 顾潮：《顾颉刚年谱》，113～114 页。

全盘的整理，更不是已把古史讨论出结果来。"① 即指讨论与研究的目的是辨别古史真伪，"辨"就是辨别之意。他又写道："这书的性质是讨论的而不是论定的……"② 这在字面上理解，当指该书内容是以讨论为主的，其意则倾向于"辩"，进一步来看，讨论的目的仍然是在辨别古史真伪，从"辩"依然落实到"辨"。《古史辨》在形式上是蒐集了研究、讨论和辩论古史的文章和信函，最初以此种形式展示于人的"古史辨"形象是基于顾颉刚疑古学说提出前后所引发的相当规模的争论这一客观现象所决定的，为了充分反映"辨伪"过程中提出、讨论、研究问题的全貌，引发人们更加努力地去辨别和探讨古史真伪，顾颉刚选择了《古史辨》这样的编纂方式。为了回应当时人们因此种著述形式而无法获得结论的"烦闷"，顾颉刚甚至解释说"我希望大家知道《古史辨》只是一部材料书"，但是他随之强调这"是汇集一时代的人们的见解的"，目的是"我实在想改变学术界的不动思想和'暖暖姝姝于一先生之说'的旧习惯，另造成一个讨论学术的风气，造成学者们的容受商榷的度量，更造成学者们的自己感到烦闷而要求解决的欲望"。③《古史辨》汇集个人信札发表，也是顾颉刚有意为之，他说："这样才可使我们提出的问题成为世间公有的问题，付诸学者共同的解决。从前人有两句诗，'鸳鸯绣出凭君看，不把金针度与人。'我们正要反其道而行之，先把金针度与人，为的是希望别人绣出更美的鸳鸯。"④

在内容编排上，《古史辨》第1册分上、中、下三编。上编是在《读书杂志》辩论前的文字，其中的论学信件"实开予等治史之门"；中编是在《读书杂志》发表的讨论文章，这些文章虽未得出结果，但是却建立了"将来继续研究的骨干"；下编是在《读书杂志》辩论后的文字。从编纂《古史辨》的最终意图和内容编排来看，立意均在顾颉刚所强调的其古史研究的"立足点"是"在客观上真实认识的古史"，他"惟一的宗旨"，

北京师范大学史学探索丛书

---

① 顾颉刚：《古史辨》第1册，《自序》，103页。
② 同上。
③ 同上书，3页。
④ 同上书，4页。

"是要依据了各时代的时势来解释各时代的传说中的古史"①，则书名《古史辨》之"辨"的意图在于辨别古史真伪的研究目的是不言而喻的，绝非如先前他人所编的《古史讨论集》那样一本辩论文集般简单。"辨"与"辩"从《古史辨》本身及其学术内涵来说，是有着很大不同的。如果说当初使用"辨"的时候，因"辨"、"辩"通假而在含义上稍有模糊之感，那么今天我们不应对此再有歧义。

从《古史辨》第1册出版后的实际影响看，其"古史辨"的辨别古史及古书真伪的含义为人们所接受。周予同在《古史辨》出版一个月后，发表了《顾著〈古史辨〉的读后感》，论及该书"所表现的方法"和研究"目的"，文中将该书上编总结为"辨伪的工作"，中编总结为"考古史的真相"，中下两编及序文谈及的"是想用研究故事转变的方式来研究古史的变化"。② 刘起釪说："在《古史辨》中，体现出顾颉刚一生治学成就主要在四个方面，即：考辨古书（辨伪），考辨古史（疑古），考辨历史地理（《禹贡》学研究），以及作为考辨古史的辅助和佐证而进行的民俗学研究（民间故事、歌谣、神道、会社、风俗等）。"③ 从《古史辨》第1册出版至今，人们从中所读出的表现方法、研究目的、治学成就，说明《古史辨》中无论是顾颉刚与人讨论古史的文章与书信还是长达数万言的"序"，都以区别于一般"专著"的形式阐发并展示了顾颉刚考辨古史的路径、观点和学术追求。正如顾颉刚在《古史辨》第1册《自序》中所感谢的那样："我非常地感谢适之、玄同两先生，他们给我各方面的启发和鼓励，使我敢于把违背旧说的种种意见发表出来"，"我又非常地感谢刘楚贤（揿藜）、胡堇人、柳翼谋（诒徵）诸先生，他们肯尽情地驳诘我，逼得我愈进愈深，不停歇于浮浅的想象之下就算是满足了"。④ 某种意义上说，与他人的辩诘是顾颉刚怀疑并探究古史真伪的驱动力之一，真实反映讨论古史时的

① 顾颉刚：《古史辨》第1册，《自序》，65页。

② 周予同：《顾著〈古史辨〉的读后感》，《古史辨》第2册，323～329页，上海，上海古籍出版社，1982。

③ 刘起釪：《古史续辨》，6页，北京，中国社会科学出版社，1991。

④ 顾颉刚：《古史辨》第1册，《自序》，3页。

— 页 side —

史学史通论与近现代中国史学研究

175

《古史辨》与「古史辨派」辨析

诸家所言，向世人全面展示个人与他人考辨古史的观点和进展，不仅大大有利于学术研究，更反映了顾颉刚本人的学术胸襟和把握的学术规范。

二、"古史辨派"释义

《古史辨》出版带来的结果之一，便是有了"古史辨派"这一称谓的出现。从 1930 年到 1941 年的 10 年间，第 2 册至第 7 册的《古史辨》陆续出版。刘起釪说："于是在中国史学界里，出现了一个以'疑古'为旗帜的'古史辨派'，到 1941 年出到《古史辨》第 7 册止，一个使中国古史研究从传统的霾雾中解放出来，因而使古史资料的批判利用起了根本性变化的学派登上中国学坛，显示了它对历史学术领域所起的深刻影响。"①

说起"古史辨派"，很容易联想到 20 世纪三、四十年代提出的信古、疑古、释古诸派之说中的"疑古派"。笔者认为，不论是冯友兰的信古、疑古、释古说②，还是周予同的泥古、疑古、考古、释古说③，顾颉刚疑古学说的提出，才是促使他们作出上述观点的主要诱因，正是由于以顾颉刚为首的"古史辨派"所产生的影响和由此而来的对古史研究的重视，才直接导致了他们史学派别的划分。信古派是以不同意"古史辨派"对古史的怀疑态度为特征的；释古派很大程度上是在"古史辨派"对古史提出怀疑之后才更加明确要对古史进行"考"、"释"，以建立可信的中国古史系统。已有学者指出："从方法论史料学层面看，与其说顾先生的古史辨是疑古派，勿宁谓之释古派，或经正名为辨古派。此始是顾先生自己的意思，故其书名曰《古史辨》。"④ 我们知道，顾颉刚本人对将疑古辨伪的工作相对于"信古派"和"释古派"而称之为"疑古派"的观点，并不同

---

① 刘起釪：《顾颉刚先生学述》，131 页，北京，中华书局，1986。从掌握的材料上看，较早使用"古史辨派"一词的是 20 世纪 40 年代的李季等人。

② 冯友兰：《中国近研究史学之新趋势》，《中国哲学史补》，93 页，上海，商务印书馆，1936。

③ 周予同：《纬谶中的"皇"与"帝"》，《周予同经学史论著选集》，422 页。

④ 罗义俊：《钱穆与顾颉刚的〈古史辨〉》，载《史林》，1993（4）。

意。1951年顾颉刚撰写的"自传"中，对于"信古"、"疑古"、"释古"诸派的说法，提出了自己的意见：

> 以前有人说："现在人对于古史可分为三派：一派是信古，一派是疑古，一派是释古，正合于辩证法的正、反、合三个阶段。"我的意思，疑古并不能自成一派，因为他们所以有疑，为的是有信；当先有所信，建立了信的标准，凡是不合于这标准者则疑之。信古派信的是伪古，释古派信的是真古，各有各的标准。释古派所信的真古从何来，乃得之于疑古者之整理抉发。①

晚年的顾颉刚在回顾"我是怎样编写《古史辨》的？"时候，再一次重申了上述观点②，说明他对"疑古并不能自成一派"的意见是非常重视的。他所不能同意的，是作为"疑古派"的划分与所谓"信古"和"释古"并列，这样便意味着"疑古派"仅仅是怀疑和为疑而疑，而事实是"他们所以有疑，为的是有信；当先有所信，建立了信的标准，凡是不合于这标准的则疑之"。从这个意义上说，"疑古派"与"古史辨派"不能完全画上等号。

《古史辨》与"古史辨派"却是有着直接关联的。顾洪说：《古史辨》是"旨在用科学的方法考辨古代史料和古史传说、推翻封建古史体系的学派——古史辨派的由来。"③ 王学典、孙延杰说："也正是在这本书（指《古史辨》——引者）的推动下，一些学者纷纷加入疑古辨伪的行列，如罗根泽、刘节、童书业、杨宽等人，甚至包括老一辈的吕思勉先生，他们很快便成为其中的骨干。一个以疑古辨伪为旗帜，以'层累地造成的中国古史'为基本理论的'古史辨派'就这样登上了中国史坛。"④ 由于《古史

---

① 顾颉刚：《我的治学计划》，载《传统文化与现代化》，1993（2）。

② 顾颉刚：《我是怎样编写〈古史辨〉的？》，《古史辨》第1册，28页。

③ 顾洪：《顾颉刚》，《学术大师治学录》，679页，北京，中国社会科学出版社，1999。

④ 王学典、孙延杰：《顾颉刚和他的弟子们》，21页，济南，山东画报出版社，2000。

辨》的出版而聚集了学术志趣相同的人成为"古史辨派",然而仔细归拢"派"中之人,却又十分模糊。文章被收录到《古史辨》中的作者或在《古史辨》中参与讨论的人数众多,如钱玄同、胡适、刘掞藜、胡堇人、丁文江、柳诒徵、魏建功、容庚、王国维、李玄伯、傅斯年、张荫麟、刘复、马衡、缪凤林、姚名达、周予同、冯友兰、郭少虞、陆懋德、曹养吾、钱穆、容肇祖、郑振铎、俞平伯、周作人、董作宾、钟敬文、朱自清、罗根泽、梁启超、刘盼遂、游国恩、余嘉锡、张尔田、朱希祖、唐兰、马叙伦、蔡元培、高亨、吕思勉、刘节、郭沫若、范文澜、童书业、方国瑜、杨宽、杨向奎、翁独健、蒙文通、齐思和、陈梦家、吴其昌等人,涵盖了历史学、哲学、考古学、社会学、古典文学等学科领域。去掉那些不同意顾颉刚疑古学说并与他进行论辩的人(如刘掞藜、胡堇人、柳诒徵等),再去掉那些观点不十分明确或前后发生变化的人(如王国维、胡适等),余下的学者,可以划归"古史辨派"的人仍然寥寥无几。杨向奎在 1981 年发表的《论"古史辨派"》①一文中,所论"古史辨派"人等,除了顾颉刚外,还有就是童书业,仅此二人而已。由此可见,"古史辨派"其实是一个相当笼统的称呼。"有一点是相同的,就是研究讨论往往有一个中心问题,这是自然形成的,而不是谁规定的。学派成员散居国内外,没有什么联系……与清代经今古文学派,也不是一样。它不是维护圣经贤传,而是追求可信的古史。"②

顾颉刚曾经在《古史辨》第 1 册《自序》中的结尾写道:"我不愿意在一种学问主张草创的时候收得许多盲目的信徒,我只愿意因了这书的出版而得到许多忠实于自己的思想,敢用自力去进展的诤友。"③ 在笔者看来,正是这一信念决定了"古史辨派"的特点:少有学派之门户,多以研究为目标。"古史辨派"自身的"学派"特征并不十分明显,因为以疑古辨伪为主的研究目的即包含探究真实古史的努力,假如对以往古史系统不存在疑问,那么也就不会有研究古史的动力,辨伪史和求真史这两者是不能截然分开的。顾颉刚从来没有将怀疑作为其疑古学说和疑古辨伪研究的终极

---

① 杨向奎:《论"古史辨派"》,《中华学术论文集》,北京,中华书局,1981。
② 周春元:《论古史辨派的史学》,载《史学史研究》,1984 (1)。
③ 顾颉刚:《古史辨》第 1 册,《自序》,103 页。

目标，他自己的学术研究实践过程也说明了这一点："他大致是 1928 年前重疑，30 年代尚辨，40 年代由辨伪向考信过渡，60 年代后则以考信为主。笼统说来，他的新式古史学重心，在凭借古史传说的清理和研究，以'信信疑疑'，以求去伪见真。"①

经过 80 多年来围绕古史辨伪的反复研究和不断论争，"古史辨派"的称谓表面上给人们一种以"疑古"为主的印象，而实际上所谓的"古史辨派"学人却少有为疑古而疑古的；以疑古辨伪为出发点去探究古史真相的人很多，设若仅以"怀疑"为特征看待"古史辨派"学人，则这样的"古史辨派"者几乎找不出来。顾颉刚无意建立一个有"许多盲目的信徒"的"古史辨派"，他本人没有使用过"古史辨派"四个字。被认为是"古史辨派"成员的学人，在研究古史的过程中，多倾向于基本接受"层累说"理论或大致赞同使用疑古辨伪方法，然而其各自的学术观点也不乏相异相争之处，确实表现为"敢用自力去进展"，而非无条件地维护什么信条与观念。在今天看来，"古史辨派"仅是一个"笼统"的称谓，"古史辨派"作为五四时期所出现的、以顾颉刚为代表的一批学者所成就的学术思潮确然存在，但是"古史辨派"在现代学术史上更多的是一种学术现象，如果以通常意义上的"学派"概念冠之，可能并不准确和全面。

---

① 许冠三：《新史学九十年》，182 页。

对顾颉刚疑古学说及古史论辩的
简要回顾与评析

  自从顾颉刚在《读书杂志》发表《与钱玄同先生论古史书》，提出"层累地造成的中国古史"观至今，围绕着顾颉刚的疑古学说、围绕着"古史辨派"、围绕着对中国古史的研究与探索，争论基本上没有停止，成为现代中国史学史上的一个重要问题和现象，关于"古史辨派"的争论也对 20 世纪中国史学产生了深远的影响。

  1923 年，顾颉刚提出了著名的"层累地造成的中国古史"观，在继承前人疑古思想的基础上，首次提出了旧的古史体系是古人不断地杜撰和附会出来的，是"层累地造成的"，从而打破了长时期以来深深根植于人们头脑中的"盘古开天"、"三皇五帝"等古史系统，也动摇了维系于人们的思想意识中的古史观念。这个观点提出后，在当时的学术界乃至社会上产生了强烈的影响，顾颉刚后来回忆说：

    哪里想到，这半封题为《与钱玄同先生论古史书》的信一发表，竟成了轰炸中国古史的一个原子弹。连我自己也想不到竟收着了这样巨大的战果，各方面读些古书的人都受到了这个问题的刺激。因为在中国人的头脑里向来受着"自从盘古开天地，三皇、五帝到于今"的定型的教育，忽然听到没有盘古，也没有三皇、五帝，于是大家不禁哗然起来。多数人骂我，少数人赞成我。许多人照着传统的想法，说我着了魔，竟敢把一座圣庙一下子一拳打成一堆泥！①

影响既大，争议随之而起。

  因顾颉刚疑古学说而引发的争论，在 1949 年以前大致可以分为三个阶段：

---

  ① 顾颉刚：《我是怎样编写〈古史辨〉的?》，《古史辨》第 1 册，17～18 页。

（一）第一阶段（1923—1925）

争论的最初，是 1923 年 7 月 10 日出版的《读书杂志》第 11 期，同时刊出了刘掞藜的《读顾颉刚君〈与钱玄同先生论古史书〉的疑问》、胡堇人的《读顾颉刚先生论古史书以后》和顾颉刚的《答刘胡两先生书》。刘掞藜和胡堇人的文章是与顾颉刚进行讨论和商榷的，对顾颉刚的"层累地造成的中国古史"观提出了不同意见，顾颉刚的文章是对刘、胡二文的响应，并借此进一步阐明自己的观点，提出了推翻非信史的四项标准。此后，参加讨论的还有钱玄同、胡适、柳诒徵、魏建功、容庚等人。这是当时学术界对顾颉刚提出的打破旧的古史体系的观点的最初反映。这可以看做是古史论战的第一阶段。

在该阶段，争论表面上是对"层累"说的讨论，包括禹是否有天神性、禹与夏的关系、禹的来源等较为具体的学术问题的交锋，实质上反映的是对社会意义的不同见解。对史学界的影响，主要表现在顾颉刚疑古学说提出后对人们长期以来的固有观念所产生的巨大冲击。

（二）第二阶段（1925—20 世纪 20 年代末）

1926 年 6 月 11 日，汇集了讨论古史的文章与信件的《古史辨》第 1 册由朴社出版，《古史辨》第 1 册的出版，进一步扩大了顾颉刚疑古学说的影响。此后，随着《古史辨》诸册的陆续出版，支持并赞同顾颉刚观点的人，也因此而被称为"古史辨派"。这说明自从顾颉刚提出"层累地造成的古史"观，经过几个回合的古史论战，到《古史辨》第 1 册出版及"古史辨派"的初步形成，围绕顾颉刚疑古学说的争论和探讨已经发展到了一个新的阶段。通过论辩促使顾颉刚对自己的观点不断进行深入思考，到此时已经初步建立了他自己的一套古史观点，而围绕着他的古史观所进行的讨论也形成了一个颇具影响且不可忽视的学术现象。对此，自然会引起人们的关注与评论，在《古史辨》第 1 册出版前后的几年里，对顾颉刚的古史观以及这样一个疑古辨伪的"运动"的批评与赞誉、研究与总结又形成了一个高潮。发表文章表示对"古史辨派"的观点持肯定态度的主要有胡适、傅斯年、周予同、孙福熙、王伯祥等，外国学者恒慕义（Arthur william Hummel) 也撰文介绍和评论了顾颉刚的古史观；也有张荫麟、陆懋德、绍来等人提出了批评意见。批评意见包括无限度地使用了"默证"、顾颉刚考辨古史没有结论、只有破坏没有建设、局限于书本材料而未及考古成果等。很显然，这个阶段的讨论，是顾颉刚古史观在学术界进一步扩大影响后所致，批评者从其考辨古史的结论、影响、方法等更为宏观的方面来加以评价和批评。这些问题，有些已经超出了怀疑古史的范围，如希望看到真古史的结论；有些是需要研究者长时间努力去研究才能够逐步解决的，如系统地考辨古史；另如指责顾颉刚考辨古史只有破坏没有建设、只用书本上的材料未及考古学上的根据等，则是更加复杂和深入的问题，这些问题其实已经不是某个人、某个学科在短时间内就能够解决的。事实上直到今天，这些问题仍在努力的探索过程中，对顾颉刚古史观在这方面的批评也一直不绝于耳。这可以看做是古史论战的第二阶段。

在该阶段，由于顾颉刚已经将其疑古学说作了更为充分的论证，并作了相应的修正，也由于《古史辨》的陆续出版，在继续扩大其社会影响力的同时，其学术影响力亦不断凸现，论争过程中涉及对古史的研究方法和研究对象、史料问题、历史学与考古学的关系等问题。可以认为，中国史学在古史研究领域，因顾颉刚疑古学说的提出而出现了建立真实的、科学的上古史的契机，在中国史学科学化的进程中迈出了实实在在的一步，而在这一过程中，还融入了对史学求真目的的理性追求、对史学方法论的深入思考、对西方史学观念的实际运用等积极因素。

(三) 第三阶段 (20 世纪 30 至 40 年代)

在该阶段，《古史辨》中陆续加入了杨宽、杨向奎、吕思勉、蒙文通、缪凤林、童书业、陈梦家、吴其昌等人论辩古史的文章，不仅阵容鼎盛、成果卓著，而且影响愈来愈大，相关的争论也更加深入，他们重点围绕着一些古代文献进行了考辨。此外，以傅斯年为首的中央研究院历史语言研究所积极从事田野考古与发掘，用现代考古学的方法努力探讨上古历史的真实状况，也取得了明显进展。古史研究领域呈现出了勃勃生机。同时，中国史坛出现了马克思主义史学派、食货派等不同的史学流派，持有不同观点的各派史学家对顾颉刚疑古学说纷纷发表自己的看法。其中既有如郭沫若认为"顾颉刚的'层累地造成的古史',的确是个卓识"这样的观点；也有如梁园东、马乘风、李季等人对"古史辨派"批评，他们的批评文章的矛头并不像古史论战初期那样多纠缠于一些具体的、细节的问题，而是针对顾颉刚疑古学说的整体，尤其是把批评的重点指向怀疑旧的古史系统的观点和研究方法这两个方面。譬如，梁园东在《东方杂志》上发表的《古史辨在史学方法上的商榷》一文中，反对用"层累地"眼光看待古史，反对顾颉刚提出的打破民族一元的观念，相信远古传说与原始民族的历史反而更为"近真"，认为所说的某时历史不见于某时记载不一定都是假造骗人的。① 在1935年出版的《中国经济史》第1册中，著者马乘风称赞梁园东"批评得很痛快，比刘掞藜等的见解高明多了"。马乘风在此书中单列"顾颉刚古史辨批判"一章，对顾颉刚考辨古史所涉及的具体问题、顾颉刚古史观的基本观点等，也作了一个"较热辣的"批评，马乘风说："我毫不'复古'，只是我不愿顾家师徒所传授的那一幅'宁可疑古而失之，不可信古而失之'的钢刀，在中国古代历史上乱斫乱杀罢了。"② 徐旭生也担心经过"古史辨派"对古史古书的怀疑，造成那些记载古代历史的书籍文献将要"无人过问"、"完全散逸"，导致无从了解古代历史真相的可能。因此徐旭生提出"应该改走信古的路"。③ 李季在文章中称，要"在方法、研究范围、科学素养、公式、腰斩中国历史和对外宣传各方面指出他们的弱点"。④ 这些意见，有一些是有一定道理的，值得"古史辨派"吸收与借鉴，比如说他们混淆了古书与古史的概念、忽略了神话传说中也包含历史的真实等；有一些也未必妥当，如全盘推翻"层累地造成的中国古史"观，将"古史辨派"怀疑古史的方法说得一无是处等。20世纪三、四

---

① 梁园东：《古史辨在史学方法上的商榷》，载《东方杂志》，第27卷第22、24号，1930-11、1930-12。

② 马乘风：《中国经济史》第1册，540页，中国经济研究会（出版地不详），1935。

③ 徐旭生：《中国古代的传说时代》，12～13页，中国文化服务社（出版地不详），1943。

④ 李季：《为〈为古史辨的解毒剂的解毒剂〉进一解》，载《求真杂志》，第1卷，1946-09（5）。

十年代是各种历史观、史学流派众多的时期，以不同的观点和方法看待"古史辨派"而产生不同意见，是造成上述现象的原因之一。对此，已有论者指出：

> 人们可以说，如果"古史辨派"没有这些弱点，如果它能更充分地重视考古资料，如果它的方法更精审一些，如果它有科学的历史观作指导，它的成就会更大。但这样一来，它也就不是"古史辨派"了。"古史辨派"是一定历史条件的产物，我们只能将其置于特定的历史环境中去认识它，而不应使用后人的标准用求全责备的眼光看待它。①

在当时就已经有人试图从"特定的历史环境中"去认识、评价古史论辩，如魏应麒就表示：

> 因"精神上之不一致"，乃纷起非难。而顾氏当时所最先怀疑之对象为禹，而又因其"初次应用这方法，在百忙中批评古史的全部，也许有些微细的错误"，于是释古者乃蹈瑕攻击，"以为古人古书不可轻疑"。然此种攻击，经疑古方面诸人之反质，无不理屈词穷，抵牾矛盾。平心论之，顾氏所振在"鸿纲"，而释古者吹求则在"小节"。此何异于章学诚谓世人之论郑樵，"不究其发凡起例，绝识旷论，所以斟酌群言，为史学要删，而徒摘其援据之疏略，剪裁之未定者，纷纷攻击，势若不共戴天也"。②

齐思和认为："这场空前的学术界的大辩论对于我国史学界已经发生了重大影响。这场辩论最重要的贡献是引起大家对于审查史料工作的重视，即是顾先生所谓'辨伪的工作'。""顾先生这部书对于当时的史学思

---

① 蒋俊：《中国史学近代化进程》，105～106 页，济南，齐鲁书社，1995。

② 魏应麒：《中国史学史》，246 页。

想实有发聩振聋之功。""当然现在中国古史的研究早已超《古史辨》时期，而进行着手各部门的建设工作了。但是《古史辨》所代表的初步工作是不能抹煞的。"①

在20世纪三、四十年代，已经有很多人不再局限于与"古史辨派"论辩的角度，而是多着眼于"古史辨派"在史学史、学术史、思想史上所处的地位、产生的影响等方面来看待与评价。譬如，郭湛波著《近五十年中国思想史》（1936年）一书，是这样评价"古史辨派"的疑古辨伪的："中国古史，经过这次的辨伪，把四千多年的历史，只余了两千多年；古代灿烂的古史，都成了虚构，伪书的结晶品。使中国思想上、史学上起了大的变革，这是疑古派辨伪史的贡献。"② 金毓黻认为顾颉刚"以其疑古精神，为治史者别开生面，亦可一扫从前拘泥罕通之病"。③ 周予同说："'疑古派'在中国史学史上自有其不可一笔抹煞的业绩，他们继承今文学的思想体系，采用古文学的治学方法，接受宋学的怀疑精神，而使中国的史学完全脱离经学而独立，这在中国学术演进史上是不能不与以特书的。"④ 魏应麒指出：以往的"疑古工作多关于零星琐屑之资料，或则有所偏蔽；而其理论与方法，亦鲜如何系统之供献。及顾颉刚氏始有精密确当之条理，使斯学得有新辟之说明"。"中国古史伪误之部分始有澄清之希望，而其真信之史迹亦始有建立之可能矣。寓破坏于建立，以建设为破坏，疑古理法之阐明，已可谓'前无古人'者矣"。⑤ 这些观点代表了当时的人们对顾颉刚疑古学说的客观看法；这些议论同时也表明，经过20余年的时间，顾颉刚疑古观点对中国史坛产生的影响及积极意义已经开始更深刻地被人们认识。

新中国建立后17年，主要是对顾颉刚疑古学说的批评意见，而且有些还出自曾经是"古史辨派"的成员，由于众所周知的原因，顾颉刚没有再

① 齐思和：《近百年来中国史学的发展》，载《燕京社会科学》，第2卷，1949。
② 郭湛波：《近五十年中国思想史》，218页，济南，山东人民出版社，1997。
③ 金毓黻：《中国史学史》，440页。
④ 周予同：《五十年来中国之新史学》，《周予同经学史论著选集》，547页。
⑤ 魏应麒：《中国史学史》，243～245页。

做回答。

20世纪八、九十年代至今，在思想解放、气氛宽松的学术氛围下，顾颉刚及其疑古学说开始得到较为全面公正的、实事求是的评价，"古史辨派"重又开始引起人们的注意。如何看待他们在中国史学上的地位，怎样评价他们对中国史学研究，特别是对中国古史研究产生的影响，如何认识他们在20世纪中国史学上所起的作用等，逐渐成为海内外学术界共同关注的课题。来自考古学研究方面的一系列重要成就，为实现重建真实古史系统的目标继续努力着，而最早提出打破旧的古史系统和建立科学的、可信的古史系统的"古史辨派"的历史功绩，便逐渐更加清晰地展现在人们眼前；对学术史研究的回归与重视，也使许多研究者将目光转向曾经在学术界引起轩然大波的顾颉刚的"层累地造成的古史"观。因此，20世纪90年代对顾颉刚疑古思想及"古史辨派"的研究不仅继续为人们所重视，而且在总体上表现出更为全面、深入的趋向，"古史辨"与"五四"新文化运动的关系、顾颉刚的疑古学说对现代中国史学研究的重要意义、对中国史学科学化进程所产生的深远影响等，已经逐渐变得明确和清晰起来。同时，围绕着如何评价"古史辨派"、如何在新的历史条件下继承顾颉刚疑古学说的学术遗产、怎样重建真实可信的古史系统等问题，又出现了新的争议，其中影响较大的就是"走出疑古时代"说。

1992年的一次学术座谈会上，李学勤在发言中首次提出了"走出疑古时代"的观点。这次发言经过整理发表在《中国文化》第7期上，文前所加的"编者按"提示说，此文"痛感疑古思潮在当今学术研究中产生的负面作用，于是以大量例证指出，考古发现可以证明相当多古籍记载不可轻易否定，我们应从疑古思潮笼罩的阴影下走出来，真正进入释古时代。""走出疑古时代"的观点，得到了一些人的赞同，认为此说"可能成为进入21世纪学术上非常重要的一面旗帜"、"代表了21世纪史学的一个方向"等。[①] 也有许多学者对"走出疑古时代"的说法提出了疑问或不同意见，

北京师范大学史学探索丛书

---

① 《众议疑古思潮——"二十世纪疑古思潮回顾"学术研讨会纪要》，《疑古思潮回顾与前瞻》，312、329页，北京，京华出版社，2002。

这些疑问或不同意见可以大致概括为几个方面：

1. "走出疑古时代"以及走出"疑古思潮笼罩的阴影"等提法，很容易让人理解为是对20世纪疑古学者怀疑考辨古史工作的否定，而事实上，疑古精神在五四时期反封建思潮中的时代意义，在通过怀疑来摒弃旧说重建古史过程中体现出的学术价值，都是不应该也不能够被忽视和否定的。①

2. 信古、疑古、释古不应该被孤立为三个阶段，研究古代历史也不是三个阶段的问题，对不真实的历史记载的怀疑，前人有之，后人亦然，今后的古史研究，恐怕也离不开怀疑二字，因为唯有产生怀疑、提出疑问，才能深入探索、解决问题。"古史辨"没有形成严格意义上的学派，中国史学界也不曾存在过一个疑古时代，因此，"疑古时代"说难以成立。②

3. 新近出土的有关材料以及考古学的相关成果，证实了"古史辨派"的某些结论的错误，但是这并不能成为"走出疑古时代"的依据，因为学术研究中出现争议、出现错误都是难免的，即使是"古史辨派"自身也经常出现不同意见，用简帛材料修正或否定旧说，只要言之成理、持之有物，均属学术批评的范畴，都是学术发展的正常现象，谈不上"走出阴影"的问题。③

4. 审查和考辨史料是历史研究过程中的基本环节，如果把"古史辨派"的工作性质定位于审查和考辨史料，那么这样的工作在任何时代的历史研究中都必不可少，从这个意义上说，"疑古时代"也是走不出去的。④

5. 新出土的古代记载固然在很大程度上弥补了后人在传承过程中因种种原因造成的缺失，或因附会己意而显得问题重重的传统文献史料的不足，特别是那些重见天日的简帛佚籍给古史研究者带来了一次次惊喜，但

---

① 参见熊铁基：《重新认识古书辨疑》，载《光明日报》，2002-12-24；吴锐：《试论对古史辨运动先驱钱玄同先生的三种误解》，《疑古思潮回顾与前瞻》。

② 参见沈颂金：《论古史辨的评价及其相关问题——林甘泉先生访问记》，载《文史哲》，2003（2）。

③ 参见顾洪：《学术大师治学录·顾颉刚》，《学术大师治学录》，北京，中国社会科学出版社，1999。

④ 参见刘起釪：《关于"走出疑古时代"问题》，载《传统文化与现代化》，1995（4）。

是对其保持一些"怀疑与警惕"也十分必要，今人仍需要对其作一番甄别与鉴定的工作，这仍然离不开"怀疑"二字。①

"走出疑古时代"的观点在今天被提出来，有着特定的时代背景，其中最主要的还是考古学研究所取得的巨大成就，使人们看到重建可信的古史系统不仅可能，而且已经获得了重要进展。然而，即使在目前主要以历史学、考古学等多学科共同努力以建设可信的中国古史系统的时候，信和疑的观念仍然在其中起着十分重要的作用，考古学研究的进展并不意味对怀疑与批评精神的否定，何况考古学本身也存在局限。20世纪20年代出现的疑古思潮既承接了中国历史上疑古辨伪的传统，也有五四时期史学求真和突破经学束缚的特定内涵，怀疑那些不可信的古史传说和记载，未尝不是"释古"的内容之一，而且"古史辨"的工作也远未结束，大量的问题仍然留待人们去考辨和研究。

从以上对80年来关于疑古学说和"古史辨派"的争论过程的简单回顾可以看出：

1. 对顾颉刚的疑古说、对"古史辨派"的观点在历史研究领域所起的作用的认识是随着时间的推移而不断深入的。其中，我认为，顾颉刚先生的疑古学说以及由此引发的古史大论战，促使中国史学从观点到方法、从内容到形式都产生了革命性的变革。其中最重要的，可能还是观念上的更新。是安然信奉传统史学所构建的古史体系，还是把"求真"作为历史学研究的追求目标而不惜推翻长期以来几成信仰的旧的古史观念；是为了维持人们对古史的认识不出现所谓空白而宁愿置真实与否于不顾，还是在怀疑和打破伪史的基础上用科学的方法重建真实可信的历史，"古史辨派"对此作出了明确的回答。

2. 以往很长一段时期，对"古史辨派"的评价在一定程度上存在着就事论事的不足，还缺乏从宏观上充分认识"古史辨派"在中国近代史学史上的地位的眼光，没能从丰富当代史学理论的角度去总结和吸取"古史辨"的经验与教训。这在近年来有了明显的变化。特别是时值20世纪末，

① 参见葛兆光：《古代中国还有多少奥秘？》，载《读书》，1995（11）。

在对一百年来中国史学发展历程进行研究和回顾成为学界热点的时候，人们已经突破了就"古史辨"论"古史辨"的范围，更多的是从"五四"新文化运动的大背景来看待疑古思潮的产生，从中国史学转型视角来认识"古史辨派"的影响。这样，对以往争论的认识与评价有了一个更高的起点，能够更加科学地凸显顾颉刚先生疑古说的学术意义，更加客观地看待古史论战的各家之言和"古史辨派"自身存在的不足之处。

3. 近年来对顾颉刚疑古学说的研究还有一个新的趋向，就是注重发掘其理论内涵及理论意义。譬如有人指出"层累"说实际上涉及历史认识论中主体与客体的关系问题，顾颉刚先生的观点对中国的史学理论方面的贡献等。① 这些认识虽然还是初步的，但却是一个很好的开端，值得继续深入研究。另外，对顾颉刚先生本人的学术贡献的研究也有发展，如对他的史料学思想的研究、对他的有关实地考察与历史研究相结合的研究方法的探讨等。从新的角度审视和挖掘顾颉刚疑古思想的理论内涵，可以在一定程度上透过许多其他因素的缠绕和干扰而更加清楚地认识到其内在的理论价值，这不仅有利于更加公正地评价"古史辨派"，而且还有利于加深了解中国近现代史学发展史上在史学理论方面取得的成就与建树。

4. 对于"走出疑古时代"的提法的理解，应该是建立在前辈学者所开辟的对不可信的古史的怀疑基础上，置于在历史学、考古学发展到今天的研究水准上的重建可信的、科学的中国古史的研究工作中。这应该包含着对顾颉刚当年提出的疑古学说的某些疑古过分的内容的摒弃，也包含着对顾颉刚的怀疑精神和打破那些编造、虚构的古史内容的勇气的继承，更应当包含着对顾颉刚等前辈学者在古史研究领域，以及他们所涉及的历史研究诸领域的成果的全面发掘、研究和继承。

① 参见侯云灏：《论"古史辨"派史学评价的几个问题》，载《史学史研究》，1997（2）；刘俐娜：《顾颉刚的古史研究及其意义》，中国社会科学院近代史研究所编：《青年学术论坛》（2000），北京，社会科学文献出版社，2001；袁征：《二十世纪中国史学理论的重要创建——层累造史理论及其在历史研究中的作用》，载《广东社会科学》，2001（3）；吴怀祺：《疑古思潮与新文化建设（纲要）》，《疑古思潮回顾与前瞻》；杨荣国：《从疑古到证史——科学旗帜下的不同追求》，《疑古思潮回顾与前瞻》，等等。

20 世纪中国史学方法的发展和演变

20 世纪的中国史学在历史观上的进步，主要经历了从近代进化论到马克思主义唯物史观的发展阶段，相应的，20 世纪中国史学方法的演变和发展也在总体上与此密切相关。讲求史学方法，重视史学方法论，是 20 世纪中国史学的明显特色之一，对 20 世纪中国史学的发展和变化起到了非常重要的作用。

一、"科学方法"的提倡与历史考证方法

19 世纪末传入中国的进化史观，为中国史学近代化注入了理论内涵。在近代先进的历史观的影响下，史学方法也很快受到特殊的重视。从 20 世纪初开始，史学方法贯穿于对客观历史的认识和研究中，史家开始有意识地对历史发展作阶段性的考察，将历史演进的观念与历史因果法则结合在一起，注重从历史演进的过程中探寻因果关系。用历史进化的眼光和相应的方法研究历史，是 20 世纪中国史学方法演变的先导。

"五四"前后对史学"求真"和建立"科学"的历史学成为重要的学术目标。无论是学理层面的学术追求，还是借鉴西方史学的主要收获，建立科学的历史学，因"五四"新文化运动对科学的提倡而流行起来，史学方法因"科学方法"而在中国史坛受到特别的重视。尽管对于什么是"科学的历史学"尚不能取得一致意见，相关认识也颇为模糊，但是运用科学的方法研究历史这一点，得到了多数人的认同。

事实证明，将外来的"科学方法"根植于中国的学术土壤，必须有中国传统学术方法的支持，也符合当时学术发展要求沟通中西的基本趋势。胡适做到了这一点。他结合西方现代科学方法，着重阐发清代乾嘉考据学已经具有"科学"的精神，使中西结合之"科学方法"上升到了方法论层面。

"科学方法"在史学研究中的具体实施，不仅表现为对史料的科学认识和运用，还表现为以历史考证方法为代表的历史研究的主要发展趋势。20世纪前半叶，新的历史考证学成为中国史学的主流。考证方法因被强调为具有科学的因素而受到重视，加之受到各种西方史学理论与方法的影响，新的历史考证学在具体研究方法的实施上表现出了多样化的趋势，大大地丰富了新历史考证学自身。在20世纪前半期，影响较大历史考证方法主要有以下几种：

1. 古史二重证据法。

王国维在研究中实践并总结出的"二重证据法"，被称誉有"转移一时之风气，而示来者之轨则"① 的作用。利用地下实物与文献记载互证的方法，并非王国维的发明，至少在宋代就因金石学的兴盛而加以运用，但王国维是将这种方法条理化并总结出来的第一人。二重证据法使人们卓有成效地认识到了上古历史的些许真实状况，而且证实了文献记载的可信程度。

2. 实验主义的考史方法。

胡适遵从他在美国的老师杜威（John Dewey）的实验主义学说，将实验主义中的实验的方法、历史的方法、存疑的方法与清代考证学的方法相结合。实验主义的考史方法的口号是"大胆假设，小心求证"。总体来看，这与其说是一种方法，不如说是一种治学的精神和态度。真正具有"方法"意义的内容，是他根据中国传统治学方法与西方现代科学法则加以贯通，所得出的一系列结论。

3. 历史演进的方法。

1923年顾颉刚提出的疑古学说，被总结为"是用历史演进的见解来观察历史上的传说"。② 顾颉刚考辨古史，是用演进、变化、发展的眼光看待充满传说、神化和编造的中国古史系统。进化史观在顾颉刚那里既是一种理论上的指导，也是一种方法上的运用。疑古学说首次大胆地指出了旧的

---

① 陈寅恪：《王静安先生遗书序》，《王国维遗书》第1册，1页。
② 胡适：《古史讨论的读后感》，《古史辨》第1册，192页。

古史系统的不可信，在史学上有着斩除思想上的荆棘、更新史学观念的重要作用。

4. 广泛搜集材料、列举类例与归纳演绎的考证方法。

充分继承乾嘉考证学中的列举类例与归纳演绎的考证方法并大加发扬的是陈垣。对于历史考证，陈垣要求搜集材料要"竭泽而渔"，尽量扩大史料的范围，而且注重第一手材料。从复杂的史料中寻求并归纳类例，在研究中将各种有关材料排比、归纳和演绎，寻找出真实可信的材料用于历史考证。

5. 不同语言文字比较与诗文证史的考证方法。

这基本上是陈寅恪的考史特色。他充分利用汉语言文字以外的文字记载材料，大大扩展了史料范围。他还把诗词、小说等文学作品当作史料看待，从诗文的材料中考订历史真相，用历史的材料笺证诗文，诗史互证。

6. 史料比较与语言学的考证方法。

以傅斯年为代表。傅斯年说："近代的历史学只是史料学，利用自然科学供给我们的一切工具，整理一切可逢着的史料。"[①]"假如有人问我们整理史料的方法，我们要回答说：第一是比较不同的史料，第二是比较不同的史料，第三还是比较不同的史料。"[②] 受到德国兰克学派的影响，他还特别注重由语言文字学入手，认为这是治一切学问的"基本功夫"。

20世纪新历史考证学的成就，是中国史学转型的重要内容之一。考证是以实事求是、辨明历史真相为最终目的的，在这个过程中，有可能摒弃旧史学遗留下的各种思想羁绊，"科学方法"则成为扫清传统观念束缚的有力武器。此外，过分地强调史学求真和历史考证，不仅在史学功能和研究目的上因其绝对化的学术指向而与现实中的社会因素发生激烈对峙，而且在很大程度上也局限了历史学的研究视野，因为，历史研究并不仅仅是用考证方法去辨明真相，考证的方法也只是历史研究方法的一个重要部分，而不是历史学的全部。

---

① 傅斯年：《历史语言研究所工作之旨趣》，《史料论略及其他》，40页，沈阳，辽宁教育出版社，1997。

② 傅斯年：《史学方法导论·史料略论》，《史料论略及其他》，2页。

当时的一些史家还着力在其他方面对史学方法有所探讨。如，强调史学研究方法与其他社会科学以及自然科学的研究方法之间的关系，进而提出用跨学科的方法研究历史，何炳松、李璜、陆懋德等人对此都有专门论述。

由于重视史学研究方法，在 20 世纪前半期，相继出现了一批专门探讨史学方法著作。如，姚永朴《历史研究法》（1914 年）、李泰棻《史学研究法大纲》（1921 年）、梁启超《中国历史研究法》（1922 年）、梁启超《中国历史研究法补编》（1926 年）、何炳松《历史研究法》（1927 年）、傅斯年《史学方法导论》（1930 年）、杨鸿烈《历史研究法》（1939 年）、陆懋德《史学方法大纲》（1945 年）、吕思勉《史学研究法》（1945 年）等。这些论著对于史学方法的有关问题都作了不同程度的探讨。

二、唯物史观指导下的史学方法的确立与发展

就在胡适等人大力提倡"科学方法"的时候，马克思主义理论开始传入中国。李大钊是传播介绍马克思主义理论的代表人物。他认为"吾侪治史学于今日的中国，新史观的树立，对于旧史观的抗辩，其兴味正自深切，其责任正自重大。吾愿与治斯学者共勉之。"① 李大钊撰写的《史学要论》及其他一系列宣传和论述唯物史观的论著，为中国马克思主义史学的建立奠定了理论基础。从 20 世纪 20 年代到 40 年代，中国的马克思主义史学家对中国史学作出了重要贡献。这主要反映在中国通史的撰述、先秦史和近代史的撰述、思想史的撰述以及中国民族史的撰述。这些论著努力在马克思主义唯物史观指导下去认识人类社会历史发展的进程，并据此来认识中国社会历史的进程和当时的中国社会性质。中国马克思主义史学的产生和发展，从历史观和方法论上，推动了中国史学走向科学化的道路。

由于中国马克思主义史学倡导并坚持以唯物史观为指导观察历史，所以其历史研究方法是强调理论与方法论的统一；其显著特点是重视社会经

---

① 李大钊：《史观》，《史学要论》，5～6 页。

济生活在历史运动中的基础作用，重视阶级分析方法，重视历史主义原则。在马克思主义基本理论的指导下，新中国建立前的中国马克思主义史学表现出了十分鲜明的方法论特色，其中最主要的可以简要概括为如下几个方面：

1. 坚信历史学是一门科学，唯物史观是科学的历史观，研究和认识客观历史，应当以物质资料的生产方式为基础，从生产力与生产关系的矛盾运动中探索历史发展过程，认清社会性质，用社会存在说明社会意识。这是唯物史观指导下的历史研究方法区别于以往一切历史研究方法的根本所在。

2. 中国历史的发展和世界历史一样，有着统一的历史发展规律，都依照着五种社会形态向前发展，同时，中国历史由于其自身的具体条件，还有其特殊性。马克思主义社会经济形态学说，是研究历史的基本理论依据和方法论依据。

3. 重视历史上的阶级关系和阶级斗争，认为除原始社会以外，历史是阶级斗争的历史，只有阶级斗争是推动历史发展的动力，将阶级分析方法作为研究历史的基本方法之一。

4. 在历史研究中重视史料，不仅尊重其他史学派别在史料及具体研究中的成果，而且在自身的研究中也尽可能全面地鉴别、分析、占有第一手材料。同时，还强调史学研究的对象不仅仅是史料，而是活生生的客观历史，主张理论与史料的结合。

5. 主张历史研究中科学性和革命性的统一，重视历史学对当时革命事业的现实功用。中国马克思主义史学家坚持在唯物史观的指导下，历史研究可以揭示历史发展规律和认清历史真相，由此为现实的斗争服务，并使用借古喻今的方法以显示历史学的现实作用。

显然，中国马克思主义史学的产生和发展，都坚持以重视经济关系的研究和重视阶级关系的研究为基本研究方法。这是唯物史观指导下的历史研究方法区别于以往一切其他史学的明显标志。

新中国建立后，中国马克思主义史学确立了其主导地位。此后的17年中，随着唯物史观原理的广泛传播，中国马克思主义史学在历史研究的各

北京师范大学史学探索丛书

个领域，都获得了十分重大的研究成果。同时，由于新中国的马克思主义史学所面临的急迫任务是建立和完善自己的理论体系，用以指导具体的历史研究，所以对马克思主义历史理论、史学理论和方法论也展开了热烈的讨论，其结果不仅大大加深了人们运用唯物史观研究历史的理论认识，而且还从史学方法方面对以往研究中曾经出现并依然存在的错误和偏差进行了纠正。但是，随着对相关理论问题的讨论不断深入，更由于不断升级的政治运动的严重影响，中国马克思主义史学理论和方法论研究在获得新的成果的同时，也出现了许多重大的失误，这些都是需要总结和记取的。

新中国建立的最初几年，史学界已经就运用唯物史观研究历史过程中的一些史学方法问题进行了积极的讨论，并着重强调了以下两方面的基本认识：（1）倡导辩证的分析方法，反对片面化、绝对化的教条主义。正面阐述辩证分析的原则，为新中国建立以来马克思主义史学研究取得的一系列重要成果打下了坚实基础。（2）强调实事求是的、历史主义的看待历史上的人和事，在研究过程中应当具体问题具体分析。在新的形势下，强调在实事求是的基础上对历史上的问题采用具体问题具体分析的方法，还历史本来面目，这不仅有利于纠正以往存在的偏差，也从根本上坚持并维护了马克思主义史学的科学性。

在中国马克思主义史学主导地位确立的最初几年，时值史学界和全国各界一样普遍处于学习马克思主义理论的热潮中，处于在全国范围内把马克思主义理论运用贯彻于历史教学和历史研究中去的平稳发展阶段，在比较宽松的大环境下，中国马克思主义史学呈现了正常、健康发展的良好势头。对史学方法诸原则的提出和强调，虽然并不系统、全面，但总体方向是正确的，对中国马克思主义史学的发展有着十分积极的促进作用。

20 世纪 50 年代中期以后，对有关史学方法的讨论，主要包括历史主义与阶级观点、史论关系、古今关系等问题。此外，在史学界涉及规模和范围更大的是对所谓"五朵金花"——古史分期问题、封建土地所有制形式问题、农民战争问题、资本主义萌芽问题和汉民族形成问题的讨论，均达到了前所未有的研究深度，使中国马克思主义史学的建设（包括方法论方面）有了长足的发展。从某种程度上说，这些讨论也都属于方法论问题的范畴。对这些问题讨论的本身，也反映了对中国马克思主义史学研究方法的建设和充实。但是，受到当时政治上"左"的倾向的严重影响，史学研究也逐步滋生对马克思主义作教条主义、形式主义理解和运用的错误倾向。到了20世纪60年代中期，随着形势的急转直下，学术讨论被上纲为政治斗争，史学界的正常研究和争论也就无从谈起。

"17年史学"对史学方法的探讨和争论，从一个侧面反映出了在把马克思主义理论与中国历史研究相结合的过程中遇到的、必须面对和做出回答的方法论问题。这既是坚持和维护马克思主义史学的科学性的问题，也是妥善处理好马克思主义史学中一直存在的历史与现实的关系的问题。只有把这些问题弄清楚，才有可能真正推动中国马克思主义史学在新的历史条件下健康发展。今天看来，成就与失误并存。我们不应当因为存在失误，就完全否定或无视17年对史学方法问题探讨的努力，同样，也不可回避失误或讳言教训。已经有许多学者对17年史学方法作出了深刻的、有价值的思考，这对中国马克思主义史学发展有着相当重要的意义。只有用辩证的眼光作实事求是的分析，才是我们应当持有的正确态度，才能将史学方法与方法论的探讨真正推向深入。

三、新时期以来对史学方法的多样化探讨

"文革"过后，新时期的中国史学开始了新的历程。本着解放思想、实事求是的原则，史学界在强调历史研究必须坚持实践是检验真理的唯一标准、必须实事求是的同时，对曾经发生的错误开始了深入的反思，继而在力图戒除过去的简单化、绝对化的形而上学方法的基础上，重新面对那些"文革"以前曾经被重视的研究课题，对在探讨这些问题时曾经出现过的教条主义、形式主义等极"左"倾向作了清理和批评。同时，对有关史学方法的诸问题也进行了更加深入的研究，以往被轻视并遭到批判的历史考证方法重新受到重视。

20世纪80年代改革开放以来，出现了一批论述历史考证方法的文章，还出版了一些重点阐述历史考证方法的论著。正面阐述历史考证，在以往

因为怕惹上重视史料、轻视马克思主义理论的罪名而被视为禁区。但此时人们已经认识到，尊重事实、重视史料是历史学科的基本要求，离开史料和史实而空谈理论，曾经给史学界带来了极坏的影响，完全否定历史考证方法所导致的学风是造成失误的重要原因之一。为了还历史学的科学性，历史考证方法必须被重申和重视。对历史考证方法的论述，主要包括对史料的搜集、鉴别和整理，对史料的范围、价值及在历史研究中的地位的阐述，对历史考证方法的介绍和总结，对陈垣、陈寅恪等史学家在历史考证学方面的成就的研究和肯定等。

但是仅重视历史考证方法，对于新时期的史学方法的建设和发展的作用还十分有限，因此，20世纪80年代中国史坛形成了一股探讨史学方法的热潮，但主要内容并不是历史考证方法，而是另外两个方面：（1）加强对历史学自身的方法的研究；（2）对国外史学方法的积极引进和介绍，以及探讨如何将这些新方法尝试运用于历史研究中去。①

对于前一个方面，初步明确的是，在马克思主义理论作为历史科学根本的指导理论之外，历史学还应当有自身的理论方法。既然如此，历史学自身的研究方法的内容和范围是什么、与唯物史观的关系如何等，成为人们需要研究的问题。多数人认为应当在恢复马克思主义本来面目的基础上研究这些问题。他们指出，由于种种原因，长期以来对于马克思主义理论的理解并不全面和准确，许多地方甚至是背离原意的，只有重新学习和领会马克思主义理论，才能够正确地把握方法论中的问题。而且，不论是强调史学自身方法的研究，还是重视历史考证方法，都不应该离开唯物史观的理论指导。

对于后一个方面，1980年，有人将系统论和其他自然科学的方法用于对中国封建社会发展过程的研究。② 这一看似新颖的方法在当时的史学界产生了极大影响，并直接导致了讨论历史学与自然科学研究方法相结合的热潮。今天看来，把系统论等"三论"运用于历史研究中的尝试并不成功，无论是对理论本身的理解，还是理论与史实的结合，都存在着许多缺

---

① 参见《历史研究方法论集》，郑州，河南人民出版社，1987。

② 金观涛、刘青峰：《中国历史上封建社会的结构：一个超稳定系统》，载《贵阳师范学院学报》，1980（1）、（2）。

陷，所以这种方法如昙花一现，热闹一阵之后，便沉寂下来。但是，由此引发的要求结合自然科学方法研究历史的呼声及产生的影响，对于突破旧有的研究框架、开拓新的研究观念和思路，其意义无疑是非常深刻的。如在历史研究中区别定性分析与定量分析的不同特征、抽象研究与具体研究的不同要求等方法论问题，都得到了不同程度的明确和澄清。由此还进一步引出了跨学科的研究方法。创刊不久的《史学理论》杂志指出："从国际史学发展的状况看，史学的变革必须走跨学科的道路。只有跨学科的研究，才能使史学摆脱题材狭窄、方法陈旧、门类单一的缺陷。"① 诸如计量史学、心理史学、比较史学、口述史学等新的研究方法和研究手段，或从国外被介绍引进，或被尝试运用于史学研究中。社会史、文化史等新的研究领域也开始得到重视。从自然科学方法到跨学科方法的发展，说明了中国史学在方法上努力寻求突破的轨迹。

这一现象之所以出现，主要是长期以来遭到各种条条框框限制的史学界，在思想解放的机遇下，渴望接受新观点和新方法、希望中国史学得到发展的突出反映，其积极意义，已经多为人们所论述。② 但是，如果对各种新方法仅仅是凭着介绍和讨论就能达到目的，问题就简单多了。然而事实并非如此。与 20 世纪 80 年代探讨史学方法热潮相伴而来的"史学危机"意见的出现，就可以说明一些问题。对此，抛开其他因素不谈，仅就史学方法而言，尽管五花八门的新方法接踵而来，但实际运用于史学研究中的有分量的成果却寥寥无几。很显然，要真正在史学研究中从方法上有所突破，既需要时间，也需要下更大的气力进行实际的研究。因此，进入 20 世纪的最后 10 年，相对以前讨论史学方法的热闹场面而言，显得冷清了许多，但是许多学者使用不同的史学方法从事的研究及所获得的收获，却是

---

① 《史学理论》编辑部：《新春寄语》，载《史学理论》，1988（1）。

② 参见肖黎主编：《中国历史学四十年》，北京，书目文献出版社，1989；王学典：《二十世纪后半期中国史学主潮》，济南，山东大学出版社，1996；刘新成主编：《历史学百年》，北京，北京出版社，1999；侯云灏：《20 世纪中国史学思潮与变革》，北京，北京师范大学出版社，2007；瞿林东主编：《20 世纪中国史学发展分析》，北京，北京师范大学出版社，2009。

实实在在的，而且初步形成了多样化发展的局面。

使用新方法进行研究的成果在 20 世纪 90 年代不断问世。通史性的、断代史性的和地域性的社会史、文化史著作纷纷出版，妇女史、家庭史、城市史等新的研究领域不再是一片空白，民族学、社会学、文化人类学、心理学、经济学等社会科学以及自然科学的理论与方法在具体研究中得到了积极使用。由于结合了具体的研究，使新的理念与方法在具体研究中得以运用、实践和积累，在此基础上抽象出对理论与方法的再认识，其意义较之以往则不可同日而语。譬如社会史研究，20 世纪 80 年代和 90 年代完成出版了多种通史、断代和地域性的社会史著述，发表的各种专题性的社会史研究论文不胜枚举。通过这种多范围、多层次、多角度的社会史研究，使社会史理论和方法的探讨有了极大的进展，对于社会史的概念、研究对象、研究方法等理论问题的认识都达到了比较深入的程度。从总体上看，在思想领域呈现出空前活跃的局面下，中国马克思主义史学不断有鸿篇巨制完成出版，在研究内容上更加贴近现实，更加关注学科的生长点，也大大拓宽了研究领域。成果之丰富、方法之多样，前所未有，展现了中国史学蓬勃发展的喜人景象。

新时期以来的中国史学，随着对马克思主义史学理论探讨的深入，已经逐渐摆脱了以往简单化、片面化的理解和运用马克思主义的错误倾向，基本上克服了曾经给中国史学带来灾难的"左"倾思想和教条主义的束缚。与此同时，史学方法的多样化发展，也为中国马克思主义史学带来了新的生机，"如果说新时期历史学的发展，无论就其队伍规模、成果数量和总体水平来说，都大大超过了中国的近代史学产生以来的任何一个时期，这种估计一点都不过分。"① 但是，一段时期以来，有些人对马克思主义史学理论和方法采取了一种否定、漠视或排斥的态度，且不说这种做法本身就与某些人曾经标榜的"求真"的宗旨根本不符，即使是在发展历程中存在过失误和偏差，也无法掩盖马克思主义理论和方法对中国史学在各个方面的巨大贡献。可以说，正确的历史观和方法论，使中国史学发生了

---

① 林甘泉：《新的起点：世纪之交的中国历史学》，载《历史研究》，1997（4）。

根本性的变化，彻底改变了中国史学的面貌。

四、面向 21 世纪史学方法的走向

21 世纪的中国史学，将继续以马克思主义史学为主导地位，在促进改革开放和社会主义现代化建设的过程中，呈现出多样化、多学科、开放性、创新性的蓬勃发展的态势。面向 21 世纪的中国史学还面临着许多历史性的任务，为了迎接新的任务、接受新的挑战，进一步丰富史学研究方法、向更深入的层次推进史学方法论的建设，是至关重要的。我们可以从以下几个方面来看待这个问题。

1. 方法论的建设离不开历史观的指导，坚持以唯物史观的基本原则为指导，才能保证史学方法在正确的道路上发展和创新。对此，在认识和实践上应当明确两方面的问题：（1）"纠正对于唯物史观的简单化、公式化的搬用，并不是由此证明唯物史观的根本原则不可以用来指导研究历史，更不是证明研究历史必须脱离唯物史观的指导"。（2）"纠正对于唯物史观的简单化、公式化的搬用，使历史研究者的思想得到解放，从而能够在唯物史观的总的原则的指导下进行创造性的研究，并善于吸收当代国内外各个学科在理论、方法论上的新进展，以丰富唯物史观的内涵。"[1] 历史观与方法是辩证统一的关系，以前把历史唯物主义的理论当作史学研究的全部理论和方法，阻碍了对史学自身方法的探讨，对史学研究产生了负面的影响；但是如果离开历史观而孤立地谈方法，以为仅仅在方法上发生变化，就可以使史学发生大的变化，这也是不正确的。21 世纪的中国史学，应当建设以唯物史观基本原理为指导的，多角度、多层次、互相联系并互为补充的多样化统一的史学方法体系，使之在历史研究中起到更加积极的作用。

2. 进一步引进、吸收和借鉴国外的史学方法，继续在各种新开拓的研究领域的具体研究实践中完善和深化新的研究方法，归纳和总结其内涵、

---

① 瞿林东：《中国史学：20 世纪的遗产与 21 世纪的前景》，载《北京师范大学学报》，1996（5）。

功能和特点，从而形成真正适合于中国史学研究的多样化的史学方法体系，而不再是仅仅停留在介绍和议论的阶段。历史学与其他社会科学以及自然科学的研究方法的交叉和渗透，在当今史学界已成为不可阻挡之势。在改革开放进一步深化的时代背景下，中国史学家的思想将更加解放、更加活跃，中国史学界将更加关注外国史学的发展动态，关注中外史学的交流。但同时还必须应当记取的是：（1）外国史学理论和方法在中国的引入和传播，从来不曾脱离中国社会发展的广阔历史背景；（2）外国史学理论和方法的引入和研究，从来是和中国史学的建设联系在一起的；（3）引入和研究外国史学理论和方法，要立足于中国史学坚实的基础上。[①] 通过考察以往西方史学传入中国的历程所得出的规律性认识，对 21 世纪吸收和借鉴国外史学有着十分重要的意义。

3. 努力发掘新史料，利用现代化的高科技手段和方法寻找发现、保存积累、分析整理史料，继承传统的考证方法，并在具体研究中加以发展，从研究方法的角度规范学术研究，·树立良好的学风。历史学的繁荣和发展与史料的发现和使用有着密切的关系。20 世纪的史学已经充分表明了这一点，21 世纪的史学对史料同样应当有着更高的要求。

4. 全球化趋向将更加明显地促进史学方法的更新。从表面上看，全球化趋向为我们了解国外史学发展的动态、与国外史学界同行的交流、学习发达国家史学家在研究工作中所采用的研究方法和研究手段等，提供了极大的便利条件。从内容上说，全球化趋向要求用互相联系、互相作用的系统方法认识历史的变动，要求把中国历史的盛衰放在世界史的变动过程中来考虑。人类所共同面临的诸如环境、资源、气候、战争、自然灾害、文化趋同、商业竞争等全球性问题日益凸现，历史研究同样应当关注这些问题。在历史研究中对这些问题作出反思，要求在全球范围内进行视野更为开阔的跨学科研究。在科学技术高速发展的今天，历史学家应当尽力摆脱封闭的思维定式，更新知识体系，增强创新意识，丰富史学研究方法，加强史学方法论建设，使中国马克思主义史学在新世纪有更大的发展。

---

① 参见于沛：《外国史学理论的引入和回响》，载《历史研究》，1996（3）。

中国马克思主义史学的
发展历程与学科特性

　　中国的马克思主义史学自 20 世纪 20 年代开始创立直至今天，走过了艰难曲折的发展道路，产生了多方面的重要影响。在当前中国史学呈多元发展的趋势下，如何使中国马克思主义史学在总结和继承以往所取得的成就、正视过去因种种原因造成的失误并借鉴经验教训的基础上继续健康发展，成为学术界愈来愈关注的问题。全面、客观、真实地了解中国马克思主义史学的发展历程，深入分析并认清其学科特征，对于科学地研究与评价中国马克思主义史学至关重要。深入研究中国马克思主义史学发展史，才能真正揭示中国马克思主义史学的发展特点及其走过的道路，才能真正看清它所取得的成就和存在的不足的深层原因，有助于澄清目前研究中对中国马克思主义史学存在的某些曲解和误解，纠正对中国马克思主义史学在评价和理解上存在的偏差。

——

　　随着西方列强对中国侵略的不断加深，一系列丧权辱国条约的签订，中国的领土完整与独立主权受到了空前的侵害，国家民族已经陷于危亡的境地。爱国志士在积极寻求富国强兵之策、探索挽救危亡之路的同时，进一步深化了社会必变的历史观。19 世纪末至 20 世纪初，作为一种新的西方社会科学理论，唯物史观已经开始被介绍进中国。马克思主义关于经济是社会存在的基础、阶级和阶级斗争、人类社会历史发展阶段等理论观点，都曾被当时的资产阶级革命派、改良派以及无政府主义者所重视而先后提到，壮大了清末反帝反封建斗争的声势，为后来马克思主义在中国的广泛传播准备了一定条件。

　　1921 年中国共产党的成立，使中国马克思主义史学具备了政治组织形式的基础，中国马克思主义史学是伴随着中国共产党的产生、成长而不断发展起来的，中国马克思主义史学是中国共产党的革命事业的组成部分。五四时期，陈独秀等人创办的《新青年》杂志成为宣传马克思主义的重要阵地，各地的马克思主义研究会也纷纷成立。俄国的十月革命为马克思主义在中国的传播、为社会主义革命在中国的实践提供了条件。李大钊、瞿秋白、蔡和森、李达等人，都是中国最早的马克思主义理论的传播者和宣传者，他们非常重视对理论的阐述，为中国马克思主义理论的产生做出了卓越的贡献。李大钊在1919—1920年先后发表了《我的马克思主义观》、《唯物史观在现代史学上的价值》、《物质变动与道德变动》、《由经济上解释中国近代思想变动的原因》等文章，介绍了马克思主义有关唯物史观、剩余价值和阶级斗争学说的基本内容。1925年，李大钊著《史学要论》由商务印书馆出版。该书科学、系统地阐述了历史学的一些重要的理论问题，如什么是历史、什么是历史学、历史观问题、历史学的系统问题、史学与哲学的关系问题、史学对于人们树立积极进取的人生观的影响等。《史学要论》不仅是20世纪中国史学最早面世的史学理论著作之一，更重要的是，在中国马克思主义发展史上，这是第一部从理论上开辟道路的著作，成为中国马克思主义史学在理论上的奠基石。随后，对于社会发展史的研究一度成为热潮，如蔡和森的《社会进化史》、瞿秋白的《社会科学概论》、李达的《现代社会学》等一批著述，力图运用马克思主义的社会经济形态学说揭示人类社会发展规律的基本原理，并且还运用马克思主义的观点观察中国的现实社会和历史发展，分析中国的社会性质。中国马克思主义史学在其建立之初，就与中国历史、中国社会与中国革命发生了密切联系。

1927年大革命失败，"中国向何处去"成为人们最为关注的现实问题，要回答这个问题，就要弄清楚中国的社会性质，中国社会性质问题大论战的发生，正是基于此种社会背景。当时的共产国际和中国国内就此问题展开了激烈的争论，论战诸方在政治立场、学术观点上虽不相同，但他们都声称自己是以马克思主义为指导，是以唯物史观为理论依据的。马克思主义在中国社会性质问题论战中得到了更为广泛的传播，产生了更大的影响。讨论现阶段中国的社会性质，必然要追溯到它的过去，即中国社会历史的发展阶段及其性质，这就使中国社会性质的论战进一步发展成为中国社会史问题的论战。将马克思主义理论与中国历史发展的实际过程结合起来，用历史事实证明马克思主义的社会经济形态学说适合中国历史的发展，以此证实马克思主义理论指导中国革命的科学性，在理论和实践中将马克思主义中国化，成为中国马克思主义史学的重要任务。以此为契机，中国马克思主义史学作为史坛的一支新军迅速崛起。

郭沫若于 1929 年撰成、1930 年出版的《中国古代社会研究》，是最早尝试把马克思主义理论与中国的历史实际相结合、用唯物史观来指导历史研究的开山之作。在这部具有划时代意义的著作中，郭沫若通过对中国古代历史文献以及甲骨文、金文史料的分析，首次运用马克思主义观点系统阐述了中国古代史的分期问题，论证了中国古代社会历史发展也经历了原始社会、奴隶社会、封建社会几种由低级到高级的发展阶段，批判了那些马克思主义不符合中国国情的论调。

吕振羽在参加中国社会史问题论战中撰写了《史前期中国社会研究》（1934 年）一书。他根据马克思主义社会经济形态理论，结合中国的历史实际，提出了他自己关于中国历史发展阶段的认识：殷代以前为原始社会，殷代为奴隶社会，西周至鸦片战争为封建社会，鸦片战争之后为半殖民地半封建社会。吕振羽把文献记载的神话传说和新出土的考古文物、历史学和民族学的理论方法结合起来，肯定了中国在有文字记载的历史之前经历了母系和父系氏族社会，初步整理出了体现唯物史观的中国原始社会的体系。在《史前期中国社会研究》和 1936 年出版的《殷周时代的中国社会》两部著作中，吕振羽认为殷商为奴隶制社会性质，并根据土地所有制形态、直接生产者的身份地位和剥削方式等方面阐述了西周为初期封建制的社会性质，最早提出了在后来影响甚大的西周封建论的理论框架，成为继郭沫若古史分期说之后的又一重要的古史分期说。

在今天看来，郭沫若、吕振羽等人的著作，在运用马克思主义理论研究中国历史的过程中还存在着一定的教条化的缺陷，对中国社会史发展阶段的划分也不一定很准确，但是，这些问题是在理论与史实结合过程中出现的不足，出现的问题并不能掩盖其探索的总体方向的正确性，因为其研究目的正是要以马克思主义理论与中国历史发展的特殊性相结合。马克思主义史学所作出的马克思主义适合中国国情的论断，在大革命失败、中国革命遭到严重挫折的时候，为革命者总结经验、继续进行反帝反封建的革命实践提供了重要的理论依据。

受到中国社会性质论战和中国社会史论战的影响，一些马克思主义史学家开始对中国近代史进行了初步研究，如李鼎声的《中国近代史》（1933 年）、何干之的《中国的过去现在和未来》（1936 年）、华岗的《一九二五——一九二七中国大革命史》（1931 年）等著作，论述了自鸦片战争以来的近代中国半殖民地半封建的社会性质，总结了中国人民抵御列强、反抗压迫的革命斗争经验，批驳了"中国目前是资本主义社会"的论点。这些著作对于中国革命的前进方向、对于中国共产党对近代社会性质的确认都产生了积极的影响。

抗日战争爆发后，中国马克思主义史学家在研究与总结祖国的历史发展过程、弘扬爱国主义精神、鼓舞全国人民共同抗战以挽救民族危亡等方面作出了积极的贡献。他们还批驳日本军国主义的侵略言论，清理了各种非马克思主义观点，在积极总结社会史论战和深入进行历史研究的基础上进一步加强对中国马克思主义史学的理论建设。日本学者秋泽修二歪曲马克思关于亚洲社会形态的一些论断，竭力宣扬中国历史发展的"停滞性"，无耻宣称只有日本"皇军"的武力才能"克服"中国社会所特有的"停滞性"。对此，重庆和延安的中国马克思主义史学家都对秋泽修二的观点进行了驳斥，并开展了对中国社会史理论的再研究。

吕振羽在《"亚细亚生产方式"和所谓中国社会的"停滞性"问题》一文中，指出秋泽修二的谬论不仅歪曲了马克思论东方社会形态的论断，而且完全违背了中国的历史实际。秋泽修二的"停滞论"、"循环论"、"倒退论"、"静止论"等，是对中国社会历史的歪曲，包藏着侵略者的祸心。[1] 吕振羽的《中国社会史诸问题》（1942 年）一书汇集了社会史论战以来他

---

① 参见林甘泉：《吕振羽与中国社会经济形态研究》，载《史学史研究》，2000（4）。

撰写的相关史学理论问题的文章，除了批驳秋泽修二的谬论外，对亚细亚生产方式、中国历史上的奴隶制问题以及关于中国文化的批判与创新问题等都作了更为深入地论述。

1938年，翦伯赞出版了他的史学理论著作《历史哲学教程》。首先，这部著作是为抗战而作，如作者所言："我们决没有闲情逸致埋头于经院式的历史理论之玩弄；恰恰相反，在我的主观上，这本书正是为了配合这一伟大斗争的现实行动而写的。"[①] 即为解决和回答现实中的问题以争取抗战胜利而研究历史哲学，是本书的写作初衷之一。其次，这部著作的完成，与社会史论战有着重要关系。作者深感在论战过程中存在着各种各样的非马克思主义观点，存在着假马克思主义，存在着对马克思主义的错误理解等现象，有必要"对这些错误的历史理论之彻底澄清"，尤其是对"在中国历史研究领域中曾经或一直到现在还可以多少发生一些支配作用的几种理论体系，作为批判的对象"。[②] 再次，这部著作的另一个重要任务，就是阐发唯物史观，论述马克思主义的历史哲学，为中国马克思主义史学研究提供科学的理论思维和方法论。很显然，《历史哲学教程》是一部史学理论著作，是中国马克思主义史学从建立到发展经历了近十年的历程之后，其自身亟待加强理论建设之需求的客观反映，也是现实赋予中国马克思主义史学家的历史使命所使然。

为了全面总结社会史论战，何干之于1936年和1937年先后出版了《中国社会性质论战》和《中国社会史论战》两书，回顾总结了两次论战的过程，用马克思主义观点清理了这两次论战中的各种观点。何干之在书中总结这些论战的结果，就在于"使我们认识了我们东洋人的祖先，也走着西洋人的祖先所走过的路，我们的国情原来没有什么不同"[③]。

侯外庐曾翻译了《资本论》第1卷，1939年他发表《中国社会史导论》，从理论上阐述了生产方式等马克思主义理论的基本概念，为分析社

---

① 翦伯赞：《历史哲学教程》，3页。

② 同上书，4～5页。

③ 何干之：《中国社会史问题论战》，3页，北京，北京师范大学史学研究所印，1980。

会经济形态提供了一种方法论，这也是当时史学理论研究领域的代表性论著之一。侯外庐对中国马克思主义史学理论的贡献在于，"他研究中国历史是想马克思主义史学理论中国化，也可以说把马克思主义史学理论民族化。"①

范文澜主持撰写的《中国通史简编》(1941年)、《中国近代史》(1947年)等著作则在很大程度上奠定了中国马克思主义史学通史撰述的理论框架，是中国马克思主义史学与毛泽东思想相结合的开始，也是中国马克思主义史学对中国历史作全面纵向贯通性的研究之作。

通过以上对中国马克思主义史学建立、发展时期的历史的简单回顾，我们可以看出，中国马克思主义史学的发展，从来就没有脱离近现代中国历史与中国革命的发展现实，从来就不是书斋式的、脱离现实的所谓纯学术研究。德国学者罗梅君认为：

> 30年代那些以马克思主义者自居的中国历史学家是在异常特殊的为争取民族独立而斗争——即抗战——的条件下工作的。他们以在中国发展马克思主义历史科学同时也以使它的结果为现实政治服务为己任。②

中国马克思主义史学的这一特点，决定了它其实已经成为中国革命事业的组成部分，对中国的社会革命作出了应有的贡献。这一客观事实，即已证明了它的存在及其产生的重要影响的价值所在。明乎此，对于深入研究马克思主义史学是十分关键的。

---

① 白寿彝：《外庐同志的学术成就》，《白寿彝文集》第6卷，299页，开封，河南大学出版社，2008。

② 罗梅君：《政治与科学之间的历史编纂——30和40年代中国马克思主义历史学的形成》，295页，济南，山东教育出版社，1997。

在历史学的学术性与现实性的双重要求面前，中国马克思主义史学在其建立发展过程中，在客观现实要求下，显然更侧重于后者，这是其学科特性的一个重要方面，其学科特性的另一个方面则表现为，中国马克思主义史学家不断强调史料对于历史学研究的重要性，一直没有放弃对马克思主义史学在其史学研究的真实性、史学研究方法的科学性的不懈追求，一直在学术层面上为中国马克思主义史学的发展而努力着，这同样从中国马克思主义史学发展史中明确反映出来。

在 20 世纪 20 至 30 年代中国马克思主义史学建立的最初阶段，缘于接受唯物史观进行中国历史研究的尝试还刚刚开始、中国社会史论战中的社会背景和学术背景等复杂因素，中国马克思主义史学在各个方面存在着诸多问题。郭沫若在回顾自己早期的马克思主义史学研究时曾说：

> 我的初期的研究方法，毫无讳言，是犯了公式主义的毛病的。我是差不多死死地把唯物史观的公式，往古代的资料上套，而我所据的资料，又是那么有问题的东西。我这样所得出的结论，不仅不能够赢得自信，而且资料的不正确，还可以影响到方法上的正确。①

中国社会史论战是马克思主义史学发展的一个重要契机，通过这场论战，马克思主义史学派扩大了自己的影响。总结论战的得失，翦伯赞认为："这些社会史的战士，不但是史料的搜集不够，而且对社会科学的素养也不够。"② 侯外庐指出论战存在的不足之一是"公式对公式，教条对教条，很少以中国的史料做基本立脚点"，"不少论者缺乏足以信证的史料作为基本的立足点，往往在材料的年代或真伪方面发生错误"③。这些失误与不

---

① 郭沫若：《沫若文集》（八），39 页，北京，人民文学出版社，1958。
② 翦伯赞：《历史哲学教程》，54 页。
③ 侯外庐：《韧的追求》，115、225 页，北京，三联书店，1985。

足，就学术层面而言，反映了年轻的马克思主义史学派的不成熟。马克思主义史学家在总结社会史论战时认为，除了要加强理论和方法上的基本素养，避免公式化、教条化之外，在历史研究中重视搜集、整理和使用史料对于马克思主义史学的建设与发展同样具有不可忽视的重要意义。其实，提出并正视社会史论战中存在"史料的搜集的不够"、"在材料的年代或真伪方面发生错误"等缺陷的，正是马克思主义史学家自己。最初运用唯物史观具体研究中国历史，其价值即在于新的观点与方法的"范式"的构建，出现史料等方面的问题，并不能掩盖《中国古代社会研究》等马克思主义史学派初期的那些著名论著的里程碑式的创新意义。

即使是在 20 世纪 30 年代，也不能说马克思主义史学家就完全忽视对史料的搜集整理和对考证方法的运用，在这方面，他们对新出土的考古资料的重视令人称道。郭沫若在对中国古代社会的研究过程中就深刻认识到，史料尤其是考古学方面的实物资料对于建设马克思主义史学的重要意义，他说："这种学问是正确的史观之母体或其褓母。"① 在甲骨文研究方面，他出版了《甲骨文字研究》2 卷（1931 年）、《卜辞通纂》1 卷、考释 3 卷、索引 1 卷（1933 年）、《殷契余论》（1933 年）、《殷契粹编》2 册、考释 3 册（1937 年）等专门著作；在金文研究方面，他出版了《殷周青铜器铭文研究》（1931 年）、《两周金文辞大系》2 卷（1932 年）、《金文丛考》（1932 年）等书。这些著作，在对卜辞和殷周青铜器的研究方法、对甲骨文字和青铜器铭文的解读、对甲骨和青铜器的分期断代研究等方面都作出了创造性的贡献，为其中国古代社会研究提供了有力的史料基础，同时也为研究者对甲骨文和殷周史的研究提供了极大的方便。作为中国马克思主义史学的开创性著作，郭沫若的《中国古代社会研究》的学术价值得到了学术界的认可和称赞。顾颉刚说："郭先生应用马克思、莫尔甘等的学说，考索中国古代社会的真实情状，成《中国古代社会研究》一书，这是一部极有价值的伟著"，"中国古代社会的真相，自有此书后，我们才摸着一些

---

① 郭沫若：《我与考古学》，载《考古》，1982（5）。

边际"。① 顾颉刚提出了怀疑与打破旧古史系统的疑古学说，他认为《中国古代社会研究》对中国古史的真相"摸着一些边际"，这样的评价是颇有分量的。齐思和指出："中国社会史的研究到了郭沫若先生才真正的走上了学术的道路"，《中国古代社会研究》"所研究的仅限于殷周，而每篇又依据极明确的史料。而且他不但依据书本上的资料，又因为研究中国社会而研究甲骨金文，将卜辞金文用到社会史研究"。②

　　吕振羽完成于 1933 年的《史前期中国社会研究》一书，在处理史料方面显然受到了王国维"二重证据法"的影响，"他把文献记载的神话传说与新出土的考古文物结合起来，把历史学与民族学的理论方法结合起来，从而整理出一个体现了唯物史观的中国原始社会史的体系来"③。社会史论战之后的中国马克思主义史学家，已经认识到了史料整理对于马克思主义史学建设的重要性，吕振羽说："从'九·一八'到'七·七'这一时期，我们对中国社会史的研究，一方面应用新的科学方法的史料整理工作，业已开始，特别是郭沫若先生已经作出了相当的成绩；一方面从或试图从严谨的正确方法的基础上，对中国历史的具体的系统的研究——不同程度地复现活生生的历史的具体性和体现出他的规律性——的著作，已相继产生。"④

　　进入 20 世纪 40 年代，马克思主义史学有了显著发展。出版的著作主要有：范文澜的《中国通史简编》、《中国近代史》，翦伯赞的《中国史论集》（1943 年）、《中国史纲》第 1 卷（1943 年）、《史料与史学》（1946 年）、《中国史纲》第 2 卷（1947 年），郭沫若的《青铜时代》（1945 年）、《十批判书》（1945 年），吕振羽的《中国社会史诸问题》（1942 年）、《简明中国通史》（1941 年），侯外庐的《中国古典社会史论》（1943 年）、《中国古代思想学说史》（1944 年）、《中国近世思想学说史》（1944、1945 年）、《中国古代社会史》（1948 年），华岗的《中华民族解放运动史》

① 顾颉刚：《当代中国史学》，96～97 页，上海，上海古籍出版社，2002。
② 齐思和：《近百年来中国史学的发展》，载《燕京社会科学》，第 2 卷，1949。
③ 林甘泉：《吕振羽与中国社会经济形态研究》，载《史学史研究》，2000（4）。
④ 吕振羽：《中国社会史诸问题》，4 页，北京，三联书店，1961。

（1940 年），尹达的《中国原始社会》（1943 年），吴泽的《中国历史简编》（1945 年）。这一大批马克思主义史学著作的出版，说明中国马克思主义史学已初具规模。作为一个在中国史坛颇有影响的史学流派，加强对史料的搜集和整理，加强对历史学最基本的考证方法的运用，已经成为影响其继续发展的重要因素。此时，马克思主义史学家一方面在具体研究中更为注重对史料的搜集和考证方法的使用，另一方面开始从理论上强调史料及考证方法对马克思主义史学研究的重要意义。对于前者，无论是延安还是重庆地区诸如范文澜、郭沫若、翦伯赞、侯外庐等马克思主义史学工作者的历史著述都有反映；对于后者，以翦伯赞的《史料与史学》、华岗的《中国历史的翻案》等为代表的许多著述也多有强调。

范文澜在《中国通史简编》中说：

> 中国是拥有五千余年悠久历史的古国，积累着丰富而又庞杂的大堆史料。甲骨钟鼎，经传诸子，史书地志，小说笔记，哲学宗教，诗文考证，歌谣戏曲，凡此种种，无不属于历史的研究范围之内。这不仅非短时期所得遍览穷探，在物质条件多方限制的环境下，也不允许这样去做。可是要了解中国历史比较近真的情况，却又必需向这广泛纷乱的大堆史料中去寻找。①

撰写《中国通史简编》的时候，延安的图书资料十分缺乏，"延安马列学院的资料室参考材料不算多，那时要找《农政全书》、《天工开物》这类书都找不着"②，在这种情况下，范文澜还是申明了史料广泛和丰富性，强调研究历史要建立在各种史料的基础之上。齐思和在《近百年来中国史学的发展》中评价范文澜"对于中国旧学是一位博通的学者，而对于唯物辩证法又有深刻的研究"，评价范著《中国通史简编》"对于史料，除了正史之外，以至文集笔记，都尝博观约取"。③

---

① 范文澜：《中国通史简编》，3 页。

② 范文澜：《关于〈中国通史简编〉》，载《新建设》，第 4 卷第 2 期。

③ 齐思和：《近百年来中国史学的发展》，载《燕京社会科学》，第 2 卷，1949。

翦伯赞在《中国史纲》第2卷《秦汉史》的"序"中，对考古资料的重要意义作了阐述：

> 如果有了新的考古学上的发现，我们便应该尽可能地运用考古学上所提供的新史料，去订正文献上的史料之伪误，补充文献上的史料之缺失。接收考古学的成果使考古学与历史学结合为一，这是历史科学的任务。①

他叙述了秦汉史研究方面的遗址遗物、敦煌和居延汉简、石刻画像等考古资料的发掘与发现情况，认为："上述考古学的新发现，他们不知吹送了多少新生命到纪传体的秦汉史之中。由于这些新的史料之发现，从前在文献史料中仅能想象，或不能想象，乃至完全不知道的史实，现在已有若干被具体地显现出来了。"② 在《秦汉史》中，翦伯赞"曾努力于考古学的资料之应用"，书中插图"有一部分，系模绘汉代石刻画像；另一部分系模绘斯坦因'西域考古记'中的插图"③。

1946年侯外庐完成《中国古代社会史》，他自序该书时说，近十年来在研究中国古代史的过程中主要做了三个方面的工作，首先是确定亚细亚生产方法的概念，"二是中国古文献学上的考释，关于这部工作，著者在主要材料方面亦弄出些头绪，而前我为斯学的王国维、郭沫若二先生是我的老师；三是理论与史料的结合说明……"④ 后两项均与史料有直接关系。他说：

> 我研究中国古代社会的第二个步骤，主张谨守着考证辨伪的一套法宝，想要得出断案，必得遵守前人考据学方面的成果，并更进一步订正其假说。……卜辞金文出土以来，专家董理颇有成绩，我们搞古

① 翦伯赞：《中国史纲》第2册，《秦汉史》，2页。
② 同上书，7页。
③ 同上书，7、8页。
④ 侯外庐：《中国古代社会史·自序》，上海，新知书店，1948。

史，地下资料已成为必要的论据了。科学重证据，证据不足或不当，没有不陷于闭门造车之意度的。而且，古书文字，有一定的指路，决不能以近人的眼光去望文生义，古人造字有时字面上和现代文一样，而实际上则意义上刚相反的。今文家常犯的毛病就是"托古"，"影古涉今"，而实事求是的研究，则要远乎此道，尤其治古代史，不能一丝一毫来眩染，所谓差之毫厘，谬以千里。①

侯外庐不仅强调文献材料和地下出土材料的使用，而且指出要"谨守"和"遵守"前人的考证辨伪方法和成果。

郭沫若直言他 1945 年写就的《青铜时代》"偏于考证"②。他说他的研究方法是"尽可能搜集了材料，先求时代与社会的一般的阐发，于此寻出某种学说所发生的社会基础，学说与学说彼此间的关系和影响，学说对于社会进展的相应之或顺或逆。"③ 对于史料，郭沫若说："秦汉以前的材料，差不多被我彻底剿翻了。考古学上的、文献学上的、文字学、音韵学、因明学，就我所能涉猎的范围内，我都作了尽我可能的准备和耕耘。"④

通过以上的几个例证可以说明，20 世纪 40 年代的马克思主义史学家已经有意识地在他们的历史研究中加强对材料的搜集、分析和考证，这对于在社会史论战中出现的重理论轻材料的弊端是一个有力的纠正，对于运用唯物史观指导下的中国历史研究是一个极大的促进，对在马克思主义史学派前冠以"中国"二字的中国马克思主义史学的建设是一个明显的加强。

进一步来看，马克思主义史学派并非是简单地重视历史研究中的史料和考证，他们还从理论上论述了史料及考证方法在历史研究中的重要性，阐述了理论观点与材料方法间的辩证关系。翦伯赞特别注意史料与史学的

① 侯外庐：《中国古代社会史·自序》，上海，新知书店，1948。
② 郭沫若：《青铜时代·序》，1 页，北京，人民出版社，1954。
③ 郭沫若：《青铜时代·后记》，333 页。
④ 郭沫若：《十批判书·后记——我怎样写〈青铜时代〉和〈十批判书〉》，411页，北京，人民出版社，1954。

问题。他曾经指出："不钻进史料中去，不能研究历史；从史料中跑不出来，也不算懂得历史。"① 很形象地说出了对于史料所应采取的辩证态度。1946 年他出版了《史料与史学》一书，再次强调了史料在历史研究中的地位和作用，指出：研究历史，必须要广泛地发掘、搜求史料，这样做的目的，是要再现历史发展的真实"细节"，展示历史发展的"大势"，研究历史的"发展法则"。② 翦伯赞不认为把历史研究的全部内容都集中于史料的搜集和考订是正确的，他在《中国史纲》第 2 卷《秦汉史》的序中指出，研究秦汉史的学者，均以《史记》、《汉书》、《后汉书》、《汉纪》以及清人所辑诸家后汉书为材料，"迄于清代，对于这几部书之注释疏证，探源索隐，正义考异，辩惑志疑，纠谬刊误之作，已汗牛充栋。我们不能说，这一类后起的著作，对于秦汉史的究明，没有或多或少的贡献，至少对史料之订正，有其一面的劳绩。但是这样寻章摘句的研究，决不能使秦汉的历史显出光明，甚且因为这类著作之支离烦琐陈说纷纭，反而淆混了原著中之秦汉史的本来面目。"③ 如果陷入史料的汪洋大海中不能自拔，那么对历史研究并非有利。华岗阐述了对史料的认识："史料不够或不能自由运用，固无从着手研究；有了史料，而不能加以科学的检讨，即对于史料真伪和时代性，如不能检讨清楚，也和缺乏史料一样，甚至还更危险。因为缺乏史料，至多得不出结论而已；而史料不正确，会得出错误的结论，这样的结论，比没有更为有害。"④ 这对史料本身的鉴别与运用提出了更高的要求。他进一步指出："我认为考证学的新内容，应该注入必要的活的神经组织；这个活的神经，当然不是使那快入历史博物馆的儒家义理之学再投胎复活，而是应该汲取由近代新兴科学在历史发展过程中综合起来具有客观真理的科学历史观。……它需要从戴东原、钱大昕、王西庄、赵瓯北、王国维诸先辈成功的基础上，注入科学历史观的新生命。""考证学应该用相互关联的眼光去审察各种史料，因为历史的发展过程，是整个的有机的

---

① 翦伯赞：《略论搜集史料的方法》，《史料与史学》，60 页。

② 翦伯赞：《略论中国文献学上的史料》，《史料与史学》，17 页。

③ 翦伯赞：《中国史纲》第 2 册，《秦汉史》，2 页。

④ 华岗：《中国历史的翻案》，13 页，北京，人民出版社，1981。

发展过程，不能单独的孤立的去理解。"① 在马克思主义史家看来，历史考证学不应该仅仅是"材料的汇集、归纳、辨正"，它的作用还应该是"用相互关联的眼光去审察各种史料"，并且"汲取""科学历史观"。这样的见解，的确比坚持"史学就是史料学"的观点要显得更为全面。傅斯年曾经说过，史语所"同人之治史学，不以空论为学问，亦不以'史观'为急图，乃纯就史料以探史实也。史料有之，则可因钩稽有此知识，史料所无，则不敢臆测，亦不敢比附成式"。② 他将"空论"和"史观"相提并论，说明在一些非马克思主义学者眼中，"史观派"是与"空论"画等号的。傅斯年强调"纯就史料以探史实"，而此时的马克思主义史学家还希求探讨历史发展的"大势"和"发展法则"，二者的研究目的实有不同。相比之下，马克思主义史家开始注重史料和考证，并奉王国维为"老师"（见前引侯外庐语）。蒋大椿指出："马克思主义史学极为重视史料。许多马克思主义史家在史料和史料学研究中作出了重要贡献，他们对其他史学派别在史料及具体历史研究中的积极成果是尊重的。"③ 这样的转变和由此产生的对中国马克思主义史学发展的学术意义值得重视。

在 20 世纪 40 年代的中国史坛出现的这种现象是十分耐人寻味的。当时，历史考证学派的学术地位已经遭到实力不断增强、影响不断扩大的唯物史观派的冲击，即使是傅斯年、顾颉刚等人，也都不得不正视唯物史观派的存在，甚至视史料考证是"下学"，视唯物史观派为"上达"。20 世纪二、三十年代以来，中国史学的主流一直以史料和考证为主要研究方法甚至视之为史学研究目的，尽管傅斯年等人依然强调史学就是史料学，但是20 世纪 40 年代前后将理论和观点结合于史学研究中，已经成为不容忽视的史学发展趋向。这些理论与观点包括唯物史观，也包括其他一些西方的历史哲学和史学理论，其中当以唯物史观的影响最为明显。从学理上言

---

① 华岗：《中国历史的翻案》，18～19 页。

② 傅斯年：《〈史料与史学〉发刊词》，《傅斯年全集》第三集，335 页，长沙，湖南教育出版社，2005。

③ 蒋大椿：《20 世纪中国马克思主义史学》，见罗志田主编：《20 世纪的中国：学术与社会·史学卷》（上），185 页，济南，山东人民出版社，2001。

之，史学在对史料的整理达到一定程度或考证的研究具有相当的基础后，一般就会导致对观点的总结和理论的概括，微观研究与宏观研究向来都是既排斥又结合的统一体。史料考证研究到一定程度诉求于史观和理论应该是合乎逻辑的。然而唯物史观派出现后即以社会史论战的方式迅速扩大其影响，社会史论战又因与中国的现实问题息息相关而不仅限于学术层面，就马克思主义史学而言，便导致了其在产生与发展阶段的史料根基的不扎实、史实与理论结合的公式化倾向等缺陷，这又难以为历史考证派所认同。20世纪40年代的唯物史观派已经认识到了这方面的不足，马克思主义史家不仅在理论上大力阐发史料和考证在史学研究中的重要意义，而且在具体的研究中刻意扭转以往重观点轻史料的不足。

重视史料和考证是历史学研究的最基本的学科要求与学科特性。在一段时间内的中国史坛出现了史料与史观的不同的研究趋向，甚至以此作为划分两个史学派别的主要标准，是由20世纪前半期中国史学发展的特定情况造成的。如果绝对地把史观和史料分别视为两种史学思潮或流派的全部内容，这样的看法是不全面的。就唯物史观派而言，20世纪40年代对史料和考证的重视，其实是中国马克思主义史学走向其自身的全面建设的开始，为其不断成熟与壮大创造了良好的条件。

三

通过简要回顾新中国建立前中国马克思主义史学发展过程可以看出，中国马克思主义史学家系统探讨中国社会历史的发展阶段、考察历史发展的动因及规律、分析中国历史上存在的各种社会形态、批驳各种非马克思主义观点等项内容，都与中国革命的现实斗争有着密切关系，他们所致力的马克思主义历史学研究，帮助人们正确了解当时的中国社会性质，澄清了许多混乱的认识，坚定了人们继续革命的信念，也显示了历史学的社会功能。在这个过程中，中国马克思主义史学也在不断总结其在理论与史实结合上出现的缺点和不足，不断加强和完善自己的学术内涵和科学体系。认为中国马克思主义史学只强调史观而不注重史料的观点是不全面的，认为它只是为现实服务而不注重历史学的科学性的观点显然也是不客观的。限于篇幅，本文并未过多涉及中国马克思主义史学存在的公式化、教条化的不足和那些因片面强调史学为现实服务而导致的对历史学科学性的损害等问题。这些被研究者反复提及的问题亟待深刻总结，全盘否定或不屑一顾不是科学研究的态度，探讨造成这些问题的内在原因既需要进行深入研究，也需要从当时的实际状况出发作实事求是的分析。因此，要想全面了解中国马克思主义史学的发展特点，就必须对中国马克思主义史学发展史进行深入研究，无论是新中国建立前中国马克思主义史学的创立和发展，还是新中国建立后17年中国马克思主义史学的经历和"文革"十年期间的遭遇，以及改革开放至今中国马克思主义史学的新的发展变化，都应该成为深入研究中国马克思主义史学的重要课题。

从对“整理国故”和“古史辨派”
的评价看郭沫若的史学思想

一、走出“整理国故”的局限

在“五四”新文化运动处于高涨时期的 1919 年，以毛子水、傅斯年等为主的新派人物，站在与旧派学者不同的立场上，阐述了对国故的种种看法，并提出了要“整理国故”，而张煊等人则对此予以驳斥。双方以论战的方式就应当如何看待国故、国故在世界学术上的位置等问题陈述了自己的观点。胡适在毛、张间的争论中也提出了自己的意见，他认为，对待国故的问题，应当抛开有用无用的“狭义的功利观念”，而去追求一个“为真理而求真理”的态度。此后，在 1919 年 12 月出版的《新青年》第 7 卷第 1 号上发表了胡适撰写的《新思潮的意义》一文。胡适在这篇文章中首次从新文化运动的角度，对整理国故提出了系统的主张，不失时机地将整理国故纳入了新思潮的范围中——研究问题、输入学理、整理国故、再造文明。整理国故遂开始成为一场声势浩大的运动，出现于五四时期的学术文化领域中。

在提倡并实施整理国故的过程中，对国故、国故学以及整理国故在概念、方法、内容、目的等方面不断出现了一些变化和发展，很多人按照自己的理解对相关问题做出了不同的阐释，还有许多人对整理国故本身提出了赞同或批评意见。郭沫若在 1924 年 1 月出版的《创造周刊》（第 36 号）上发表了《整理国故的评价》一文，对正在轰轰烈烈进行的整理国故运动提出了自己的看法。

郭沫若认为，“大凡一种提倡，成为群众意识之后，每每有石玉杂糅，珠目淆混的倾向。整理国故的流风，近来也几乎成为一个时代的共同色彩了。国内人士上而名人教授，下而中小学生，大都以整理相号召，甚至有连字句也不能圈断的人，也公然在堂堂皇皇地发表著作，这种现象，决不是可庆的消息。"他指出："如今四处向人宣传整理国故研究国学的人，岂不是大有这种打锣打鼓的风势了吗，国学运动才在抬头，便不得不招人厌弃，实在是运动者咎由自取。"①

很明显，文中所谓"四处向人宣传整理国故研究国学的人"指的是胡适等人，而郭沫若对整理国故发展成为一场轰轰烈烈的"运动"的现状非常不满。另一方面，他也不同意完全排斥国学、反对整理国故的观点，他说：

> 只徒笼统地排斥国学，排斥国学研究者，这与笼统地宣传国学，劝人做国学研究者所犯的弊病是同一的，同是超越了自己的本分而侵犯了他人的良心了。……只要研究者先有真实的内在的要求，那他的研究至少在他自己便是至善。我们不能因为有不真挚的研究者遂因而否认国学研究的全部，更不能于自我的要求以外求出别项的势力来禁止别人。②

那么，郭沫若自己又是如何看待整理国故的呢？他认为："研究的方法要合乎科学的精神，研究有了心得之后才能说到整理。而且这种整理事业的评价我们尤不可估之过高。整理的事业，充其量只是一种报告，是一种旧价值的重新估评，并不是一种新价值的从新创造，它在一个时代的文化的进展上，所效的贡献殊属微末。"③ 胡适曾说"发明一个字的古义，与发现一颗恒星，都是一大功绩"，郭沫若在这里却主张不要把整理国故的意义不恰当地拔高，这显然是针对胡适而言的。过分强调和渲染整理国故的意义，的确是当时存在的问题，郭沫若指出这一点十分必要。不过，他评价整理国故"充其量只是一种报告，是一种旧价值的重新估评，并不是

---

① 郭沫若：《整理国故的评价》，载《创造周刊》，第 36 号，1924。
② 同上。
③ 同上。

一种新价值的重新创造"，却未免把整理国故的意义看得过低了。

大约在《整理国故的评价》一文发表的四年之后，郭沫若于1928年开始撰写《中国古代社会研究》（该书于1930年结集出版），尝试运用唯物史观作为理论指导来研究中国古代历史。新的理论观点和研究对象的转变，使他对"国故"与"整理国故"有了不同于以往的认识。在《中国古代社会研究·自序》里，他因胡适的《中国哲学史大纲》而对整理国故发表了新的看法：

> 胡适的《中国哲学史大纲》，在中国的新学界上也支配了几年，但那对于中国古代的实际情形，几曾摸着了一些儿边际？社会的来源既未认清，思想的发生自无从说起。所以我们对于他所"整理"过的一些过程，全部都有从新"批判"的必要。[1]

胡适的《中国哲学史大纲》是整理国故运动中的一个标志，郭沫若批评《中国哲学史大纲》，其所指即可看做是整理国故。对于整理国故的倡导者所标榜的对古代思想的整理与评判，郭沫若指出必须先从客观历史实际入手进行研究，先认清"社会的来源"，否则"无从说起"。所以对整理国故运动需要重新"批评"。他这样比较"整理"与"批评"的不同：

> 我们的"批判"有异于他们的"整理"。
> "整理"的究极目标是在"实事求是"，我们的"批判"精神是要在"实事之中求其所以是"。
> "整理"的方法所能做到的是"知其然"，我们的"批评"精神是要"知其所以然"。
> "整理"自是"批评"过程所必经的一步，然而它不能成为我们所应该局限的一步。[2]

---

① 郭沫若：《中国古代社会研究》，7页，石家庄，河北教育出版社，2000。
② 同上。

可见，在接受了马克思主义理论并用以作为指导研究中国历史的时候，郭沫若在这个问题上的看法显然更加深入了一步。胡适讲到整理国故的目的之一是"各还他一个本来面目"，郭沫若则要求"实事之中求其所以是"、"知其所以然"，"我们要跳出了'国学'的范围，然后才能认清所谓国学的真相"；胡适等人一直强调整理国故要去掉狭义的功利观念，不要先存一个有用无用的成见，郭沫若则明确了目的性："对于未来社会的待望逼迫着我们不能不生出清算过往社会的要求。古人说：'前事不忘，后事之师。'认清楚过往的来程也正好决定我们未来的去向。"认识既然如此之不同，所以郭沫若强调指出：

> 恩格斯的著作中国近来已有翻译，这于本书的了解上，乃至在"国故"的了解上，都是有莫大的帮助。
>
> 谈"国故"的夫子们哟！你们除饱读戴东原、王念孙、章学诚之外，也应该知道还有马克思、恩格斯的著作，没有辩证唯物论的观念，连"国故"都不好让你们轻谈。[①]

由于具备了新的指导思想，使郭沫若对整理国故的目的有了不同于以往、也不同于他人的看法，他已经不再局限于就事论事、就整理国故论整理国故，他所关注的也不局限于前人留下的材料、文献以及思想，而是扩展到客观历史发展的过程及其内在动因。郭沫若的《中国古代社会研究》实际上开辟了中国史学新的发展途径，在这个新的发展途径中，整理国故被视为其中的一个阶段，"然而它不能成为我们所应该局限的一步。"

这些都说明，在接受并运用唯物史观进行历史研究之后，郭沫若的史学思想与以往相比发生了变化，其变化的突出特点是看问题更为深入，他强调历史研究不仅要"知其然"，而且还要"知其所以然"，从更深的层次寻找历史发展的规律，以便更好地认清"我们未来的去向"。

---

① 郭沫若：《中国古代社会研究》，9 页。

二、客观评价"古史辨派"的学术贡献

1923 年，顾颉刚提出了他著名的"层累地造成的中国古史"说，其主要观点是：第一，时代愈后，传说的古史期愈长；第二，时代愈后，传说中的中心人物愈放愈大；第三，我们即不能知道某一件事的真确的状况，但可以知道某一件事在传说中的最早的状况。顾颉刚的疑古学说在学术界引起轩然大波，不仅导致一场古史论战，而且由此掀起了一场以疑古辨伪为主要内容的古史辨运动。从那时开始直到今天，学术界从对"层累地造成的古史"观的争论发展到对"古史辨派"的评价，各种观点一直众说纷纭、毁誉参半。其中，郭沫若在 20 世纪 30 年代发表的对顾颉刚疑古观点及"古史辨派"的评价，成为十分重要的一家之言。

20 世纪 30 年代以后，随着唯物史观的传播范围及影响的不断扩大，以唯物史观为理论指导研究中国历史的成果逐渐增多。郭沫若《中国古代社会研究》就是从生产力与生产关系的发展来阐明中国从远古到近代的社会发展规律。对于上古历史，郭沫若在书中将卜辞、今文等实物材料和《尚书》、《诗经》、《周易》等文献材料结合起来，记述描绘了古代社会的发展景象，为古史研究开辟了一条新的道路。吕振羽的《史前期中国社会研究》（1934 年）"把文献记载的神话传说与新出土的考古文物结合起来，把历史学和民族学的理论方法结合起来，从而整理出一个体现了唯物史观的中国原始社会史的体系来"。[①] 马克思主义史学家对古史研究取得的成就，开辟了研究古史的新途径。

同时也有一些人片面地以唯物史观为标准，针对顾颉刚及"古史辨派"对古史的怀疑观点提出批评，认为他们违背唯物史观，说他们"不从社会的整个轮廓着眼，不从社会底凭藉去观察个人底行为，所以他尽举些头发梢的问题，从头发梢上下功夫，这样，那还有打不坏斩不断的历史呢？""顾颉刚的路线，会迷乱我们走到越走离中国古代社会越远的歧途

---

① 林甘泉：《吕振羽与中国社会经济形态研究》，载《史学史研究》，2000（4）。

上，为了这，我们非站在新的唯物论的见地上，对于顾颉刚路线加以无情的排除不可"，"从顾君的路线出发，必然的结果是把中国古史送到'断头台'上"。① 还有人说，顾颉刚的治学方法是"形式逻辑与实验主义信徒的说法，自我们辩证法论者看来，是完全不对的"，他们"没有解释古史的能力"，反而"腰斩古史"。② 这些论点说明，在当时就已经有这样一种倾向，即所谓以运用唯物史观作为评价"古史辨派"的标准，这样做的结果，当然是对"古史辨派"持完全否定的态度，而且一些具体结论也颇为极端。

那么，作为最早运用唯物史观研究中国历史的郭沫若又是什么观点呢？

1930 年，郭沫若在日本撰写的《中国古代社会研究》出版，这部书的初稿写成于 1929 年，至 1930 年，又不断补充了一些对中国古史的专题性的考释内容，作为该书的"附录"。其"附录九"讲的是"夏禹的问题"，涉及对"古史辨派"的古史观的看法。郭沫若说："顾颉刚所编著《古史辨》第 1 册，最近始由朋友寄来，我因为事忙，尚没有过细地翻阅；但就我东鳞西爪的检点，我发现了好些自以为新颖的见解，却早已在此书中由别人道破了。""这些见解与敝见不期而同，但都是先我而发的。"③

郭沫若与"古史辨派"的研究理念与研究方法并不相同，但却得出了一些相同的结论，这对双方都有一定的启发，而且郭沫若非常坦率地说明，顾颉刚的一些观点都是先于他而提出的。这既反映了郭沫若在学术研究的层面肯定了"古史辨派"的一些研究结论，也说明了他对于学术研究的实事求是的态度，当发现有人已先于自己得出了与自己的研究相同的结论，便坦然承认是"先我而发的"。

在《中国古代社会研究》的"自序"里，郭沫若曾批评胡适的《中国哲学史大纲》"在中国的新学界上也支配了几年，但那对于中国古代的实际情形，几曾摸着了一些儿边际？"读了《古史辨》第 1 册后，他的认识也

---

① 马乘风：《中国经济史》第 1 册，503、499、507 页。

② 李季：《古史辨的解毒剂》，载《求真杂志》，第 1 卷，1946 (1)。

③ 郭沫若：《中国古代社会研究》，290 页。

有了一些变化：

> 便是胡适对于古史也有些比较新颖的见解，如他以商民族为石器
> 时代，当向甲骨文字里去寻史料；以周、秦、楚为铜器时代，当求之
> 于金文与诗。但他在术语的使用上有很大的错误。……

> 胡适的见解，比起一般旧人来，是有些皮毛上的科学观念。我前
> 说他在《中国哲学史大纲》中"对于中国古代的实际情形，几曾摸着
> 了一些儿边际"，就《古史辨》看来，他于古代的边际却算是摸着了
> 一点。①

郭沫若在这里实事求是地、具体地分析了胡适对古史的一些见解，肯定了
其正确的地方，指出了其谬误之处，并修正了自己以前对胡适的古史观点
的看法，认为"就《古史辨》看来，他于古代的边际却算是摸着了一点"。

至于顾颉刚的古史观，郭沫若基本上是肯定的，他指出："顾颉刚的
'层累地造成的古史'，的确是个卓识。从前因为嗜好不同，并多少夹有感
情作用，凡在《努力报》上所发表的文章，差不多都不曾读过。他所提出
的夏禹的问题在前曾哄传一时，我当时耳食之余，还曾加以讥笑。到现在
自己研究了一番过来，觉得他的识见是有先见之明。在现在新的史料尚未
充足之前，他的论辩自然并未能成为定论，不过在旧史料中凡作伪之点大
体是被他道破了。"②

作为中国马克思主义史学的开创者之一，郭沫若对"古史辨派"的评
价是值得重视的，事实上，这段话曾被论者多次引用，以说明顾颉刚古史
观的积极意义。

三、从"整理"到"批判"的史学认识论

在评价"古史辨派"的问题上，还应当注意到这样一个问题，即作为

① 郭沫若：《中国古代社会研究》，290、291 页。
② 同上书，291 页。

中国马克思主义史学家的郭沫若，是如何对待非马克思主义史学的，是用什么态度对待非马克思主义史学的。

我们看到，无论是新中国成立前的 20 世纪三、四十年代，还是新中国成立后的 20 世纪 50 年代和 60 年代，在对"古史辨派"的众多批评意见中，"古史辨派"没有运用唯物史观，没有从生产力、生产关系的矛盾运动中分析研究古代社会，没有使用阶级分析方法等批判意见一直存在。尤其是在 20 世纪 50 年代因批判胡适而波及批判"古史辨派"，有人更将这种评价标准发挥到了极致，说"古史辨派"是"极端的唯心论"，是"抗拒唯物史观的一种巧妙手段"，"阻碍了唯物史观的进行"等。在相当长的一段时期里，似乎凡是没有使用唯物史观的非马克思主义史学都是不科学的，都是错误的。具体到评价"古史辨派"这个问题上，可能直到 1993 年在"纪念顾颉刚先生诞辰九十周年纪念会"上胡绳发表的讲话，才明确将这个问题予以纠正。胡绳指出：

> 马克思主义的观点和方法能够引导研究者达到正确的结论，但是不能以为，只要是自觉地运用马克思主义的观点和方法进行研究，他的结论都是正确的；也不能以为，凡是不自觉地运用马克思主义的观点和方法进行研究，都是错误的。这两种看法都不符合事实。①

胡绳特意引用了上述郭沫若评价顾颉刚古史观的那一段话，并指出，"郭老的这段话代表了马克思主义学术界对颉刚先生之说的正确态度"。

在这里，我们首先应当看到，在评价"古史辨派"这的问题上，郭沫若对于非马克思主义史学的观点和态度是非常客观的，他是用辩证的观点来看待他们的。郭沫若的这段话是在 1930 年讲的，也就是说，早在郭沫若致力于用马克思主义理论研究中国历史之初，就对马克思主义史学、对马克思主义史学与非马克思主义史学的关系，有着十分科学的、清醒的认

---

① 胡绳：《在纪念顾颉刚诞生一百周年学术讨论会上的讲话》，载《中国社会科学院研究生院学报》，1993（5）。

识。他没有因为别人没有运用唯物史观，便将他们的学术成就一笔抹杀；更没有因为别人没有运用唯物史观，便将他们贬低得一无是处。他尊重并肯定非马克思主义史学家在学术研究中做出的正确结论，他肯定"顾颉刚的'层累地造成的古史'，的确是个卓识"，肯定顾颉刚"在旧史料中凡作伪之点大体是被他道破了"，还特别说明他先前对顾颉刚古史观在"耳食之余，还曾加以讥笑"，但经过"自己研究了一番过来，觉得他的识见是有先见之明"。可是，在如何对待非马克思主义史学这一问题上，一段时期内一直存在"左"的倾向，如评价"古史辨派"这个问题就是如此，仅就这一个案而言，大约到了 20 世纪 80 年代中后期才逐渐趋于平实，即如胡绳讲到的："马克思主义对非马克思主义的态度应是分析批判的态度——吸取其中有价值的东西，否定其中无价值的东西，一笔抹杀的否定是不对的，只否定不吸取是不对的，甚至应该说，否定是为了吸取，在一定意义上吸取比否定更重要。"这样一个经过了几十年才逐渐明确了的问题，郭沫若却于 20 世纪 30 年代初就在实际的研究中作出了回答。从这一点上看，郭沫若称得上是一位真正的马克思主义史学家。

值的重视的是，郭沫若对于"古史辨派"的评价，是有其历史认识论方面的理论依据的。联系到上面所提到的郭沫若对于整理国故的观点，他认为"整理"的目标是"实事求是"，"批判"的目标是要在"实事之中求其所以是"。也就是说，这是研究历史的过程中的两个阶段：先要以实事求是的精神弄清历史真相，这个工作当然主要是通过史料整理的手段；然后在前一阶段研究的基础上，努力探究其发展动因和规律，明了其"所以然"。郭沫若将顾颉刚的疑古辨伪视作研究历史的前一阶段，"古史辨派"打破不可信的古史系统、"道破"旧史料中的"做伪之点"，正是在该研究阶段中所必需的，"古史辨派"的成就与功绩也主要反映于此。因此，郭沫若能够客观地看待与评价"古史辨派"，认为"顾颉刚的'层累地造成的古史'，的确是个卓识"。同时，郭沫若还认为，"'整理'自是'批评'过程所必经的一步，然而它不能成为我们所应该局限的一步"，以唯物史观为指导探究历史发展的"所以然"是下一个阶段的工作。

反观顾颉刚对于唯物史观的态度，他这样说过：

我自己决不反对唯物史观。我感觉到研究古史年代，人物事迹，书籍真伪，需用于唯物史观的甚少，无宁说这种种正是唯物史观者所亟待于校勘和考证学者的借助之为宜；至于研究古代思想及制度时，则我们不该不取唯物史观为其基本观念。……等到我们把古书和古史的真伪弄清楚，这一层的根柢又打好了，将来从事唯物史观的人要搜取材料时就更方便了，不会得错用了。是则我们的"下学"适以利唯物史观者的"上达"；我们虽不谈史观，何尝阻碍了他们的进行，我们正为他们准备着初步工作的坚实基础呢！①

顾颉刚与郭沫若在历史认识问题上的观点，有一致之处。因此，郭沫若之所以在 20 世纪 30 年代初就能够对"古史辨派"有一个比较客观的评价，其对历史认识过程的两个阶段的史学思想，是一个内在的原因。

　　以上通过郭沫若对整理国故和"古史辨派"的意见与评价，分析了郭沫若史学思想的一个侧面，这对于我们加深认识郭沫若的史学思想，抑或评价"古史辨派"，都会有所帮助。

---

① 顾颉刚：《古史辨》第 4 册，《顾序》，22～23 页。

对《十批判书》的评论与争议
之回顾与认识
——一个关于中国马克思主义史学评价问题的个案研究

郭沫若是一位对中国马克思主义史学、对近现代中国史学作出了杰出贡献、具有广泛影响的史学家。在郭沫若诸多的史学著述中,《十批判书》显得格外引人注目。这不仅由于《十批判书》一直是中国古代史和古代思想史研究领域中的重要著作而被学人所重视,而且《十批判书》还屡遭各种争议与非难,并直接影响到对郭沫若学术及其学品的评价和认识,众说纷纭之际,亦关乎对中国马克思主义史学中相关问题的基本看法。凡此种种,使《十批判书》在中国马克思主义史学发展史上占有一个特殊的地位。笔者在这里试图梳理《十批判书》自成书之时至今60余年间所出现的各种评价与争议观点,借此展现因《十批判书》所反映出的郭沫若史学在不同时段被学界的认同状况,从一个侧面说明影响中国马克思主义史学发展的多重因素,既是导致时人不同评价的内在原因,也是今人研究时所必须谨慎面对的。

一、20 世纪 40 年代对《十批判书》的评论

1937 年抗战爆发后,郭沫若从日本回国,积极投身于抗日救亡运动中。1942 年在庆贺他五十寿辰时,周恩来对他说:"复活过去的研究生活,指导这一代青年,提倡起研究学习的精神,以充实自己,以丰富我们民族的文化,郭先生,现在是时候了。"[①] 1943 至 1945 年,郭沫若加强了对先

---

① 北京大学等主编:《新文学运动史料选》,195 页,上海,上海教育出版社,1979。

秦社会和学术思想史的研究，撰写相关学术论文达 20 余篇，并于 1945 年结集为《十批判书》和《青铜时代》。其间，还写出了日后产生重大影响的《甲申三百年祭》。稍后又推出了《商周古文字类纂》和《历史人物》。《十批判书》的研究和撰写是有其特定的时代背景的。

被认为是《十批判书》中最重要的《古代研究的自我批判》完稿于 1944 年 7 月，杜国庠看过原稿后写诗称赞："殷契周金早擅场，井田新说自汪洋。庐瓜一样堪菹剥，批判依然是拓荒。"① 郭沫若以"得到朋辈的承认和慰勉"之由将杜诗录于《十批判书·后记》中。当时在重庆参加国民参政会工作的中共代表林伯渠也已看到原稿，题写《读郭沫若〈古代研究的自我批判〉》诗四首，诗中将郭沫若比作解析古代学术疑难问题的"斫轮手"②。不论是"拓荒"还是"斫轮手"，均说明杜、林二人强调的是《古代研究的自我批判》在研究中国古代史方面所具有的开创性意义。

如果说杜、林的赞诗"有点近于标榜"（郭沫若语）③ 尚不能称得上是真正意义上的学术评论的话，那么，作为《十批判书》的著者，最先对《十批判书》作出评价的，却是郭沫若本人。

众所周知，郭沫若于 1930 年出版的《中国古代社会研究》一书，是他步入史坛的奠基之作，这部书首次用唯物史观研究中国古史，标志着中国马克思主义史学由此开始建立起来。从《中国古代社会研究》即对于古代社会历史的研究，到《十批判书》即对于古代历史社会史和思想学说史的研究，反映了郭沫若史学研究不断深入的自觉意识，也反映了中国马克思主义史学研究的继续发展。《十批判书》以《古代研究的自我批判》开篇，以《吕不韦与秦王政的批判》结尾，共收十篇"批判"。1945 年 5 月 5 日，郭沫若在该书"后记"中说："我自然并不敢认定我的见解就是绝对的正确。但就我所能运用的材料和方法上看，我的看法在我自己是比较心安理得的。""秦、汉以前的材料，差不多被我彻底剿翻了。考古学上的、文

---

① 郭沫若：《十批判书·后记》，474 页。

② 参见周振甫、陈新注释：《林伯渠同志诗选》，70～71 页，北京，中国青年出版社，1980。

③ 郭沫若：《十批判书·后记》，474 页。

献学上的、文字学、音韵学、因明学，就我所能涉猎的范围内，我都作了尽我可能的准备和耕耘。""法官是依据法律来判决是非曲直的，我呢是依据道理。道理是什么呢？便是以人民为本位的这种思想。""无论是怎样的诡辞，必然有它的社会属性，一定要把它向社会还原，寻求得造此诡辞者的基本立场或用意，然后这一学说或诡辞的价值才能判断。"① "彻底剿翻"材料、"以人民为本位"的评判标准、探寻某学说产生的社会属性等材料和方法的"运用"，使郭沫若对该书的观点"比较心安理得"，而以上几点，正是《十批判书》的特色，也是对先秦思想史研究的新意所在，大致包括：在材料上的全面爬梳与悉心整理，在基本观点上持"以人民为本位"的思想，在研究方法上的"向社会还原"与"判定价值"。所属材料与方法二者当为马克思主义史学和非马克思主义史学研究共同遵循的基本学术规范指标，而"以人民为本位"的指导思想则影响到研究结论的价值取向，成为容易出现争议的要素。

　　郭沫若述及自己对先秦诸子的研究时说："我的方法是把古代社会的发展清算了，探得了各家学术的立场和根源，以及各家之间的相互关系，然后再定他们的评价。"② 既然涉及"立场"还要再定"评价"，《古代研究的自我批判》先对《中国古代社会研究》的失误作了自我批判，意在修正其对于古代社会性质的判断，随后便是对一些历史人物的评价，在很多方面即表现出了他的"一家之言"，如"祖护"儒家，批评墨家，因为"孔子的立场是顺乎时代的潮流，同情人们解放的，而墨子则和他相反"；认为韩非是"帝王本位的反动派"等。看得出，一味使用"人民本位"的评价标准，是得出这些"翻案"结论的直接原因，郭沫若在《十批判书》中的此类观点，带有浓厚的时代烙印，也是当时中国马克思主义史学中存在的问题。

　　《十批判书》出版后，很快引起学术界的关注，介绍与评论的文字频频见诸杂志和报刊。

　　1946 年 6 月，由北平图书馆编辑出版的《图书季刊》新第 7 卷第 1、

----

① 郭沫若：《十批判书·后记》，465、479、481 页。

② 同上书，467 页。

第2期合刊在其"图书介绍"栏目评介《十批判书》称:"郭君是书之价值,在对先秦诸子作一种新试探,以求对诸子有比较真确之认识。又重新估定诸子价值,如对墨子之估价,与梁启超胡适诸氏所见异趣。其谓荀子可谓杂家,谓韩非之思想以现代眼光看,不能谓为真正之法治思想,皆与晚近一般推论不同。吕不韦秦王政一文抉出战国末期思想及政治上之隐微,是为书中最精辟之一篇。"① 可见其"新试探"、"重新估定诸子价值"、"与晚近一般推论不同"等特点为人们所关注。该期杂志一并介绍了包括陈梦家的《老子分释》和《西周年代考》、杨向奎的《西汉经学与政治》、贺昌群的《魏晋清谈思想初论》、郑天挺的《清史探微》、连横的《台湾通史》等42本学术著述,唯将《十批判书》置于所评诸书之首位,同样表明了该书在编者眼中的地位。

齐思和与朱自清先后发表的书评,则是反映了当时学术界对《十批判书》的不同看法。

朱自清署名"佩弦"(朱自清字佩弦)的评论发表于1947年1月4日《大公报》的《图书周刊》第1期。朱自清认为:"十篇批判,差不多都是对于古代文化的新解释和新评价,差不多都是郭先生的独见。"他举例说,对孔子的评价,尽管在"新史学家"中持不同意见,但是郭沫若的观点"是经过批判了的,站在人民的立场上重新估定了的,孔子的价值,跟从前的盲目不能相提并论"。郭沫若所说的:"井田制的破坏,是由于私田的产生,而私田的产生,则由于奴隶的剩余劳动之尽量榨取,这项劳动便是在井田制的母胎中破坏了井田制的原动力。"朱自清引用这段话并认为:"这里应用着辩证唯物论,但我们不觉得是公式化。"因此"我推荐给关心中国文化的人们,请他们都读一读这一部《十批判书》"。

值得一提的是,朱自清是结合当时古史研究的发展趋向来评价《十批判书》的。他首先对冯友兰曾经提出的"信古"、"疑古"、"释古"说中的"释古"之意作了一番阐发,认为"释古"就是"客观的解释古代",然而"无论怎样客观,总不能脱离现代人的立场"。他就此指出:"只求认清文

---

① 载《图书季刊》,新第7卷,1946-06 (1)、(2) 合刊。

化的面目，而不去估量它的社会作用，只以解释为满足，而不去批判它对人民的价值，这还只是知识阶级的立场，不是人民的立场。""从迷信古代，怀疑古代到批判古代，中间是得有解释古代这一步工作才成。"即今人要批评古代，须先解释古代，而无论是解释还是批评，"总有一个立场，不过往往是不自觉的"。在此基础上，朱自清评价《十批判书》说："这'人民本位'的思想，加上郭先生的工夫，再加上给了他'精神上的启蒙'的辩证唯物论，就是这一部《十批判书》之所以成为这一部《十批判书》。"这里，朱自清强调并肯定了《十批判书》中"人民本位"的评价标准和以"辩证唯物论"为理论指导这两大特色，遂凸显了当时中国马克思主义史学研究的独到之处，朱自清的观点也与上述郭沫若的自我评价多相吻合。日后在朱自清的文集中重新收录这篇文章时，十分贴切地被冠以"现代人眼中的古代"为篇名（发表在《大公报》上的原文未置标题），其"现代人"即可理解为"新史学家"，"现代人眼中的古代"或可指使用新的观点与方法研究古代学术之意。

齐思和的评论发表于1946年6月出版的《燕京学报》第30期的"书评"栏目。齐文首先肯定了郭沫若为"为当代大文学家"，"郭氏于新文学方面，无论小说、散文、戏曲，皆有极精深之造诣，其所翻译各书，论质论量，皆有可观。近十余年来由文学而究心古代文字，由文字而研究古代社会制度，近更由制度而推究古代思想，亦多所创获，有盛名于当世。"之后笔锋一转，"然郭氏本为天才文人，其治文字学与史学，亦颇表现文学家之色彩。故其所论，创获固多，偏宕处亦不少，盖其天才超迈，想象力如天马行空，绝非真理与逻辑之所能控制也。"齐思和的结论是："此书专为研究古代思想而作，若以哲学眼光观之，则远不如冯友兰《中国哲学史》创获之丰，思想之密。""是书于先秦诸子之考证，远不及钱穆《先秦诸子系年》之精，论思想则更不及冯友兰氏之细，二氏书之价值，世已有定评，而郭氏对之皆甚轻蔑，亦足见郭氏个性之强与文人气味之重矣。"

齐思和的评价，重点在于强调郭沫若作为文学家所具备的"超迈想象力"，而否定郭沫若作为史学家所应具备的"真理与逻辑"的必备条件，仅从这一点来看，齐思和的看法不免带有一些先入为主的成见。齐思和列举的"此书置自我批判于孔子批判之前，且以自我批判起，以自我批判终"来证明"无不表现文人自夸心理"，可能也未必恰当。《古代研究的自我批判》是郭沫若对他以往古代社会研究的一个全面总结和反思，《后记》是阐述"怎样写《青铜时代》和《十批判书》"的说明，如此的篇幅结构安排，是难以联系到所谓"文人自夸心理"的。至于说《十批判书》不如冯友兰《中国哲学史》"创获之丰"、"思想之密"，不如钱穆《先秦诸子系年》"之精"，则属见仁见智。要说清楚这个问题，须从三书的著述性质、基本观点以及成书时的学术背景和时代背景等多重因素作综合考察，仅凭郭沫若是"天才文人"一点便否定《十批判书》的学术价值似显武断。历史考证方法流行的20世纪三、四十年代，一些非马克思主义史学家并未接受唯物史观，尤其是并不了解抗战时期中国马克思主义史学的发展情况，更无从细查"新史学家都持着相反的意见"① 等原委，对以"人民本位"的评价标准也多有忽略。齐思和提出的针对《十批判书》的某些批评意见应与此相关。一些因郭沫若的文学家色彩和诗人气质所导致的与严密历史考证方法相悖的不足，也确实存在。但是，这并不是从整体上否定《十批判书》的理由。事实上，齐思和在他的另一篇文章《近百年来中国史学的发展》一文中，亦肯定"《十批判书》、《青铜时代》，都对于中国古代社会有许多重要的贡献"②。

即使在马克思主义史学阵营中，对《十批判书》的看法也未尽相同，这里可以举出两例说明。

1. 华岗在1945年写就的《中国历史的翻案》一书中，对《十批判书》提出了批评意见：

> 郭沫若先生最近在《十批判书》中，又大做翻案文章，特别攻击墨家，而赞扬儒家，因此有人说郭沫若成了抑墨扬儒论者。其论据既甚牵强，而历史意义也多被颠倒。郭先生是中国数一数二的历史家，

---

① 朱自清：《（评）十批判书》，载《大公报·图书周刊》，1947-01-04（1）。
② 齐思和：《近百年来中国史学的发展》，载《燕京社会科学》，第2卷，1949。

又是我所景仰的革命战士，但是他在历史翻案工作中，常常以出奇制胜，而不以正确致胜，我却期期以为不可。①

2. 吕振羽于 1946 年对他的《殷周时代的中国社会》做了一次修订，在"修订版序"中说：

> 郭沫若先生的大著《古代研究的自我批判》出版后，其中并有不少牵涉到拙著《中国原始社会史》和本书即《殷周时代的中国社会》及《中国政治思想史》的许多主要论点。我一面衷心钦佩郭先生的自我批判精神，一面感谢他给了我不少启发。我把郭先生这部大著细读了三遍，细心考虑了郭先生的高见后，便更决心要把自己过去的全部见解，深入的去检讨一遍。②

用新的观点、方法、材料研究中国历史，并结合当时的社会政治状况，当时的史学界多有历史翻案的现象出现，华岗此文重在从认识论和方法论的角度，论述了"建立信史的前提"、"考证学和历史"、"立场与方法"等问题，以此强调历史研究的科学性，针对郭沫若在《十批判书》中攻击墨家、赞扬儒家等对历史人物的翻案观点提出异议，矛头所指，当为郭沫若所持"以人民为本位"评价标准的局限性而言。吕振羽则是从《古代研究的自我批判》中获得"启发"，主要内容应该是古代社会形态方面的问题。郭沫若"考验辩证唯物论的适应度"，注重从中国的具体历史中检验唯物史观是否符合中国的历史实际，这是中国马克思主义史学研究的根本性问题之一。《古代研究的自我批判》促使吕振羽要深入检讨"自己过去的全部见解"，表明了他对《十批判书》的赞赏与重视程度。

可见，20 世纪 40 年代对《十批判书》的各种不同评价，与《十批判书》本身的特点，与当时的学术、时代背景以及评论者的学术语境、所持

---

① 华岗：《中国历史的翻案》，29 页。

② 吕振羽：《殷周时代的中国社会》，1~2 页，北京，三联书店，1962。

观点和评论者所关注的重点均不无关系，也在一定程度上反映了中国马克思主义史学在当时的生存与发展状况。

二、20 世纪 60 年代以来对《十批判书》的争议和研究

新中国建立后，中国马克思主义史学居主导地位。然而对《十批判书》的争议却并未停息。

20 世纪 50 年代以后，毛泽东逐渐倾向于尊法反儒、扬秦贬孔，他曾经说过：秦始皇比孔子伟大得多，秦始皇是第一个把中国统一起来的人物。1968 年 10 月，毛泽东在中共扩大的八届十二中全会闭幕会上的讲话中说：“我这个人比较有点偏向，就不那么高兴孔夫子。看了说孔夫子是代表奴隶主、旧贵族，我偏向这一方面，而不赞成孔夫子是代表那个时候新兴地主阶级。因此，我跟郭老在这一点上不那么对。你那个《十批判书》崇儒反法，在这一点上我也不那么赞成。”在《十批判书》中，郭沫若除了对孔子持肯定观点之外，对秦始皇的指斥多处可见。作者说秦始皇统一六国是“幸运”的“成功”；秦始皇统一度量衡、统一文字等项事业“与其说是一二人的大力使然，而其实是时代的趋势”；秦始皇“极端专制，不让人民有说话的余地”；“他逐放母亲，囊杀婴儿，逼死有功的重臣，毒杀有数的学者，如尉缭批评他的‘少恩而虎狼心……得志亦轻食人’，照史实看来，是一点也不曾过分”。将秦始皇在历史上的业绩和个人的作为行事一并加以否定，这显然与晚年毛泽东的观点是不同的。20 世纪 70 年代“批林批孔”运动开始后，缘于林彪一伙曾有肯定孔孟的言论并诋毁毛泽东就是当代秦始皇，故而郭沫若对秦始皇的否定就更引起毛泽东的反感。1973 年 8 月，毛泽东写了一首《读“封建论”呈郭老》的诗：“劝君少骂秦始皇，焚坑事业要商量。祖龙虽死魂犹在，孔学名高实秕糠。百代都行秦政法，《十批》不是好文章。”[1] 平心而论，毛泽东突出秦始皇在

---

[1] 参见张树德：《红墙大事 2：中国革命和建设过程中历史事件真相》下册，682～685 页，北京，中央文献出版社，2006。

历史上的积极作用，不同意郭沫若崇儒反法的见解，也不是没有道理，问题是当时毛泽东对孔子、秦始皇的看法并非全然属于学术见解，而且在"文革"那样特殊的年代，已经没有什么学术研究可言，以当时的状况和毛泽东的地位，给《十批判书》的定论不啻是将这部著作连同作者推到了一种十分危险的境地，这时郭沫若所作的表态和观点上的修正，已经不是学术问题了。今天，"《十批》不是好文章"的说法当然不应被视为评价《十批判书》的正确观点。

还在 20 世纪 50 年代，余英时在香港《人生》半月刊第 8 卷第 6、第 7、第 8 期发表《郭沫若抄袭钱穆著作考——〈十批判书〉与〈先秦诸子系年〉互校记》一文，论证并指责《十批判书》抄袭了钱穆的《先秦诸子系年》，但在当时没有产生什么反响。时至 20 世纪 90 年代，余氏所著两本文集《犹记风吹水上鳞——钱穆与现代中国学术》（台北，三民书局，1991）和《钱穆与中国文化》（上海，上海远东出版社，1994）先后出版，二书均以原来的副标题为题收入了该文①，并在文前写有"跋语"，进一步宣称"《十批判书》作者的攘窃，铁案如山，我一点也没有冤枉他，而且这一重公案至今仍不甚为世所知，让它再流传一次还是有意义的"。② 此后，"抄袭说"在学界遂产生了相当影响，被视作一桩学术公案，一时闹得沸沸扬扬。某些人信以为真，随声应和。③

"抄袭说"不仅直接影响到对《十批判书》的评价，更涉及对郭沫若学术及其学品的看法。对此已有学者撰文辩驳。翟清福、耿清珩在《中国史研究》1996 年第 3 期发表了《一桩学术公案的真相——评余英时〈《十批判书》与《先秦诸子系年》互校记〉》，"把《互校记》（即余英时《〈十批判书〉与〈先秦诸子系年〉互校记》——笔者）和《十批判书》、《先秦

---

① 上海远东出版社版《钱穆与中国文化》在收入《〈十批判书〉与〈先秦诸子系年〉互校记》一文时略有删削。参见傅杰：《差之毫厘，谬以千里》，载《书屋》，2000（5）。

② 余英时：《〈《十批判书》与《先秦诸子系年》互校记〉跋语一》，见余英时：《钱穆与中国文化》，121 页，上海，上海远东出版社，1994。

③ 如丁东：《学术中不能承受之轻》、《逢场作戏的悲哀》，前文载《博览群书》，1995（12）；后文载《书屋》，1996（4）。

诸子系年》的有关材料也互校了一番。结果发现，《互校记》对《十批判书》的攻击根本不能成立，其手法完全背离正常的学术批评准则。余英时在文中对郭沫若的肆意斥责和嘲讽，完全出自于他对郭沫若的偏见"。该文"就余英时《互校记》中罗列的《十批》抄袭《系年》的证据略加爬梳和辨析"，分"关于吕不韦与秦始皇"、"关于前期法家"、"关于稷下学派和其他诸子"等几方面，"说明余英时攻击郭沫若《十批判书》抄袭钱穆《先秦诸子系年》是没有道理和没有根据的"。文末特别提及："如果余英时先生对这桩公案还有什么新的看法，我们是愿意和余先生进一步讨论的。"但一直未见对方回应。之后，另有一些反对"抄袭说"的文章纷纷发表，进一步澄清了事实真相。①

随着改革开放以后大陆学术界研究气氛的逐渐正常化，对《十批判书》的研究与评价也更为全面和深入。

1. 能够更为客观、全面地评价《十批判书》。如卜庆华著《郭沫若评传》（修订本）有"《十批判书》"一节，从古代社会结构和社会性质研究、先秦学术的研究、对秦始皇和孔子的评价等三方面分析了《十批判书》的成就与不足，作者指出："《十批判书》是郭沫若力图用历史唯物主义观点，对我国古代社会，特别是古代思想进行卓有成效探索的著作。尽管其中一些论点尚有缺点或可讨论，但作者走的路子是正确的，开拓性的功绩是不可磨灭的。"② 孙开泰撰文评述了《十批判书》反映出的研究先秦诸子的特点，即以"人民本位"的尺度评判先秦诸子的基本立场和用辩证唯物论的观点和方法研究先秦诸子，并指出郭沫若的相关研究对学术界的影响和研究的不足。③

2. 通过《十批判书》进一步探讨郭沫若史学思想与方法的特点。林甘泉的《从〈十批判书〉看郭沫若的史学思想》一文，通过《十批判书》探

---

　　① 如翟清福：《〈十批判书〉真的抄袭了〈先秦诸子系年〉?》，载《史学集刊》，1996（4）；方舟子：《郭沫若抄袭钱穆了吗?》，载《书屋》，1999（5）等。

　　② 卜庆华：《郭沫若评传》（修订本），256页，长沙，湖南文艺出版社，1986。

　　③ 参见林甘泉、黄烈主编：《郭沫若与中国史学》，409～454页，北京，中国社会科学出版社，1992。

讨了郭沫若史学思想的若干特点：（1）"在《十批判书》中，郭沫若对于《中国古代社会研究》的失误作了自我批判"，郭沫若希望就中国历史来"考验辩证唯物论的适应度"，"《中国古代社会研究》是他做这种尝试的最初成果。在《十批判书》中，这种实事求是的指导思想得到了进一步贯彻"。① （2）郭沫若"兼备了'比次之书'、'独断之学'和'考索之功'三方面的功力和学识"，"《十批判书》在这方面，就是一部代表作"。② （3）"《十批判书》中对一些历史人物的评价，有的是坚持了历史评价和道德评价的统一，有的则是用道德评价代替了历史评价。这里暴露了郭沫若'以人民为本位'的标准的局限性。"③ 笔者认为，该文对深入认识郭沫若对中国马克思主义史学的贡献以及如何评价《十批判书》具有重要意义。

3. 开辟新角度、发掘新材料，力求对《十批判书》的研究有新的进展和突破。2007年第3期的《历史研究》发表了戚学民的《再论〈十批判书〉的撰著动机与论学宗旨》。该文认为，《十批判书》的撰著动机，"不仅意在反对当时国民党的统治，同时也有与马克思主义史学同行商榷之意"。具体而言："《十批判书》和《中国通史简编》等书的观点存在直接的呼应关系，尤其值得注意的是，《十批判书》对先秦思想进行全面系统研究的动因，主要来自于作者对同道的批评的回应。虽然我们尚不能绝对地说《中国通史简编》是《十批判书》唯一的理论对象，但是就其观点的全面性和权威性而言，类似《中国通史简编》的观点正是引发郭沫若撰写《十批判书》的重要因素，这是今天阅读和研究《十批判书》时不应忽视的问题。"作者在一定程度上明确了郭沫若在《十批判书·后记》中所说的"我们（指"新史学"家——笔者）的方法虽然彼此接近，而我们的见解或所得到的结论有时却不一定相同"，"我不否认我也是受了刺激"，"假使没有这样的刺激和鼓励，恐怕也是写不出来的"等言语背后的实情。尽

---

① 林甘泉：《从〈十批判书〉看郭沫若的史学思想》，见郭沫若故居、中国郭沫若研究会编：《郭沫若百年诞辰纪念文集》，198、195～196页，北京，社会科学文献出版社，1994（该文收入林甘泉：《林甘泉文集》，上海，上海辞书出版社，2005）。

② 同上书，201页。

③ 同上书，212、213页。

管作者只是"推测"了"《十批判书》整个写作过程",要想证明此"推测"的正确尚需更多的史料依据,但是该文对我们进一步了解《十批判书》的撰写动机并深入讨论其论学宗旨颇具启发意义,亦有助于更为实事求是地评估《十批判书》的学术价值。

三、结语

《十批判书》自其成书至今,肯定和褒扬之辞不绝于耳,批评和非难之声也没有停息。各种意见不仅出现于学术批评的范围之内,而且还见之于学术批评范围之外。

仅就学术批评范围内而言,对《十批判书》所取得的学术成就当实事求是地加以评价,所存在的不足与失误也毋庸讳言。我们知道,《中国古代社会研究》作为中国马克思主义史学的拓荒之作,尚存在许多不足和缺陷,郭沫若自己认为:《中国古代社会研究》"只是我研究中的初级阶段",是"用科学的历史观点研究和解释历史"的"草创时期的东西"①,在《十批判书》中,他对这些缺陷(主要是西周社会性质等问题)作了自我批判和纠正,继续实践着他所说的"我也正是想就中国的思想,中国的社会,中国的历史,来考验辩证唯物论"在中国的"适应度"的观点。② 这不仅表明《十批判书》在运用马克思主义理论解释中国历史发展特点上较之《中国古代社会研究》更进了一步,而且充分反映了郭沫若并未把马克思主义理论当作教条化的公式,而是力图通过具体研究来检验它是否符合中国的历史实际的思想。以郭沫若为代表的老一辈中国马克思主义史学家是最早考虑"适应度"问题的,也是最早试图努力解决这一问题的。《十批判书》就是其中的一个代表。前述朱自清评价《十批判书》时就已经指出"先得对古代的记录有一番辨析和整理的功夫,然后下手,才能有些把握,才不至于曲解,不至于公式化"③,最近仍有论者同样指出"郭沫若研究先

---

① 郭沫若:《中国古代社会研究·新版引言》,1页。
② 郭沫若:《海涛集·跨着东海》,见郭沫若:《沫若文集》第8册,312页。
③ 朱自清:《(评)十批判书》,载《大公报·图书周刊》,1947-01-04(1)。

秦诸子的动因之一，就是批评学术界的'主观主义'和'教条主义'"①。

郭沫若对先秦学术思想及有关人物的评价有着自己的标准，"我的好恶的标准是什么呢？一句话归宗：人民本位！"②《十批判书》中对孔子、墨子、韩非的评价，就是以"人民本位"为标准而作出的。然而，过分地强调用"人民本位"的标准来判断历史人物的"善"与"恶"，并以善恶、好坏来代替对历史发展所起的作用，有一定的片面性，如果再联系到当时的时代背景，而将对历史人物的评价涉及于现实中，难免就会发生问题。郭沫若对秦始皇的评价就存在着这个缺陷，《十批判书》在新中国建立前后的一些遭遇亦与此相关。秦始皇实现了中国的统一，建立了中央集权国家，秦朝的政治经济制度为两千年的中国古代社会奠定了基础，对中国历史发展作出了重要贡献。如果离开了这些内容，看不到秦始皇对历史发展所起到的作用，仅从个人的品质、作风与行事等方面去否定他，把他那些有目共睹的业绩解释为幸运和偶然，郭沫若这样的观点显然是站不住脚的。究其原因，这与更多地从善恶角度出发过分使用"人民本位"的标准而忽视了对历史作用的判断有关，与郭沫若的诗人性格与感性上对秦始皇的憎恶有关，与借秦始皇隐含对当时蒋介石法西斯统治的批判有关，与介入了当时反独裁、争民主的时代意识有关。对于这些不足和失误，郭沫若自己不是没有察觉到，他后来不断对自己的观点作出反思和纠正。20世纪50年代他提出"今天我们对于秦始皇是应该有一个公平合理的批判的看法的，不可全面来否定，也不可全面来肯定"③，"我认为历史上有不少人物是应该肯定的。但其中有些人还受到歪曲，应该替他们翻案。殷纣王、秦始皇和最近正在讨论的曹操，都是"④。

同样情况不仅表现在《十批判书》中，也曾经是中国马克思主义史学

---

① 戚学民：《再论〈十批判书〉的撰著动机与论学宗旨》，载《历史研究》，2007(3)。

② 郭沫若：《历史人物·序》，《郭沫若全集》（历史编第4卷），3页。

③ 郭沫若：《由〈虎符〉说到悲剧精神》，见郭沫若著：《沫若文集》第17册，164页。

④ 郭沫若：《关于目前历史研究中的几个问题——答〈新建设〉编辑部问》，《郭沫若全集》（历史编第3卷），486页。

存在的问题。《十批判书》的遭遇只是比较典型地反映了出来。由于成书之时即有着某些非学术因素的时代痕迹，日后便有继续受到非学术因素干扰的可能。具体说就是 20 世纪六、七十年代毛泽东的"《十批》不是好文章"这样曾经是一言九鼎的评价对《十批判书》和郭沫若产生的消极影响。同属学术批评范围之外的个案，就是所谓郭沫若抄袭钱穆之说。某些人不惜歪曲事实，中伤郭沫若的学术道德，否定郭沫若的学术成就，使人不难觉察其所谓学术批评之外的其他目的。对于一部学术著作的评价，应该坚持历史主义的原则，实事求是、全面地加以认识，不应该因为看到其中存在着某些不足和失误就以偏概全、全盘否定，也不应该因为政治领袖的个人意见而影响到学术研究意义上的甄别评判，更不应该因为某学术权威别有用心的一面之词而不假思索地去迎合和鼓噪。

郭沫若对中国史学的贡献是一个事实，《十批判书》的学术成就和不足也是一个事实。我们既不应因其贡献和成就，就讳言其缺点和不足，也不应因其存在缺点和不足，便攻其一点，不及其余。对《十批判书》如此，对郭沫若的其他著作如此，对属于中国马克思主义史学的其他著作也是如此。

《新史学通讯》与
中国马克思主义史学

经过 20 世纪 20 至 40 年代艰难曲折的发展历程，中国马克思主义史学在 1949 年中华人民共和国建立之后，逐步确立了其主导地位。当时，在全国掀起的学习马克思主义理论热潮的大背景下，史学界也在努力将马克思主义的唯物史观贯彻运用于历史教育与历史研究中。从专门的历史研究机构中的学者和高校历史系的教授再到广大中小学的普通历史教师，面临的首要问题便是如何运用唯物史观指导历史教学与历史研究，如何将马克思主义理论贯彻到历史教学与历史研究的实践中。尽管从 20 世纪 20 年代以来中国马克思主义史学已经产生发展并且成就了一批马克思主义史学家，但从整个史学领域来看，"从头学起"在新中国建立之初仍是首要任务。在这种情况下，专门性的历史学刊物《新史学通讯》和《历史教学》于1951 年创刊出版，这是新中国成立后最早出现的、以宣传马克思主义史学为内容的专门的历史学杂志。

《新史学通讯》由中国新史学会河南分会主办，1951 年 1 月 31 日创刊，河南新史学会会长、河南大学校长嵇文甫任主编。刊物为月刊，自创刊至 1957 年 1 月改名《史学月刊》止，《新史学通讯》共出刊 63 期，持续六载。《新史学通讯》所反映的内容，在很大程度上反映了这个时期中国马克思主义史学主导地位确立的过程；对于中国马克思主义史学主导地位确立的贡献，则反映了该刊自身的学术价值。

一、普及唯物史观，指导历史教育的办刊方针

马克思主义理论在史学领域得到广泛传播，一个重要方面就是要将唯物史观的基本原则贯彻到各级学校的历史教学之中。这一切只能在摸索中取得经验并得到发展。从《新史学通讯》本身来看，这种认识也是不断明

确起来的，并最终将其确定为该刊的编辑宗旨。《新史学通讯》的"发刊词"中强调"把我们的研究工作与当前大中学的历史教学工作联系起来，一方面克服教学中的困难；另一方面即以此为基础，提高新史学的研究水平。"并规定刊物的内容是根据"研究工作与教学工作相结合的方针"而设置的。这里提出的教学与研究工作联系起来、克服教学中的困难、提高新史学的研究水平等目标固然十分重要，却显得笼统和一般化。如何联系，怎样提高？都还未能进一步说明。

经过一年多的实践过程，1952 年 7 月在刊物发刊到 10 期以后，《新史学通讯》的编者显然已经有了新的认识。他们认为新史学"应该密切地配合祖国的建设，给人民群众贯彻科学的历史知识，指导人民群众的奋斗道路"，"使其成为激发爱国主义的推动力之一"。作为思想文化领域的重要一支，历史学在普及与提高的关系上，"显然应该以普及为第一。一般中小学学生对历史课之不够重视，中小学教师感到讲授历史课的困难，就是最现实的问题，需要我们好好解决"。"只有社会一般，特别是中小学教师的历史教学的水平提高了，群众的新的历史知识提高了，反过来，也就启发了史学专家的思想，丰富了专家的研究内容，才能建立中国新的科学的完整的历史学。"① 基于上述认识，刊物编者确立了"为人民服务，为各级历史教学服务，特别是为中小学教师服务"的明确的办刊宗旨，将重点有针对性地放在广大中小学教师这一群体上，切实加强和促进对于马克思主义理论的学习和宣传，进而引导各个层次的历史教学与历史研究工作者掌握运用唯物史观。这不仅对于真正确立马克思主义史学的主导地位具有实质性意义，而且在普及与提高的基础上也掌握了主动，符合毛泽东提出的"在普及上提高，在提高指导下普及"的方针原则。正是由于抓住了适应客观需求的关键，使得这份每期仅 16 个页码（1955 年 4 月以后增至 26 个页码）的史学刊物受到了广大读者的热烈欢迎。

具体而言，《新史学通讯》在普及唯物史观、为各级历史教学服务、为中小学教师服务的做法上可以归纳为三个层次的工作：第一层次是宏观

---

① 《我们的编辑方针与计划》，载《新史学通讯》，1952-07。

的理论性指导方面，主要表现在有关运用马克思主义理论为指导的、在历史教学过程中所遇到的比较重要的理论性问题的导向性或探索性的论述。这类问题往往也超出了历史教学的范畴而涉及中国马克思主义史学的总体内容。第二层次是方法论指导方面，表现在阐明运用唯物史观进行历史教学的方法论原则，以及如何把这些原则运用到具体的教学工作中去。第三层次是运用马克思主义基本原理解答中外古今的各种历史问题，深入浅出地回答广大中小学教师及一般读者在学习过程中所提出的疑难问题。

· 第一层次以黄元起的《历史教学的目的、观点与方法》和嵇文甫的《关于历史教学中的几个重要问题》等文章为代表。黄元起在《新史学通讯》创刊号上把新中国历史教学的目的归纳为："第一，建立唯物史观，使学生了解社会发展的规律，特别是各民族历史发展的规律。""第二，建立阶级观点、群众观点、劳动观点、组织观点，并由此建立唯物的世界观及为人民服务的人生观"。"第三，培养国际主义与爱国主义的新精神，反对民族侵略主义与民族投降主义。"其中当以第一点最为重要。他解释说："因为用科学的观点来研究，必须知道历史的规律；但不仅是社会发展的一般规律，而且要使学生知道各民族社会发展的具体规律。"① 这大概是运用马克思主义理论指导历史教学的最早的教学纲领性的规定之一。其中所强调的在讲授"社会发展的一般规律"的同时，还要重视"各民族社会发展的具体规律"，对于马克思主义历史教学的初级阶段无疑具有积极性意义。

经过一段时期的探索和实践，存在于历史教学中的一些重要的理论性问题逐渐显露出来，并成为史学界讨论的重点。《新史学通讯》在1954年10月号发表了嵇文甫的《关于历史教学中的几个重要问题》。这篇文章把当时讨论的主要问题归纳为三类：（1）历史教学如何贯彻爱国主义与国际主义；（2）关于农民战争问题；（3）关于历史人物的评价问题。对于第一类问题，嵇文甫特别指出：历史上的人物与事件，"不仅好的实例可以进行爱国主义教育，就是有些很坏的人物和事件同样可以进行爱国主义教

---

① 黄元起：《历史教学的目的、观点与方法》，载《新史学通讯》，创刊号，1951。

育"。对于第二类问题，嵇文甫强调，"要从事实出发，不要从概念出发"。例如民族间正义与非正义战争问题，他认为"侵略性与进步性，好坏两面，各还其是。本来事情是复杂的多方面的，一定要它简单化，那自然就不好讲了"。对于第三类问题，嵇文甫提出了历史主义原则。他说："唯物论的历史主义，能讲透历史的本质、历史发展的动力和规律。""马克思主义最本质的东西，马克思主义活的灵魂，就在于具体分析具体事情，不能笼统地说好，也不能笼统地说坏，也不能笼统地说有好有坏。"同类文章还有郭晓棠的《历史教学中的几个基本观点问题》[1]、毛健予的《学习中国近代史的目的和要点》[2] 等。

《新史学通讯》对马克思主义理论的普及和历史教学工作所作出的贡献，还表现在运用马克思主义理论探讨以往未被涉及或研究得不够的具体历史教学问题和历史教学方法上，表现在解决历史教学中的疑点和难点，即前面所说的为各级历史教学服务、为中小学教师服务的第二、第三层次上。事实上，对于广大读者，特别是大、中、小学的历史教师而言，这两个层次的内容因为能够对他们的实际工作提供具体的帮助，因而具有更为实实在在的意义。

这份刊物开辟了"教学参考"与"教学问题"两个栏目，发表的文章即多属上述第二层次的内容。譬如：毛健予的《从几个典型总结中所暴露出来的历史教学上的一些偏差》[3]，指出了当时在历史教学中普遍存在的如"理论不能联系实际的公式教条主义"、"罗列现象不分主从的形式主义"等问题。毛健予的《学习中国近代史的目的和要点》[4]，号召运用唯物史观去加强近现代史的学习与研究。刘尧庭的《学习中国历史——史前时期中应注意的几个问题》[5]，指出应该依据历史唯物主义的基本原理对原始社会进行研究，从中国历史发展的规律上，认识中国社会发展的前途，建立自

---

[1] 载《新史学通讯》，1953-03。

[2] 载《新史学通讯》，1952-11。

[3] 载《新史学通讯》，第 1 卷，1951（3）。

[4] 载《新史学通讯》，1952-11。

[5] 载《新史学通讯》，1952-12。

己的革命人生观。此外，史苏苑的《我教古代世界史的几点体会》①、宋泽生的《我教世界现代史的几点体会》② 等文章，总结了作者将马克思主义理论运用于历史教学实践中的体会。在当时的情况下，把马克思主义理论贯彻运用于各级历史教学中去，出现对马克思主义基本原理理解不深而导致的生搬硬套、教条主义、形式主义等现象是十分普遍的，《新史学通讯》针对这些问题所作的努力，对于阐明正确运用唯物史观进行历史教学的方法论原则、对于纠正和预防种种偏差和失误，起到了十分积极的作用。

第三层次的内容主要指《新史学通讯》开辟的"问题解答"专栏所包括的各个方面。该刊每期都以问答的形式，提出、解答 2 至 3 个有关历史教学中的具体问题，力求深入浅出、提纲挈领地以马克思主义的基本原理解答广大中小学教师在学习过程中遇到并提出的古今中外的各种历史问题。"问题解答"栏目在刊物中总计回答了 170 余项问题，内容涉及中国史和世界史的古代、近代、现代部分，小学、初中、高中历史教学中的教材教法问题，国际共运史中的有关问题，中共党史中的有关问题，对唯物史观基本原理的解释，中国马克思主义历史学著作中的有关问题等。这个栏目为当时全国各地历史教师所普遍关注，在普及唯物史观、为各级历史教学服务的过程中产生了广泛影响。为了满足读者的需要，河南人民出版社还将《新史学通讯》中的"问题解答"专栏发表的内容汇集在一起，编成《史学问题解答》一书，于 1957 年出版发行。

总之，在新中国建立的最初几年，《新史学通讯》很快明确了自己的办刊方向，为各级历史教学服务，为中小学历史教师服务，从宏观性的理论指导到具体的历史问题解答，在把马克思主义理论贯彻运用于历史教学的这一重要环节中作出了一系列有益的探索和引导，提出了许多在今天看来依然有价值的观点，对于中国马克思主义史学主导地位的确立作出了重要贡献。

---

① 载《新史学通讯》，1952-08。

② 载《新史学通讯》，第 1 卷，1951（6）。

二、深入研究马克思主义历史理论重大问题

随着中国马克思主义史学主导地位的确立，以马克思主义理论为指导进行历史研究，面临的是一系列历史观与方法论问题的探讨和解决。如何解决这些问题，既要有利于当时的社会主义建设事业，又要坚持马克思主义史学的科学性原则。同时，人们还进一步认识到，如何借鉴新中国建立前中国马克思主义史学从建立到发展过程中的经验教训，如何在继承中国马克思主义史学已经取得成就的基础上，在新的形势下，将其不断发展和深入，是史学界面临的重要课题。这种情形的直接表现就是对中国马克思主义史学研究中的一系列重要问题引起重视并展开讨论。《新史学通讯》发表了关于历史人物评价、民族战争、农民起义等方面的文章，通过对这些问题的探讨，一方面促进了人们对马克思主义理论的深入把握，另一方面也对这些问题本身提出了许多有价值的看法和观点。

关于历史人物的评价，是新中国马克思主义史学主导地位确立后首先遇到的一个重要问题。怎样运用唯物史观评价历史人物，如何重新看待旧史书中对历史人物的观点，这些问题成为运用马克思主义理论进行历史研究和历史教学中不可回避的首要问题。《新史学通讯》主编嵇文甫十分重视这一问题，在该刊发表了多篇有关历史人物评价的文章。他的《历史人物的评价问题》① 一文，率先对历史人物评价的标准、原则提出了自己的看法，即要防止全盘肯定与全盘否定这"两种偏向"，坚持三个标准："第一，对人民有贡献的、有利的；第二，在一定历史阶段起进步作用的；第三，可以表现我们民族高贵品质的。"把握四个要点："第一，根据一定具体的历史条件"；"第二，要认识历史人物的多面性与复杂性"；"第三，站稳阶级立场，反对主观主义，以劳动人民的利益为依据"；"第四，要配合当前的政治任务"。嵇文甫在不久以后发表的《封建人物九等论》② 一文

---

① 载《新史学通讯》，第 1 卷，1951（2）。
② 载《新史学通讯》，第 1 卷，1951（5）。

中，把中国古代历史人物划分为九种类型，并以具体的历史人物为例归入各个类型中去，形象而具体地向读者展示了用新的观点去评价历史人物的方法和原则。两年以后，针对史学界出现的对历史人物评价所存在的问题，嵇文甫又发表了《关于历史评价中的几个矛盾问题》①。文章将"历史人物评价"扩展成为"历史评价"，表明当时的讨论已经更为广泛，不仅涉及历史人物，也涉及了历史人物之外的历史事件、历史现象等。文章的中心思想是要说明"历史是从错综复杂、迂回曲折、矛盾冲突的道路上发展而来的，决不能片面地、单纯地去理解它"。"我们所以往往纠缠不清，发生问题，大半由于我们在主观上硬要把事情片面化，硬要把历史理解为简单的过程。"这番话从方法论的角度强调要按照客观的历史事实去具体问题具体分析，对当时存在的主观地、片面地看待和评价历史的现象提出了批评。嵇文甫对历史人物评价问题的研究在当时受到了比较广泛的重视，具有开拓性的贡献。

怎样看待历史上的民族战争，也是存在很大争议的问题。如民族战争的性质如何确定、民族战争对社会历史发展所产生的作用如何、民族斗争与阶级斗争之间的关系等问题，在历史研究和历史教学中存在着很大分歧。《新史学通讯》及时刊出专文，对这个问题作了正确的引导和积极的讨论。黄元起在该刊先后发表了《论中国历史上的民族战争》② 和《再论中国历史上的民族战争》③ 两篇文章，对于当时历史教学中所普遍遇到的民族史、民族关系史方面的问题，结合马克思主义理论作了比较系统的阐述。他指出，应该克服狭隘民族主义或大民族主义思想，把民族战争放在具体的历史范围内来观察，把民族利益服从于社会发展的总利益、把民族斗争从属于社会历史发展的总趋势来观察，从各种矛盾复杂的关系中分析民族战争。他强调说，研究民族战争问题时，必须从具体的史实中进行全面的分析。嵇文甫认为，对历史上的民族战争应当遵循"具体分析、全面

---

① 载《新史学通讯》，1953-05。
② 载《新史学通讯》，1953-06。
③ 载《新史学通讯》，1953-01。

照顾、重点掌握"的原则①。根据这一原则，在对待正义与非正义、进步性与侵略性战争的问题上，他"主张侵略性与进步性，好坏两面，各还其是"。民族战争问题与民族关系、爱国主义、民族英雄等历史问题都有着相互之间的联系，上述主张和观点对于正确把握民族战争问题、对于进而展开的有关民族史及民族关系史问题的深入讨论都起到了积极的作用。

农民战争问题是 20 世纪 50 年代和 60 年代广泛讨论的热点问题。《新史学通讯》在 50 年代初期对这个问题就给予重视。嵇文甫指出，每次农民战争的胜利，是建立了一个新的王朝，起义领袖当了皇帝，这个矛盾问题在历史上广泛存在着，不应当简单地把他们骂一顿完事。农民战争对生产力的推进"表现在新王朝所实行的一些轻徭薄赋、休养生息的政策"②。具有代表性的是孙祚民发表在 1955 年 8 月号的《关于"农民政权"问题》一文。文章的中心思想是：在封建社会里，由于社会历史条件和阶级条件的限制，单纯的农民起义和农民战争，虽然有的曾经成功地推翻旧封建王朝，但却只能用新的封建统治来代替旧的封建统治，而不可能建成代表农民阶级利益的"农民政权"。并且，在反抗旧王朝的斗争过程中，农民起义领袖所建立起来的短期政权，就其性质说，基本上还是封建的、专制的。它与旧政权之间，只是存在着差别，而没有实质上的不同。孙祚民解释说："正确地认识中国历史上农民起义过程中所建立的政权的性质，能够帮助我们在肯定农民起义和农民战争'都打击了当时的封建统治，因而也就多少推动了社会生产力的发展'的作用之余，不至于反转过来忽视了它的局限性，而过分夸大其作用。"以这篇文章为开端，作者后来又发表了一系列阐述农民战争理论问题的论文，从而形成了他在农民战争问题研究中引人注目的一家之言，引起了热烈的讨论。

《新史学通讯》在中国马克思主义史学主导地位确立之后，还及时对其他一些重要问题进行研究或组织讨论。早在 1951 年，该刊就出版了"爱国主义与历史教学特辑"③，请郭沫若、范文澜、吕振羽等著名史家就爱国

---

① 嵇文甫：《对一些历史问题应该怎样看法》，载《新史学通讯》，1953-10。
② 嵇文甫：《关于历史评价中的几个矛盾问题》，载《新史学通讯》，1953-05。
③ 该专号刊载于《新史学通讯》，第 1 卷，1951 (4)。

主义与史学的关系发表观点，刊发了《爱国主义与历史教学座谈会纪要》和嵇文甫在这次座谈会上所作的题为《历史教育与爱国思想》的发言稿。文中要求新中国的历史工作者要通过亲切的历史感，认识伟大祖国的由来，激发对祖国的热爱，强调进行爱国主义教育是史学工作者和历史教师的义不容辞的职责。嵇文甫还发表了《怎样对待文化遗产》① 一文，阐述了运用辩证的观点看待文化遗产的基本原则。此外，郭晓棠的《略论中国封建社会长期性问题》②、刘尧庭的《对我国历史上土地问题的几点认识》③、孔经纬的《中国封建社会中资本主义萌芽问题之研究》④、黄元起的《论史学工作中党性与科学性的统一》⑤ 等文章，对于诸如中国封建社会长期延续的原因、封建土地所有制形式问题、中国资本主义萌芽问题、史学研究中党性与科学性统一等已经展开或即将成为讨论热点的重要问题发表了各自的看法，充分反映了《新史学通讯》对这些问题的关注程度，也体现了它作为中国马克思主义史学研究杂志的重要地位。

从新中国建立至今，中国马克思主义史学在其主导地位确立之后又经历了风风雨雨 60 多年的历程。在这 60 多年的发展过程中，人们一般把新中国建立至"文革"前的 1949 至 1966 年间作为一个发展阶段来看待，即所谓"17 年时期"。在这个发展阶段中，1957 年以后，由于党的政治路线起伏不定，史学界出现的所谓"史学革命"和 20 世纪 60 年代初的历史主义思潮的回归等变化，造成了史学界的动荡与思想的反复。而此前（1949—1956），即中国马克思主义史学主导地位确立的最初几年，当时史学界也和全国各界一样普遍处于学习马克思主义理论的热潮中，处于在全国范围内把马克思主义理论贯彻运用于历史教学与历史研究中去的较为平稳发展的阶段，在整个社会气氛比较宽松的大环境下，史学界呈现出了勃勃生机，反映了中国马克思主义史学正常、健康发展的良好势头，也为中

---

① 载《新史学通讯》，1954-06。

② 载《新史学通讯》，1952-09。

③ 载《新史学通讯》，第 1 卷，1951（9）。

④ 载《新史学通讯》，1955-12。

⑤ 载《新史学通讯》，1952-08。

国马克思主义史学主导地位的确立和继续发展提供了十分难得的机遇。因此，现在看来，这个时期所取得的成就和反映的特点对于正确理解中国马克思主义史学的自身发展是十分有意义的，应当引起我们的注意。《新史学通讯》恰好存在于该时期。从该刊对上述一些重要问题的基本观点和认识方法来看，可以简单概括出以下几个特点，这些特点在一定程度上反映了当时中国马克思主义史学的基本状况。

1. 强调实事求是地看待历史上的问题，具体问题具体分析。这一点普遍反映在主编嵇文甫的多篇文章和讲话中，是《新史学通讯》反复重申的一个在历史研究中必须坚持的基本原则。中国马克思主义史学的发展是伴随着中国革命斗争事业发展起来的，它曾经对中国的革命事业起到积极的推动作用。但由于种种原因，也存在着对唯物史观理解不透、运用不熟练、在某些地方因过分强调"借古说今"而损害了实事求是的原则等错误。在新的形势下，在学术研究趋于正常的环境中，强调在实事求是的基础上对历史上的问题作具体问题具体分析，还历史本来面目，这不仅有利于纠正以往存在的偏差，也从根本上坚持并维护了马克思主义史学的科学性。适应新的环境，为社会主义革命和建设事业作出自己的贡献，这也正是中国马克思主义史学的生命力之所在。《新史学通讯》无论是在历史人物评价还是在如何对待文化遗产的问题上，无论是在民族战争还是在农民战争问题上，实事求是的原则成为分析、认识、解决这些问题的最基本的原则。如在历史人物评价问题上，该刊的文章就指出当时存在的两种偏向，不是走到绝对主义，就是陷于相对主义，把问题简单化，或者绝对好，或者绝对坏，可是现实中没有那样的人。可如果反过来，或者是有好有坏，凡评论一个人都说他有好有坏，那也不行。在民族战争的正义与非正义问题讨论中，该刊认为侵略性与进步性、好坏两面，各还其是。本来历史本身就是复杂多方面的，一定要简单化，那自然就不好讲了。今天我们回过头来看，更加深刻地认识到坚持实事求是进行历史研究的必要性和重要性，也更加深刻地体会到《新史学通讯》在中国马克思主义史学主导地位确立之初所反复强调的这一原则的深远意义。

2. 倡导辩证的分析方法，反对片面性、绝对化的教条主义。用马克思主义理论研究历史问题，不等于用公式去生搬硬套。绝对地、教条化地认识历史，只能得出错误的甚至是有害的结论。《新史学通讯》着力把辩证分析、全面看待复杂的历史过程，作为一个基本的研究方法加以反复强调，并运用于探讨实际问题之中。如对于爱国主义问题的理解，该刊指出，历史上好的东西，可以激发我们的民族自豪感，都是进行爱国主义教育的最好的材料。可是还不止如此，不仅好的实例可以进行爱国主义教育，就是有些很坏的人物和事件，同样也可以进行爱国主义教育。历史发展是客观的、复杂的、曲折的，以往发生的问题，大半是由于我们在主观上硬要把事情片面化，硬要把历史理解为简单的过程。嵇文甫再三强调具体分析、全面照顾、重点掌握的辩证分析的研究方法。辩证法是马克思主义理论的重要组成部分，辩证地认识问题的方法是中国马克思主义史学区别于旧史学的重要标志之一。能否科学地运用辩证分析方法，在很大程度上往往影响了中国马克思主义史学能否正常健康地发展。掌握辩证分析的原则，也是马克思主义理论威力得以发挥的重要方面。

3. 在历史研究中提倡历史主义，反对非历史主义的倾向。20 世纪 50 年代初期对历史主义的理解与上述两点有直接的关系。《新史学通讯》发表的如嵇文甫、黄元起、孙祚民等人的文章，或从理论上倡导历史主义，或在实际研究中贯彻历史主义。嵇文甫说：唯物论的历史主义，能讲透历史的本质、历史发展的动力和规律。孙祚民则以历史主义的态度，客观分析了农民战争、农民政权的局限性。该刊还进一步认为，不要把历史主义变成客观主义，一切存在的都好，都有道理，一切都原谅了。20 世纪 60 年代初，史学界围绕着历史主义问题展开过一场激烈争论，对历史主义与阶级关系进行了广泛而深入地探讨。比较而言，《新史学通讯》只是从正面提出问题，也并未引起过多争议，这一方面说明当时人们对历史主义的普遍认可，另一方面也说明了当时的非历史主义倾向远非以后那样严重。

《新史学通讯》通过对以上重要问题的探讨以及由此而体现出的基本特点，促进了人们对马克思主义理论的深入把握，同时也对这些问题本身的讨论产生了很大影响。上述许多问题都在以后形成了规模很大的讨论高潮，而该刊在 20 世纪 50 年代对许多问题的看法和观点都具有相应的价值和启发性意义。

三、加强中国马克思主义历史学科的建设

《新史学通讯》还发表了一批对具体问题的研究文章。这些文章的研究范围，在中国史方面，包括了古代、近代、现代各阶段；在世界史方面，包括了古代、中世纪、近现代各阶段。从中可以看出，这份刊物所反映的我国马克思主义史学的研究格局，已经初步形成，并且为新中国建立后我国史学研究的进一步发展提供了广阔前景。

用马克思主义理论研究中国历史上的具体问题，是建立、健全中国马克思主义史学体系的基础性工作。《新史学通讯》对中国史的研究，已经初步具备了古代史、近代史和现代史的框架。对中国古代史的研究，主要涉及历史人物、经济制度、历史事件、农民战争、变法改制等方面，其中以经济制度、土地关系、农业生产为研究对象的论文占有较大比重，是当时人们普遍学习和运用马克思主义的唯物史观和方法论进行历史研究的客观反映。值得一提的是，该刊十分重视考古学的研究成果，相继发表了夏鼐的《新中国的考古工作》①、尹湘豪的《最近我国考古学上的几个重要发现》② 等文章，并对河南发现的几个新石器时代遗址作了系列报道，努力把考古学与历史学结合起来，试图利用考古学的研究成果来填补原始社会没有文字记载所留下的空白。中国马克思主义史学的近现代史研究在新中国建立之初尚处于起步阶段。《新史学通讯》发表的有关文章数量不是很多，但涉及的范围还是比较广的，包括鸦片战争、太平天国运动、中法战争、甲午战争、义和团运动、"五四"运动、抗日战争等内容，体现了以马克思主义的立场、观点和方法研究中国近现代史、弘扬爱国主义精神的基本特点，起到了促进近现代史研究尽快发展、培养从事近现代史研究人才的作用。

---

① 载《新史学通讯》，第 1 卷，1951（3）。
② 载《新史学通讯》，1956-09。

世界史研究以前一直是我国史学研究领域的薄弱环节。新中国成立后，随着马克思主义史学的发展，世界史研究迅速加强，并获得了初步成就。《新史学通讯》在充分认识到中国的世界史研究这一领域的重要意义的基础上，在非常困难的条件下，努力组织发表了数十篇研究世界史的文章。尽管这些文章在深度及广度方面均显得极其有限；但是在 20 世纪 50 年代初期，能够具备世界古代史、中世纪史、近代史、现代史的整体研究视野，能够在基本处于空白状态的世界史研究领域开垦耕耘，是值得肯定的，也应当被视为该刊对于中国马克思主义史学发展作出的贡献。

应该指出的是，《新史学通讯》在对中国马克思主义史学主导地位的确立作出突出贡献的同时，也在某些方面表现出了不足甚至是失误之处。如，简单模仿和照搬苏联史学的理论、方法和观点，机械地照抄和援引马克思、恩格斯以及列宁、斯大林的语录，片面地使用阶级分析的研究方法，受现实政治的影响而轻易转变研究观点和研究态度等。产生这些问题的原因十分复杂，如中国马克思主义史学主导地位确立之前就存在的问题的延续、对马克思主义理论理解不深或片面理解、现实政治运动的干扰等，这些当然远非是一份刊物所能够避免和控制的。但是当我们回顾历史的时候，指出其存在的问题，也是十分必要的。

《新史学通讯》对于中国马克思主义史学的贡献，进一步促进了马克思主义史学的主导地位的确立和发展。《新史学通讯》所取得的成就和反映的特点，从一个侧面为 17 年的史学研究打下了一个良好的基础。《新史学通讯》在新中国建立初期影响和教育了一大批渴望学习马克思主义理论的史学工作者。回顾和总结《新史学通讯》的成就，总结新中国建立后中国马克思主义史学的发展过程，对于在新的历史条件下坚持中国马克思主义史学的发展方向具有借鉴意义。

北京师范大学史学探索丛书

"书评"中的学术批评

——《燕京学报》"书评"栏目的特色

近代以来学术期刊在史学发展中所起到的积极作用已经为许多研究者所重视，民国时期产生重要学术影响的《燕京学报》亦成为研究者的关注对象。《燕京学报》从第 30 期至第 40 期终刊，设置了"书评"栏目，介绍和评述了 80 余种学术著述。该栏目的设置和存在，成为《燕京学报》区别于当时其他学术刊物的突出特点之一，有必要对其"书评"栏目的特点作一些分析，希望从中获得当时学术界的若干趋向以及在学术批评方面的特点。

一、《燕京学报》的"书评"栏目

在民国时期出版的各种学术杂志中，《燕京学报》是最重视发布学术消息和发表书评的杂志之一，而其及时、全面、客观的报道或评论风格，也是《燕京学报》成为权威学术刊物的原因之一。

《燕京学报》的栏目设置是不断丰富的。创刊初始的几期除发表专题学术论文外，还发表了一些述评或考察报告性质的文章。1930 年顾颉刚任主编后出刊的第 8 期，设立了"学术消息"和"新书评介"两个新栏目。其中的"学术消息"栏目一直保存到了终刊号，这个栏目已成为后人了解当时学术动态的重要资料。"新书评介"栏目在第 8 期仅存在一期，随后中断，但在第 9 至第 29 期的"学术消息"中增设"出版界消息"，共介绍书刊 302 种，数量可观，但文字简略，"实际是对新近出版的书刊进行报道和介绍"①。

---

① 史复洋：《〈燕京学报〉前四十期述评》，载《燕京学报》，新 1 期，北京，北京大学出版社，1995。

直到 1946 年齐思和任主编的第 30 期开始，增设"书评"栏目，至终刊一直没有间断。可见，用力经营"书评"栏目，与新任主编齐思和有着密切关系。

齐思和出生于 1907 年，1928 年由南开大学转入燕京大学历史系就读。1929 年，燕京大学历史系创办了以刊登本系师生中国古代史研究论文为主的《史学年报》，时为学生的齐思和被推举为《史学年报》主编，连任三年，直到 1931 年毕业，随即因学习成绩优异获得哈佛燕京学社奖学金，成为燕大历史系首位被送往美国哈佛大学攻读学位的毕业生。齐思和主修美国史，选修英国史、世界中世纪史、政治思想史、史学方法、国际关系史及西洋现代史等课程，1933 年获得历史科文学硕士学位，1935 年获得历史科哲学博士学位。[①] 齐思和是当时中国为数不多的真正系统接受中国史学和西方史学训练的学者，也是少数兼通中西史学的中国史学家之一。1935 年回国后，他任教于北平师范大学历史系，1938 年受聘于燕京大学历史系。1945 年 10 月，抗战胜利后的燕京大学重新开学，齐思和任历史系教授兼系主任，次年，《燕京学报》复刊，齐思和任该刊"编委会主任"，直至 1951 年停刊。

齐思和出国前主编的《史学年报》在"发刊辞"中就曾指出："吾国史学，渊源最早，而以其进步迟缓之故，及至今日反落欧西诸国之后。"[②] 希望中国史学尽快发展的殷殷之意，未尝不是齐思和致力于编辑《史学年报》和《燕京学报》的动力之一，也使他极为关注中国史学的最新发展态势。赴美深造之前，他曾写有《最近二年来之中国史学界》一文，文中言及："近二年来，我国史学建设之成绩，已有可观。往事之不忘，来事之师也，不有综述，何资镜考？""于新出书籍，比择取各家之评论，其无他家评论者，始略抒管窥，藉共商榷。"[③] 该文即以"最近二年中出版之史学书籍"为题，介绍并评述了顾颉刚编《古史辨》第 2 册、李济编两期《安

① 参见齐文心：《先父齐思和生平及著作简述》，载《农业考古》，2000 (3)。

② 《史学年报·发刊辞》，载《史学年报》，1929-07 (1)。

③ 齐思和：《最近二年来之中国史学界》，《齐思和史学概论讲义》，186 页，天津，天津古籍出版社，2007。该文原载《朝华月刊》，第 2 卷，1931 (3)、(4) 合刊。

阳发掘报告》、张星烺撰《中西交通史料汇篇》、史语所编《明清史料》等8种新出史著。可见他对书评是非常重视的。

因抗战爆发导致燕京大学被强行关闭，《燕京学报》也被迫停刊。齐思和开始任《燕京学报》主编的第30期，是抗战胜利后《燕京学报》恢复出刊的开始，此时距《燕京学报》第29期已经相隔了5年之久。第30期以后，从学报内容观之，与以前相比变化最大者，当属自此开始直至终刊一直固定下来的"书评"栏目。在当时的学术杂志中，能在五年十期杂志中坚持每期发表书评，仅有这份齐思和任主编的《燕京学报》，而评介什么书、怎样评论，既反映了期刊编辑和评论者的学术见解与学术取向，也反映了当时学术界的研究状况与发展趋向。这在当时为学界提供了"藉共商榷"的平台，而在今天，则同样为我们提供了难得的"往事之不忘，来事之师"的"镜考"之资。

二、所评之书：注重学术质量与反映学术趋向

《燕京学报》第30至第40期的"书评"栏目，共发表书评89篇，每篇书评的字数长短不一，少者五六百字，多者近万言。单期发表书评最少者为4篇（第37期和第40期），最多者达17篇（第31期），平均每期8.9篇，数量是十分可观的。

书评撰稿者以燕京大学教师或《燕京学报》编辑为主，如齐思和、容媛、安志敏、王钟翰、聂崇岐、阎简弼、俞敏、徐宗元、孙楷第、高名凯等，日本学者鸟居龙藏也撰写了5篇书评。

所评之书，类别多样。研究专著是主体，其他各种体裁的史学类或学术类著述也在被评之列，如刘师培《刘申叔先生遗书》（宁武南氏校印本，1936）、吕澂编著《汉藏佛教关系史料集》（华西大学中国文化研究所专刊乙种第1册，1943）、张尔田著《遯堪文集》（排印本，1948）、《待时轩丛刊》（罗氏墨缘堂刊行，1937）、《广东丛书第一集》（商务印书馆）、《中国考古学报》（上海商务印书馆，1947）、顾颉刚著《浪口邨随笔》（油印本，1949）等，属文集、史料汇编、丛书、杂志、随笔的范围，其中还包括一

些非出版社正式出版的排印本、油印本著述。

《燕京学报》的"书评"中还对国外学者所著之中国史研究成果及时发表评论，如怀履光（William Charles White）编《开封犹太人史料》（*A Compilation of Matters Relating to the Jews of K'aifeng Fu*）（编者为多伦多大学中文教授）、魏特（Alfous Vath）《汤若望传》（上海，商务印书馆，1949）、邓嗣禹《太平天国历史新探》（*New Light on the History of the Taiping Rebellion*）（哈佛大学出版社，1950）、梅原末治《东亚考古学论考》等。

可见，《燕京学报》所选取的书评对象在类别上十分宽泛，无论是专著，还是丛书、文集、史料汇编等，只要学报编辑认为具有评论或推荐的价值，即可反映在"书评"栏目中。书评还涉及外国学者的著作，评论者也有外国学者，进一步丰富了书评的内容。所选择和评价的著述的标准，一是确实具备较高的学术水准，二是能够反映某种史学研究的趋向。稍感遗憾的是，评论者的范围还有局限，设若能够请到更多的知名学者做评论，影响可能更大。

在对研究专著的选择和评论中，可以看出《燕京学报》或者说作为主编的齐思和的一些学术思路。20 世纪 40 年代，历史考证学在中国史坛引领潮流已有二、三十年，其研究成就斐然，而其弊端逐渐显现。所谓史观派声势渐盛，却仍不能超越所谓史料派，其研究成果也不断受到批评。1945 年 9 月，齐思和撰写过一篇《现代中国史学评论——掌故派与社会学派》（该文发表于 1946 年初），文中指出中国史学的两种派别："一种是繁琐考订的发达，我们可称他为掌故派"，"选择一个窄深冷僻的题目作一到穷源意流的探讨。考证则细入豪芒，征引则繁富博赡。作者自矜精深，以为尽史家之能事"；另一种是"因厌弃掌故派的繁琐苛碎的考订，遂要研究中国整个社会的进展，我们可称他们为社会史派"，这派"往往是先有一套史观，而后找材料"，"我们虽承认他们所提出的问题都很重要，可惜他们往往急于求结论，他们的作品不免失于粗滥"。在齐思和看来，两种派别应该互补："今后的史学家，要以理论来作为选择问题的启示，要以材料中获得理论。'理论与事实合一'，这是我对于现今中国史学界的第一个要求。"①几个月之后,在燕京大学史地学会的一次演讲中,齐思和进一步强调,"专题研究与社会史合一","中国史与西洋史合一","断代史的研究要均衡发展"。"所说的专题,并不是琐碎片段而毫无意义的","以中国人的眼光来研究西洋史,以西洋人的方法来整理中国史","国史的研究,我们需要均衡的发展,不要专集中到几个时代"。②他不赞成"掌故派"的"繁琐"或"社会史派"的"粗滥",主张历史研究要"理论与事实合一",尤其希望现代中国史学应该努力借鉴西方史学方法,对中国历史作整体的、全面的、通史式的研究。这种意向便反映在《燕京学报》"书评"栏目对所评论的书籍的选取上。

在《燕京学报》"书评"栏目中,对通史、断代史、社会史、思想史等方面的著作非常重视。如徐炳昶著《中国古史的传说时代》(第30期)、陈寅恪著《唐代政治史述论稿》和《隋唐制度渊源略论稿》(第30期)、陈安仁著《中国近世文化史》(第30期)、李玄伯著《中国古代社会新研初稿》(第31期)、容肇祖著《明代思想史》(第31期)、萧一山著《清代史》(第31期)、陈恭禄著《中国史》(第32期)、童书业著《春秋史》(第32期)、金毓黻著《中国史学史》(第32期)、李世繁著《颜李学派》(第36期)、许大龄著《清代纳捐制度》(第38期)、陈述著《契丹史论证稿》(第39期)等。重点评述的这些著作,与上述主编齐思和的思路是相吻合的。值得重视的是,"书评"栏目还对一直以来难以在主流刊物中得到承认和发表的"社会史派"的著作做了评论。如:郭沫若的《十批判书》(第30期)、《青铜时代》(第32期)、翦伯赞的《中国史纲》第1卷(第31期)和第2卷(第32期)等,表明学报对"社会史派"的关注程度。评论者依其学术见解对这些著作本身给予批评性或肯定性的评价,并未一味赞扬或否定,然而在20世纪40年代中期的政治环境下,学报仍尊奉其学术理念而评述这些"马克思主义史学"著作,是难能可贵的,至少在书评中比较客观地反映了当时的学术研究状况。在所谓四大刊物中,《燕京学报》是

---

① 齐思和:《现代中国史学评论——掌故派与社会学派》,载《大中》,第1卷,1946-01 (1)。

② 齐思和:《中国史学界的展望》,载《大中》,第1卷,1946-05 (5)。

唯一反映了马克思主义史学家著作的刊物。

"书评"栏目的另一个特点是极为关注考古学研究成果。1920 年周口店人齿、仰韶新石器时代器物等重大考古发现，"主其事者类皆外人"，齐思和在 1931 年曾说："近二年来，国基渐定，政府颇知提倡学术，而吾国学者，已渐能自行研究，不复假手于外人，故二年来之重要考古，大多数皆国人所自行发掘，成绩之佳，较之外人，毫无逊色，此诚中国史学史上最足纪念之一页也。"① 到了 20 世纪 40 年代中期，中国考古学不仅"皆国人所自行发掘"，而且国人的"自行"研究成果也纷纷面世。"书评"栏目及时择取重要的考古学研究成果进行介绍与评论，考古学成果占了学报"书评"栏目的相当比例。如苏秉琦著《斗鸡台沟东区墓葬》（第 35 期）、裴文中著《史前时期之西北》（第 35 期）和《中国史前时期之研究》（第 36 期）、梁思永和夏鼐编《中国考古学报》第 4 册（第 37 期）、贾兰坡著《中国猿人》（第 39 期）等。

总共 10 期的《燕京学报》"书评"栏目所选择和评价的著述，大体上体现了其间学术界的主要研究成果，在重点展现相关研究成果的同时，学报编辑有意识地加强贯通性、宏观性、时代性较强的著作的选择，着力推出处于学术前沿的考古学著作，不动声色地将编辑者的学术理念体现于"书评"栏目中，既达到了评介和推广学术著作的目的，又在某种程度上影响并引领了中国史学发展的趋向。

三、学术批评：客观、平实、深刻

既然是书评，其内容除了对所评之书做一般性的内容介绍外，必然涉及评价与评论。《燕京学报》"书评"栏目撰稿者表现出了严谨和认真的学术态度，栏目自始至终一直保持在良好的学术批评的氛围中。品评学术著作并非易事，好的书评既要做到画龙点睛和锦上添花，又要做到"不虚美、不隐恶"，能够写出在观点上具有深刻见解、在文字上又拿捏得当的

---

① 齐思和：《最近二年来之中国史学界》，《齐思和史学概论讲义》，187 页。

书评，是很困难的。《燕京学报》发表的书评，不能说都达到了很高的质量，但总体上十分客观，整体风格显得沉稳平实，有一些书评写得也很有价值，而且在今天看来，往往还会得到书评本身之外的一些收获。举例言之：

王育伊在陈寅恪著《唐代政治史述论稿》（第30期）的书评中写道：

> 近人多诟病考据之学，谓其流于琐碎，无裨世用。惟是史学以探求真实为最高理想，原不必悉以资用，则考据又乌可废？陈氏是所讨论之诸问题为吾国中古史关键所在，不但李唐三百年之盛衰兴亡而已。此本书所以异于时人所讥之琐碎考据，亦异于剪裁陈言纂辑成书之史钞，更大异于具有成见与含有宣传性之史论。

借评述《唐代政治史述论稿》点出了历史考证与历史学研究的关系，我们还可以从中窥得历史考证在当时受到"诟病"的信息，作者坦言历史研究中"考据又乌可废"，进而称誉陈著"异于时人所讥之琐碎考据"。

王钟翰在为陈寅恪的另一部著作《隋唐制度渊源略论稿》（第30期）写的书评中说：

> 晚近治史者，喜称专家。凡治某朝者，即只知某朝之一二事物，而不识某朝一代制度所以损益及其演变之故。其著述论证，多所附会穿凿，固其宜也。今陈氏一洗斯弊，而于隋唐二代三百年之制度，原原本本，综合比观，推究其渊源，明述其系统，不具成见，实事求是，不特此书足以阐明隋唐二代制度之所从出，兼可通其前后历代所以因革流变之故。故空论少而发明多，建设多而破坏少。

指出了所谓治史专家"穿凿附会"、"不识某朝一代制度所以损益及其演变之故"的不足，推崇陈著"空论少而发明多，建设多而破坏少"，也说明了当时得中国史坛存在着空论多、破坏多的现象。

前言对郭沫若、翦伯赞等马克思主义史家的著作多有评述。齐思和评郭沫若《十批判书》(第 30 期)，先肯定郭"近十余年来由文学而究心古代文字，由文字而研究古代社会制度，近更由制度而推究古代思想，亦多所创获，有盛名于当世"，然而对郭著的内容并无更高评价："是书于先秦诸子之考证，远不及钱穆《先秦诸子系年》之精，论思想则更不及冯友兰氏之细。"容媛评郭沫若的《青铜时代》(第 32 期)，指出"郭沫若先生对于中国古代社会思想与古器物学的研究，其成绩卓越，见解新颖，学术界早有定评。至于最近出版的姊妹作——《十批判书》与本书，系郭先生将十年来关于先秦社会和学术思想的研究成绩集合而成。两书的内容，勉强把它们划分，《十批判书》偏于批评，《青铜时代》偏于考证，而读者是必须并读的"。列举书中"关于殷人的帝"、"关于《道德经》的作者"、"关于《周易》的作者"、"驳胡适《说儒》'高宗谅阴三年不言'不能作三年之丧解"、"关于墨子的思想"、"关于《韩非·初见秦》篇的作者"等项，说明该书乃"郭先生想象力之强，时作推陈出新的见解"之特点。容媛评翦伯赞《中国史纲》第 1 卷 (第 31 期)，称赞书中对考古资料的使用，"因为这些先后发掘，不仅将中国历史延长了若干年代，且可从新石器时代遗物以及甲骨金文文字中以印证若干洪荒蒙昧的史迹。本书即根据最新出土之史料以为出发，打破循循相因的藩篱。"安志敏评翦伯赞著《中国史纲》第 2 卷 (第 32 期)，则称"余细读翦氏此书，对翦氏之治史精神，固不胜钦佩，而于其内容，则觉错误累累，触目皆是，不禁大失所望"。显然，郭、翦的著作能够出现于"书评"栏目，已见其影响力，而即使是评论者，对这些著作的看法仍存在较大差异，这或多或少地说明了马克思主义史学在当时的处境。

学报发表的少数书评是以批评为主要基调的。如王钟翰评徐炳昶著《中国古史的传说时代》(第 30 期)，不同意书中所持的"信古"观点，认为"是孔子明明称道往古，只及于夏禹，无一言及尧舜，更无论皇帝伏羲矣"，"尧舜之传说，盛于战国之末，即博学如韩非，亦未尝信其必有，固可断言也。今徐氏舍《诗》、《书》、《论语》之第一等材料不以为据，而反采秦汉以来后起之传说如《山海经》及《楚辞》一类之书，援引以成说，似失之轻信传说，舍本以求末者矣。"此种观点可见古史辨运动的影响。

聂崇岐评陈安仁著《中国近世文化史》（第 30 期），单就该书的疏误之处，总结八点：不明制度、叙事不清、近古地名错误、近古地名乱用、译名不一致、名号乱用、断句错误、论断不合。然后分别就此八点举出数端实例证之。徐宗元评陈恭禄著《中国史》（第 32 期），"就此书观之，陈君不通古代文字，不明史料内容，于近人对于古史研究之成绩，又茫无所知，而竟欲发愤著书，勒成通史，志固可佳，而学似未逮也。按古史材料较少，搜讨较易，而陈氏之书已挂漏错误如是，至于秦汉以后史料益多，研治更难，陈氏如未着手，似以不作未宜，逆耳忠言，不知陈君以为然否也。"聂崇岐评 C. Martin Wilbur 的《中国前汉时期之奴隶》（*Slavery in China During the Former Han Dynasty*）（第 31 期），着重指出该书中对中文文献的译文讹误，举例凡 20 则。

更多的书评则是肯定其长处，指出其不足，或就某个问题再行深入探讨。如：容媛评容肇祖《明代思想史》（第 31 期），"自十七世纪黄宗羲著的《明儒学案》，自然是很好的参考书，然时代见解的迁移，一朝的思想应重新估定其价值。因此，他所参考的多半是明代思想家的原著，他不惜费力地去寻找材料"。"然而讲学问不讲到国家、社会及政治经济的关系，终究只成空虚的学问。"这对史学研究提出了一个更高的要求，而强调史学研究应当联系国家、社会及经济政治的关系，则不难看出"史观派"的印记。齐思和评金毓黻《中国史学史》（第 32 期），"金君此书，起自上古，迄于近世，于二千年来史学之大势，原原本本，得其梗概，实极便于初学之课本，国立编译馆列之为大学用书，宜矣。""抑吾人犹觉美中不足者，书名史学，自宜论其体裁之得失，编次之良否，态度之偏正，考订之精粗，俾读者了然于二千年来史学演变之大势，及今后改良之途径，作者过重故实，而忽略史学，仅言纂修经过，鲜及体例得失，史学之义，似犹未尽也。"看到了金著对于史学以及史学史自身概念及理论范畴方面认识程度的不足和论述内容的薄弱，强调史学史著作亟待加强对"史学之义"的深入探讨。齐思和评李世繁著《颜李学派》（第 36 期），认为与胡适和梁启超的同类著述相比，"虽行文似不及其畅沛凝练，而缜密完整则远过之，实关于颜李学派一重要贡献，亦近年来关于中国哲学史一重要著作也。"

同时指出其不足：对颜李学派的其他学人着墨不多，对当时及后世关于颜李学派的评价及其学术地位未能充分加以说明。

　　学报对考古学方面的研究成果几乎无一例外的给予高度评价。《中国考古学报》被誉为"诚可表示中国考古学界已能与世界上著名之考古刊物并驾齐驱。当国家无暇顾及于学术之今日，而有如斯报告之出版，则亦诚足自傲也"（第33期）。劳幹的《居延汉简考释》被认为"详征博引，亦视沙畹、王国维二氏之著述无愧色，诚为对于汉史一大贡献也"（第32期）。苏秉琦的《斗鸡台沟东区墓葬》"尤以详密见长，此实为今日中国考古学界所亟须者"（第35期）。裴文中的《中国史前时期之研究》"于中国史前考古学发达过程中，当为一划时代之著作，甚望治中国史前考古学及古代史者，能以本书为参考也"（第36期）。贾兰坡著《中国猿人（北京人）》"为叙述中国猿人之综合论文，吾人可以保证其远盛于一般叙述中国猿人之著作也"（第39期）。既说明中国考古学取得了令人信服的成就，也说明学术界对考古学研究的现状给予了充分肯定，对考古学研究的前景则充满了期待。

　　《燕京学报》"书评"栏目的种种特点，对于我们今天的书评杂志或相关栏目、对于我们今天的学术批评，仍然具有启发和借鉴作用。

史学与学术刍议

一、史学史与学术史

该书首先提出了一个比较新颖的概念范畴：史学学术史。

中国学者一直注重对学术史的研究和撰述，从司马谈的《论六家要旨》到刘向、刘歆父子的《别录》、《七略》，从班固的《汉书·艺文志》到黄宗羲、全祖望的《明儒学案》、《宋元学案》，了解并研究学术史一贯被历代学者视为他们所从事的学术研究事业的自身必备的基本条件，撰述学术史也常常成为他们义不容辞的责任。但是由于中国传统学术长期隶属于经学的"神圣"光环下，弊端之一，是造成人文科学的学科性不强，尽管不断出现要求挣脱这种隶属关系的呼吁，如明王世贞提出的"天地间，无非史而已"、清章学诚提出的"六经皆史"等论断。

这种状况从近代以来开始得到改变。随着西方学术文化思想的不断输入，以及经学的衰微失势，学术史的内容也在更新之中。一方面，科学化的学科分类，使学术内容突破传统的经史子集的旧格局，是学术转变的主要标志之一。以历史学为例，梁启超在他编著的《中国历史研究法补编》中，认为史学"很有独立做史的资格，中国史学史，最简单也要有一二十万字才能说明个大概，所以很可以独立著作了。"[①] 另一方面，随着人文学科的独立和其他社会科学学科的建立发展，传统的学术史渐渐地被肢解和架空，学术史开始被冷落了，代之以更多地从学科史较为单一、纵向性的角度对本学科的自身内容的构建，更为宏观的整体把握则较多地决定于思想史的价值取向。其结果是造成了两者之间存留了一个本该是学术史占据

---

① 梁启超：《中国历史研究法补编》，《饮冰室合集·专集之九十九》，151 页。

的空白段。学术史着眼的是学科自身的学术价值评估、研究方法的归纳、理论体系的总结以及各学科相互间的关系的探究等方面。这对单独某一门学科史来说，似乎勉为其难，因为这更需要一种横向的考察和理论上的综合判断，而归结为思想史甚或所谓学术思想史，又显得有一段距离。

举例而言，自从梁启超提出"独立做史"以后，中国史学史研究逐渐开展。早期一批成果中以金毓黻的《中国史学史》最为突出，但因此书着重对于史书、史家、史官等方面评析，虽以功力深厚、议论允当而令人称道，却也被指出不足。齐思和于 1947 年撰写的金书书评认为"作者过重故实，而忽略史学，仅言纂修经过，鲜及体例得失，史学之义，似犹未尽也。"① 这里所言"史学之义，似犹未尽也"，与史学史研究开展得尚不充分有关，同时也表明了一个问题，史学史对于历史学这门学科除了对史家、史书作个案式的重点叙述和纵向的罗列之外，还应当有所拓展。20 世纪八、九十年代又陆续出现了一批史学史专著，这些成果显然有意突破要籍解题式的窠臼，着重于史学自身的发展、史学在发展中与社会的关系等内容。这样努力的结果，确实使研究的范围有所扩展，对于认清学术与政治的关系，以及双方相互作用所产生的相应影响等多有裨益。然而，即使如此，问题似乎仍然存在，"比如，有些史学成果和一定的政治有紧密的联系，有些成果和政治的联系较少，甚至有些和政治并无直接联系。对于史学家来说，情况也是复杂多样的，不可一概而论。"② 显然人们已经意识到了这里面存在着某种局限性。近几年来不断有人试图从新的研究视角入手，对史学自身的各个方面作更进一步的考察，如史学批评、史学与中国文化传统、史学思潮与流派等，这些尝试和努力无疑是富有成效和具有启发意义的。

"史学学术史"可以看做是这种尝试和努力的又一种方式。将近现代以来在学科独立意义上的史学重新纳入学术史的总体范畴来考察，还史学以学术史，这种结合方式至少说明对史学与学术在新的意义上的重新重视，而从学术史的角度考察史学史的内容，则反映了二者在更高层次上的回归。史学学术史的撰述在该书表现为"其一是史学成果，其二则是历史

① 载《燕京学报》，1947-06（32）。
② 张岂之主编：《中国近代史学学术史》，2 页。

266

北京师范大学史学探索丛书

哲学和史学方法论。这两个方面实际上不能分割、而融合为一个整体。"编著者言明学术必须研究"学术",而"学术"的载体主要是学术著作,即以学术著作、学术成果为基础,进而总结"渗透于各种史学成果之中的理论基础。"①通过编著者对于史学与学术的理解,可以看出是试图将二者的传统概念与现代含义做有机的结合。史学学术当然要顾及史学自身,而"史学之义"则是借学术史的依托来阐述和表达,所以近代史学在该书中所展示的具体内容有别于一般的史学史。但是,该书所建立的史学学术史的论述体系似乎仍有继续讨论的必要,这包括从概念上进一步廓清学术与学术史的含义;史学学术史的内容除了史学成果、历史哲学和史学方法论之外,还应当联系到什么;如何更为科学准确地处理史学在学术史中的特定地位、估量其学术成果的价值等,该书的出现,既有填补空白的意义,也有开拓领域的启迪。希望还能够看到古代或现当代史学学术史,也希望能够看到新的意义上的全局性的学术史著作。

二、"史学学术史"的结构与内容

《中国近代史学学术史》一书的结构设置和内容安排因编著者对"史学学术"的理解而显得比较独特。突出的表现是,全书的构架从横向着眼,以史学哲学、史学方法和史学成果三条横线为全书主干,然后对史学哲学和史学方法两部分作纵向论述,对史学成果作重点论述,如此横纵搭配、突出重点,体现了编著者的别识心裁。

在"史学哲学"和"史学方法"两编中,我们注意到编著者继承了传统学术史"辨章学术,考镜源流"的优良传统,在论述的时间跨度上突破了该书所论的近代范围,为了承上启下,也为了更加清晰明确地反映出近代史学学术的发展渊源,对古代、明清至清中期的史学学术内容做了一番详略得当的概述。在"近代史学哲学编"中,先对两千多年的古代史学哲学的形成发展及特色做简单总结,得出了三点基本认识:第一,它的哲学

---

① 张岂之主编:《中国近代史学学术史》,2页。

基础是经学；第二，中国古代史学哲学对人类社会文明有很深刻的理论思考；第三，古代史学哲学强调史学的经世致用的功能。再将与近代史学哲学关系密切、对近代史学哲学产生直接影响的明清之际至鸦片战争前的史学哲学作一番较之古代史学哲学更为详细的总结，从明清之际学术精神的新趋向到乾嘉朴学的史学哲学，再到嘉道年间社会变革与学术研究变化的新因素一一作了交代。最后，落实到所论主题，包括鸦片战争后至戊戌时期的史学哲学和"新史学"哲学两大内容的近代史学哲学。在"近代史学方法编"中也是如此：先勾勒出古代史学方法的内容与特点，再对清前期史学方法的进步和乾嘉朴学的史学方法作了一番总结，最后对近代史学方法分嘉道年间、鸦片战争至戊戌变法时期、"新史学"方法三个内容重点涉及。这样的内容安排不仅使读者阅读后顿觉视野开阔，也使论者更加得心应手，一前一后、一详一略地展开近代史学的变迁由来。既重点遵照全书体例，详尽论述了史学学术发展；又灵活变通，突破了体例的局限，讲清渊源关系，结果反过来为书中的核心内容服务。

具体到"近代史学哲学编"的内容，该书分鸦片战争后至戊戌时期的近代前期和"新史学"建立发展的近代后期两大部分论述。在近代前期，作者强调正统史学的复兴、经学史研究的新气象以及外国史地研究与中外史地比较等三方面具体内容。作者认为，通过正统史学的复兴把它转化为抗敌爱国的民族精神和知其不可为而为之的主体意识，体现出泛道德主义色彩，也为后来超越古代史学体系提供了必要的阶梯；晚清今文经学所导出的关于社会历史发展规划的思考，不但有一套自成体系的政治文化内容，而且对中国清代以前的历史演化阶段作了初步探索，特别是其表述的关于当时社会所处历史地位以及未来世界的政治文化理想，已经呈现了一种对于现实和历史的超越意识。对外国史地及中外历史的对比研究则最终显示出了近代新史学的主要内容。比较而言，以往的观点主要是从民族危机与救亡图强的现实中寻求近代以来史学变化的原因，这里则在此基础上进一步从史学学术的自身演变中探索其内在的逻辑性和承递关系，使得结论更具理论深度。

对于近代后期"新史学"哲学的不同体系，作者提出了传统文化本体论、文化西化论和马克思主义文化观等三种"新史学"哲学流派的新见解。19 世纪末至 20 世纪以来的"新史学"在对传统史学的继承发展和对西方文化观念的引进借鉴方面取得过十分突出的研究成果。这个现象目前已经越来越引起人们的重视，并逐渐成为回眸 20 世纪史学发展的重要课题之一。该书对"新史学"从学术变迁的角度提出了三种史学哲学流派的观点。"新史学"包括了从史学思想到治史方法多种不同的复杂内容，从史学流派的角度给予分析和研究不失为一种有意的尝试。考虑到该书所拟的基本框架是史学哲学史、史学方法、史学成果，所以在这里称为"新史学"哲学流派。但实际叙述的多为王国维、陈寅恪、陈垣、胡适等人的史学思想、学术主张以及人文精神方面的追求和信念，并未突出涉及作为一种学术流派的共性方面的探讨。如果再进一步称之为史学哲学流派，似有牵强之感。然而该书对"新史学"总结出传统文化主体论、文化西化论以及马克思主义文化观等几种总体上的发展趋向，基本上反映了新史学发展过程的实际状况，这种分析和概括，应该说是比较全面和实事求是的，同时也对这一重要问题的进一步研究，提供了新的思路。

近代史学方法的变化与发展，是其区别于古代史学的明显标志之一。对近代史学方法作系统性论述，是该书的一个特色，作者依然对从古代到清前期史学方法的发展过程和脉络作了总结，意在说明"古代史学方法逐渐向科学化方向发展，已经酝酿出近代史学方法论的萌芽"[1]。鸦片战争至戊戌时期的史学方法结合"正统史学的回归与新史学的酝酿"这一总体趋势认识到"传统史学方法的精粹得到了具体运用，而且当时的史家并不满足于仅仅继续传统史学方法，他们力求探求一种更加有效、更加符合时代要求的史学方法。"[2] 从而导出了对新史学方法体系的重点论述：体系之一，以王国维、陈寅恪、陈垣、汤用彤、柳诒徵等人为代表，强调在传统学术方法基础上，结合近代西方学术方法发展出新史学方法；体系之二，以胡适为代表的逻辑实证化史学方法和以傅斯年为代表的史学科学化方法；体系之三，马克思主义史学方法。显然上述的"新史学"方法论体系是承袭该书对"新史学"哲学流派的划分而来。从一些史家的学术主张和

---

[1]　张岂之主编：《中国近代史学学术史》，196 页。

[2]　同上书，259 页。

学术倾向来看，如将王国维、陈寅恪、陈垣、汤用彤、柳诒徵等纳入同一史学方法体系，显得比较勉强，而体系之一与体系之二的区别，似乎也不那么明显。史学方法是由一定的史学思想所决定的，而史学方法的运用往往直接反映在史学成果中。因此隐含于史学成果中的史学方法，对于认清史学学术的发展有着重要意义，也具有相当的难度。该书明确提出了对史学方法的研究与总结，并在诸如王国维二重证据法的认识、对陈垣在考据学成就的总结等方面的见解，是值得充分肯定的。

三、历史学与考古学

如果说从学术史的角度论述近代史学哲学、史学方法和史学学术成果从而将我们导入了一个新的观察视野，并获得了在史学学术范畴中所总结出的相应成果是该书的一个明显特征的话，那么对近代史学学术取得的最重要的成果之一考古学的全面叙述，则是该书呈现给我们的颇具吸引力的一部分内容。《中国近代史学学术史》将考古学取得的成果作为中国近代史学术成果的重要组成部分，对中国考古学的初创阶段——酝酿、萌芽、形成——的系统阐述，其意义也许超过了近代史学学术本身。

没有人能够否认自近代以来发展起来的中国考古学所取得的辉煌成就。当考古学在相对不长的时期内以令人炫目的发现和在此基础上所建立的古史体系不断完善的时候，考古学和历史学这对本是同源的姐妹学科却令人诧异地相互越走越远，以至彼此甚至变得陌生起来。自从被无数古代先贤所无限憧憬的、理想化的上古三代的古史体系被近现代以来兴起的疑古思潮，特别是"古史辨派"的理论彻底打破之后，远古文明的漫长岁月因缺乏必要的资料而使历史学家显得束手无策，考古学昂然步入这一研究领域，并以其所特有的严谨的操作方法和科学的方法论依据，牢牢占据了使多数历史学家似乎是望尘莫及的主宰者的地位。考古学家迥异于传统史学家埋头于书斋故纸堆中的工作方式，改变了那种狭隘做学问的概念。经考古学所笃定的远古景象揭示了多区域的方国、民族及其文化的交流演变，深刻影响到了更深层次的历史观念，进一步促使人们对人类文明起源、国家形成过程等关键问题的全方位思考。基于严密的科学方法得出的考古学成果，对几千年主体化历史中的编造与虚构成分的毫不留情的否定和冲击，都注定了考古学跃然为现代知识体系中最为卓越的一支的素质和潜力。但是，这些似乎都并不能成为传统的历史学与现代的考古学相隔愈远的理由，并且反而应当由此认定，随着考古学所确定的史前文明体系成果的不断增多，双方更应该同归于展现中华文明信史的崇高目标之中。

关于考古学与历史学的争论还将继续下去，但应当局限于探讨双方共性的前提下的个性，因为无论是历史学还是考古学所面对的依然是历史。考古学缘于自身的学科特征会不断向纵深发展下去，更新文化概念，拓展理论方法，乃至建立自己的话语系统。所有这一切努力和探索都离不开认识人类文明发展过程的最终目标。俞伟超说：

> 随着学科的展开和进一步向纵深发展，我们考古学家则越来越陷入了一些更具体的研究……近似乎钻进了金字塔。这是科学发展过程中必然的现象，谁也无法回避或超越，但是，当这些基础性的工作告一段落的时候，人们会重新回来面对一些大的问题，面对人类文化中一些根本性的问题。现在，这个条件又渐渐开始成熟。我曾说过一句话，考古学要重回伊甸园，要重返社会科学的大家庭，就是这个意思。①

同样不应忽略的是，以遗物和遗迹为研究对象的考古学同样需要历史学的支持，近现代史学家对传统的古史体系的怀疑和否定，客观上为考古学的发展提供了契机，或者说，至少是在观念上形成了此消彼长的认同。而历史学在文献资料上的积累，并由此而作出的论断和一般性的历史理论方面的认识，则应是考古学研究的重要参照系之一。历史学家必须改变在漠视与其相关甚密的考古学成就中安然度日的状况，因为历史学受惠于考古学的已经远不仅是简单的结论式的东西了。已陆续出版的白寿彝先生总主编的多卷本《中国通史》其中已于 1994 年面世的第 2 卷《远古时代》就是由考古学家苏秉琦领

---

① 俞伟超：《考古学是什么》，240 页，北京，中国社会科学出版社，1996。

衔完成的。这是历史学家与考古学家携手撰述中国历史的有益尝试。

《中国近代史学学术史》一书，是在有关近代学术史撰述中，首次把考古学作为近代史学学术的重要成果而给予系统论述的著作。考古学家与历史学家都承认，中国考古学最初是作为历史学的辅助学科即史料学类型的学科而出现的。中国考古学的前身可以归溯于传统的金石学，尽管前者后来发展成为与后者完全不同的研究领域。中国考古学在近代的发展过程，其实也是中国史学从古代向近现代转变的过程。五四运动倡导科学与民主，传统的古史体系在怀疑和否定的氛围中被打破，与之同步的是追求新史料、新方法和新思维，并用以去解释和证实古代历史。以历史学为主体的人文学科，在史学转型时期的各种矛盾冲突和内外因素孕育了考古学的最终形成。考古学在近代时期归于史学的范畴，甚至是狭义的史学范畴，应该是符合实际的。如果翻开当时众多的学术杂志，如《中央研究院历史语言研究所集刊》、《国学季刊》、《燕京学报》、《清华学报》等，可以时常看到充满了图表、数字、符号的考古学论文及发掘报告，各种学术媒体对中央研究院、北平研究院等相关机构派出的考古队的行踪与工作进展密切关注、及时报道。考古学成为历史学研究的重要内容之一。因此，"从中国近代史学学术史来看，考古学的成果是不宜排除在外的。""考古学的成果为史学的研究提供了直接的历史见证，考古学的成果丰富了史学研究。如果不注重考古学的发现，不研究这些成果的历史价值，不将考古的实物资料与历史文献资料相结合，要在史学研究中取得突破性和创造性进展，那是很难的。同样，如果不注意史学理论，不研究史学成果，要在考古学上取得卓越成就，可能很难达到目的。"① 另一方面，该书有关考古学成果这一部分也可以看作中国考古学从酝酿到形成时期的专史。系统回顾中国考古学发展历程、论述考古学发展史的著述并不多见，该书这部分则堪称是一部中国近代考古学发展史。其内容在分期方面、在结构的安排与问题的提出及论述方面，特别是在专业性很强的考古学成果方面，都做得非常突出，令人称道，亦成为该书的重要特色之一。

---

① 张岂之主编：《中国近代史学学术史》，3 页。

尹达对中国史学史研究的贡献

——读尹达主编《中国史学发展史》

20 世纪 80 年代，中国史学史的研究重新得到重视。数年之间，相继出版了多部通述中国史学的专著。其中，尹达主编的《中国史学发展史》①一书，是非常具有新意和特色的著作。这本著作不仅集中反映了当时中国史学史研究的水平，而且在许多方面还展现了中国史学史研究继续发展的趋向。苏联学者多罗宁在一篇介绍当时中国史学发展情况的文章中，特别提到以尹达为首的一批专家撰写的《中国史学发展史》一书，称这项研究成果"是当前中国史学中出现的一种新现象，认为目前在史学研究中出现的许多新的趋势都在这部著作中得到了某种程度的反映"。②

中国史学向以注重"通识"为其自身的一大特色。早在先秦时期就有"疏通知远"（《礼记·经解》）的认识，从司马迁"通古今之变"的撰史宗旨到郑樵的"会通"思想，从刘知幾的《史通》到章学诚的《文史通义》，古代史家无论是在历史撰述中还是在对史学的阐述中，都一再强调以通的史识去认识历史的重要意义。要达到这个目标，至少在时间上要贯通各个时代，在观念上要具备意蕴深远的通史精神。具体到中国史学史的研究中，对中国史学通史的研究与撰述也是备受关注并具有集大成意义的。这不仅因为史学通史可以系统反映著者个人对史学史研究的心得，而且最能体现史学史研究的旨趣，因为只有在史学史研究中贯穿古今，才能真正反映中国史学发展的整体面貌。事实上，一部有分量的史学通史的撰著与面世，或许就具有超出著者个人研究行为的更为广泛的学术意义，也更能够引发我们对史学史学科建设与学科发展层面的积极思考。

在 20 世纪 80 年代，因研究程度所限，大多数中国史学史著作都以阐

---

① 尹达主编：《中国史学发展史》，郑州，中州古籍出版社，1985。

② 参见多罗宁：《现阶段中国史学的发展》，载《国外社会科学快报》，1988（9）。

述中国古代史学发展为主要内容，鲜有一部通论中国史学史的著述中涉及中国古代、近代史学的真正意义上的中国史学史。在多数中国史学史研究著作实际上是以中国古代史学作为研究重点的状况下，尹达主编的这部《中国史学发展史》将中国古代和近代史学作为一个整体加以研究和阐述，在史学史研究中积极贯彻求通的要求，充分体现了该书书名所谓之史学"发展"史的撰述宗旨。两千多年的中国古代史学的发展，为后人留下了大量而丰富的史学遗产，近代以来的中国近现代史学的发展又因社会历史的剧烈变化而呈现了许多新的内容，至今，在中国史学史研究领域中仍然分有中国古代史学和中国近代史学的研究畛域，而中国古代史学和中国近现代史学发展之间是存在着无法隔断的内在联系的。近现代史学继承了古代史学的优良传统，中国古代史学中的许多有价值的内容在近现代新的历史条件下仍然具有活力。只有将中国古代史学和近现代史学加以贯通，方能从"通"的视角全方位展示中国史学的历史面貌。《中国史学发展史》一书在时间上贯穿古今，在内容上包含了古代史学和近代史学（书中称奴隶社会史学、封建社会史学和半殖民地半封建社会史学），突破了当时中国史学史研究徘徊于古代史学研究而少有专门涉及近代史学研究的局面，真正达到了用"发展"的眼光通览中国史学的目的，在中国史学史研究的观念取向、分期阶段、研究内容诸方面与以往相比均有突破，将中国史学史的研究大大推进了一步，也显示了编著者的深远史识。《中国史学发展史》一书上起远古传说，下及 1949 年新中国建立前，成为当时唯一一部囊括中国古代史学、中国近代史学直至新中国建立前的中国史学通史的著述，这在中国的史学史研究领域是一个明显的突破，为中国史学通史的研究和撰述开辟了新的发展前景，也为当时的史学史教学提供了最新的参考材料，受到广大师生的欢迎。

重视史学理论与史学思想，是《中国史学发展史》的一个特点。在"编者说明"中讲到著述目的时说："运用马克思主义对我国丰富的史学遗产进行批判总结，重点放在史学理论和史学思想上。"[①] 该书对中国史学发

---

① 尹达主编：《中国史学发展史》，1 页。

展的不同时期的历史观念、重要史家的史学思想、代表性史著中的史学理论均予以重点关注。史学理论与史学思想是历史学发展的核心内容之一，也是史学史研究突破以往以史家、史书为主要研究内容的重要方面。尽管该书在具体内容上仍局限于对中国史学发展的不同时期的历史观念、主要史家的史学思想、代表性史著中的史学理论的局部介绍，尚未有系统地对中国的史学理论作全面总结分析，但是在 20 世纪 80 年代，能够提出这样的目标，并且有意识地在史学史研究中对史学理论予以重视，已经说明了编著者的学术前瞻意识。作为一位马克思主义史学家，尹达十分重视阐述马克思主义的唯物史观，重视宣传历史学的社会功能和历史学家的社会责任感。他说，李大钊的《史学要论》等著作"在理论研究上开了新风"，翦伯赞的《历史哲学教程》"在当时影响就很大"，"老一辈马克思主义史学家郭沫若、吕振羽、范文澜、翦伯赞、侯外庐等，都很重视理论的探索"。[①] 值得注意的是，尹达在强调马克思主义理论对于历史学科的重要指导意义的同时，还特别要重视史学理论的研究。在 1983 年的一次讲话中，尹达说：

> 在加强马克思主义历史理论研究的同时，我们还应当对历史这门学科的理论探讨给予充分的重视。我国历史学的发展告诉我们，重视史学理论是我国史学的优良传统。刘知幾、章学诚、梁启超在对历史学这门科学的理论总结方面都做出过有重要影响的贡献。我们今天，在马克思主义理论指导下，应该写出超越《史通》、《文史通义》、《新史学》和《中国历史研究法》等的史学理论论著，在这方面作出更大的贡献。[②]

由此可见，尹达在当时就已经十分明确地区分了历史理论和史学理论的不同概念，不仅要求在历史研究中要以马克思主义的历史理论为指导，而且

---

① 尹达：《马克思主义与中国历史学的发展》，《尹达集》，374～375 页，北京，中国社会科学出版社，2006。

② 同上书，376 页。

要求重视历史学自身的理论发展，并且要认真对待和深入研究。因此，在《中国史学发展史》中重视史学理论和史学思想，是符合尹达在史学史研究上的基本观点的。

占该书近一半篇幅的下卷"半殖民地半封建社会的史学"部分，则是最早在专书中系统阐述 1840 年以后的中国近代史学的研究成果，说其是完整研究中国近现代史学的开启之作，应该是恰如其分的。目前，中国近现代史学的成果已经非常丰富，但是在 20 世纪 80 年代，对近现代史学的研究，包括对 19 世纪后半期的中国史学、对 20 世纪的中国史学、对中国马克思主义史学的研究均比较薄弱，除了一些论文外，较为系统地、并且是在通论性史学史著作中完整阐述近代中国史学的，《中国史学史发展史》是第一部。有论者指出：《中国史学发展史》"下卷专述 1840 年至 1949 年间中国史学的演进大势，篇幅约占全书的 1/3 强，其内容虽嫌简略，但却是 80 年代出版的通论性中国史学史著作中唯一能够完整反映近代史学发展全过程的，因而具有一定的开创意义"。① 一百多年的近代中国史学，与中国古代史学相比较，尽管时间不长，但是其变化之快、内容之新、影响之大都是前所未有的。到了 20 世纪 80 年代，研究和总结近代史学的发展过程，在中国史学史研究领域、中国近代史研究领域都是亟待开展并且具有重要现实意义的研究课题。《中国史学发展史》将近代史学分为鸦片战争以后至戊戌变法前后、辛亥革命至新中国建立前两个部分，在前一部分分别阐述了鸦片战争后历史学的重大变化、西方史学的传入、新史学的成长、旧史学的回潮与没落等专题内容；在后一部分分别阐述了新史学的进一步发展和中国马克思主义史学的创立与发展趋势等专题内容，大致勾勒出了近代史学发展变化的基本脉络。现在看来，其中的一些提法并不一定准确，一些重要问题也未曾提及，一些认识结论也未必妥当，然而存在的这些问题并不能掩盖该书率先全面阐述中国近代史学的积极意义。在一定程度上，《中国史学发展史》中的近代史学部分开了全面研究中国近代史

① 胡逢祥：《史学史》，见曾业英主编：《五十年来的中国近代史研究》，195 页，上海，上海书店出版社，2000。

学史的先声。在研究方面，该书为近代史学研究全面、深入的展开打下了基础；在教学方面，也为当时的教师和学生学习了解中国近代史学提供了不可多得的教材。回顾史学史研究走过的历程，《中国史学发展史》一书对研究中国近代史学史的开创之功是应该予以肯定并得到承认的。作为该书的主编，尹达注意及此，并将近代史学的内容作为该书的重要组成部分，可见其敏锐的学术眼光和独到的史学史意识。

《中国史学发展史》在近代史学的研究方面有开创之功，同时，在中国马克思主义史学研究方面也具有开创性意义。这里，我们需要简单追溯一下尹达在研究中国马克思主义史学方面的贡献。

尹达一直非常重视对中国马克思主义史学的研究。早在 1945 年，他就发表了《郭沫若先生与中国古代社会研究》一文①，在这篇文章中，尹达对郭沫若的《中国古代社会研究》做出了这样的评价："这是以唯物史观的观点研究中国历史的第一部巨著，从中国历史科学的发展上看，它确是一部划时代的作品。"② 如此的评价，在半个多世纪后的今天看来，依然是十分准确和符合实际的。文章充分肯定了郭沫若在研究古代中国社会时注重甲骨卜辞等实物史料、重视认真分析史料的研究方法，指出郭沫若的"治学精神是严肃的、积极的、前进的和科学的精神。"③ 时隔 55 年后的 1980 年，尹达又撰写了《郭沫若与古代社会研究》一文，该文除了将 1945 年写就的那篇文章作为该文的"前篇"，又新写了"续篇"，从郭沫若研究古代社会的时代背景与现实状况等方面进一步论述了郭沫若史学研究的重要意义。1983 年，尹达发表了《郭沫若所走的道路及其杰出的学术贡献》一文，他总结郭沫若在历史学方面的贡献主要为："第一次系统地以马克思主义的理论为指导，研究中国历史的具体实际，在我国马克思主义历史学确立、发展进程中，具有开创性的主要意义"；"开创性地运用马克思主义的观点、方法研究古文字学、古器物学，并把他们同古史研究结合起来"；"对我国的古代思想进行分析批判方面，对历史人物作出评价方面，

---

① 该文载《解放报》，1945-03-13；后转载于《群众周刊》，第 10 卷，(7)、(8)。

② 尹达：《郭沫若与古代社会研究》，《尹达集》，383 页。

③ 同上书，390 页。

考古研究方面，古书校集整理方面，都有着重要建树"。① 此外，尹达还于1982 年发表了纪念尚钺的文章《深切怀念马克思主义史学家尚钺同志》②。

1982 年，尹达在河南省社联第二次代表大会上发表了题为《坚持用马克思主义指导社会科学研究》③ 的讲话，对马克思主义史学研究和历史学研究中理论与考据、学术研究与现实政治的关系问题提出了自己的看法。1983 年，他又作了《马克思主义与中国历史学的发展》④ 的报告。通过回顾中国史学的发展历程，说明历史学与现实的密切关系，同时对马克思主义史学的成就作了初步的总结。这篇文章也是全面总结中国马克思主义史学的较早的研究成果之一。

《中国史学发展史》一书能够率先在同类著作中系统阐述近代中国史学，并且有专门篇幅阐述中国马克思主义史学，这与该书主编尹达此前即非常关注和重视中国马克思主义史学有着直接的关系。该书对以郭沫若《中国古代社会研究》一书为标志的中国马克思主义史学的形成时期，对以中国社会史问题论战为标志的中国马克思主义史学的建设及其队伍的壮大时期都作了论述。对抗日战争和解放战争时期中国马克思主义史学在历史学理论的研究、中国古代社会史方面的研究、中国通史的编纂、中国近代史的研究以及思想史研究等方面的成就进行了总结。可以说，尹达主编的《中国史学发展史》在中国马克思主义史学发展史的研究方面作出了具有开创意义的贡献。

---

① 尹达：《郭沫若所走的道路及其杰出的学术贡献》，载《史学月刊》，1983（2）。
② 载《中国史研究》，1982（2）。
③ 载《中州学刊》，1982（3）。
④ 载《河南大学学报》，1985（4）。

辨章学术 以启后人

——简评内藤湖南著《中国史学史》

内藤湖南（本名内藤虎次郎，1866—1934），近代日本著名史家，被誉为"日本东洋史学界的学术巨擘"，他"在中国历史、中国文献学、甲骨金石学诸领域中，都极为活跃，并有相当的业绩，但也留下不少使人困惑、需要解析的消极成果"[①]。1907 年，年过 40 的内藤湖南由新闻界转入学术界，历任日本京都帝国大学讲师、教授，在日本京都帝国大学主持"中国史讲座"达 20 年，与狩野直喜等人创立了著名的日本中国学京都学派。"他的以'宋代近世说'为核心的中国历史分期学说，他的以'文化中心移动说'为代表的中日文化史论，他所开拓的中国边疆史地、满蒙史地、清朝史等研究领域，以及他所提倡的经世致用、注重原典实证等治学态度和方法，奠定了中国学京都学派的治学方法和学术特征，形成了影响深远的一代学风"[②]。后人编成《内藤湖南全集》共 14 卷。

内藤湖南在京都大学曾先后三次讲授"中国史学史"。第一次是在1914 至 1915 年间，讲授的具体内容不详；第二次是在 1919 至 1921 年间，"从古代一直通讲到现代"；第三次是在 1925 年，讲授的题目是"清朝的史学"。[③] 由于内藤湖南授课时不带讲稿，也没有讲义，所以并未留下他本人亲自撰写的关于中国史学史的文字著述。当其有意将所讲内容编纂成书的时候，便将学生的听课笔记进行整理与订正，时间大约在 1923 年。到1925 年他讲授"清朝的史学"时，又在此前经他整理的讲义上增补了许多内容。此后直到他去世，这部《中国史学史》（或称《支那史学史》）一直没有机会经他本人再做整理。该书列入出版计划后，内藤乾吉（内藤湖南

---

① 钱婉约：《内藤湖南研究·序言》，1～2 页，北京，中华书局，2004。

② 同上书，5～6 页。

③ 内藤乾吉：《中国史学史·例言》，见内藤湖南：《中国史学史》，1 页，上海，上海古籍出版社，2008。

长子）和神田喜一郎二人开始全面整理，他们以内藤湖南曾经整理过的书稿和搜集到的几种当时学生的听课笔记为蓝本，互相核对补充，终于完成了对这部《中国史学史》的整理工作，并于1949年5月由弘文堂出版，后又被收入《内藤湖南全集》第11卷，于1969年由筑摩书房出版，并增加了全书的"索引"。

作为著名的日本中国学的研究者，内藤湖南的学术见解与见识对中国学术界产生了重要影响。仅以中国史学史领域而言，即可略举两例。章学诚的学术地位、《文史通义》等章氏著作的学术价值，在今天已为世人所公认，然而生活于清朝乾嘉时期的章学诚，其学术在其生前及身后的一百余年间并不为人们所重视。章学诚史学的学术价值得以阐发，是在20世纪初期，而首倡章学诚学术的人，则不能不提及内藤湖南。内藤湖南在1902年读到《文史通义》和《校雠通义》，"深感其寓意深刻"①，1919年得到《章氏遗书》后，他专门开设了"史籍讲读——《文史通义》"课程，这是他开设的唯一一门以一部史学专著为讲授对象的课程，并于次年发表《章实斋先生年谱》。此后，胡适、姚名达等中国学者受到内藤湖南的影响，又编有章学诚的年谱，并逐渐进入对章学诚学术的研究阶段。再则，清代的崔述同样是一位被湮灭已久的学者，崔述后来受到学界重视，与日本学者那珂通世在20世纪初校订刊印《崔东壁遗书》有直接关系，其间，内藤湖南撰文介绍崔述其人，指出那珂通世欲刊之《崔东壁遗书》并不完备，表示愿意将自己所藏的《崔东壁遗书》之抄本提供给那珂通世，可见，在此之前，内藤湖南就已经对崔述的学术十分关注了。②

梁启超于1926至1927年在清华学校作《补中国历史研究法》的学术演讲，明确提出应当研究"史学史"，并就怎样研究和撰写"中国史学史"阐发了具体的意见。这一提议，被后人认为是中国最早提出建立史学史学科的标志。梁启超的这些论述被收入1933年出版的《中国历史研究法补编》和《饮冰室合集》中。之后，出版有金毓黻的《中国史学史》（重庆

---

① 内藤湖南：《章学诚的史学》，见内藤湖南：《中国史学史·附录》，370页。

② 参见钱婉约：《内藤湖南研究》，246页，北京，中华书局，2004。

商务印书馆，1944）、魏应麒的《中国史学史》（重庆商务印书馆，1941）以及王玉璋的《中国史学史概论》（重庆商务印书馆，1942）等中国史学史论著。而在 20 世纪 20 年代之前，内藤湖南已经较为系统地讲授了中国史学史，并于 1923 年前后又计划整理出版《中国史学史》，1949 年该书完成整理并得以出版，前后已经历了 40 余年时间。

1953 年，哈佛大学的杨联陞教授曾经撰文评论内藤湖南的《中国史学史》，认为金毓黻的《中国史学史》属于经典性著作，嘉德纳《中国传统史学》是唯一的英文本中国史学史，内藤湖南的《中国史学史》则是"近代学者撰写的部头最大的一部"。杨联陞还介绍内藤湖南对中国史学史的分期，称对其评论和内容印象深刻。[1] 1961 年 6 月，北京师范大学历史系中国史学史编写组编印的《中国史学史参考资料》第 1 号上，刊载了内藤湖南的这部《中国史学史》的目录。[2] 1996 年，江西教育出版社出版了由李学勤主编的《国际汉学著作提要》，其中有专篇介绍内藤湖南的《中国史学史》，"内藤湖南生前便对本书的出版深怀期望，但终未能果。后经其子内藤乾吉及日本著名的东方史学家神田喜一郎等人继续加以整理，终于在其谢世十五年后将此书刊出，为学术界了解内藤的学说体系提供了宝贵的资料。"[3] 2008 年，上海古籍出版社出版了旅日中国学者马彪翻译的这部著作，终于使我们得以有机会完整地研读这部著作。

日本著名史家谷川道雄总结内藤湖南的"卓越学风特点之一"，"就是擅长把握总体的历史"。对于中国史学史，内藤湖南同样也表现出了这样的特点——对历史学发展的总体把握。作者的治学路径并非从史学到史学，而是从总体的历史到史学、从总体的学术发展到史学，这就决定了该书具有开阔的学术视野，表现为能够提出诸多发人深省的学术问题、阐发许多新颖独到的学术见解。该书不同于早期中国史学史研究阶段以要籍解题为主要特征的研究模式，而是突出"对中国史学发展主线的清晰描述，

---

① 参见朱政惠：《海外学者对中国史学的研究及其思考》，载《史林》，2006（4）。

② 《中国史学史目录十种·支那史学史（内藤虎次郎）》，载《中国史学史参考资料》，第 1 号，1961-06。

③ 李学勤主编：《国际汉学著作提要》，20 页，南昌，江西教育出版社，1996。

以及对其背后存在之时代思潮所作的深层阐述"。①辨章学术，以启后人，这是笔者读过该书后的一个突出印象。由于该书之雏形是作者的授课笔记，且终非内藤湖南本人手订完成，因此，书中许多颇具新意的学术观点尚未能得到较为充分的论述。尽管如此，能够在中国史学史研究尚处于起步阶段的 20 世纪前期，就对中国史学史的研究旨趣有如此之认识与把握，可见作者的卓识。

在内藤湖南看来，"《史记》是中国史学史上划时代的著作"②，以此为标准，他对中国史学史的阐述，在两汉以前，以史的起源、史官的发达、记录的起源和"史书的渊源"为主，这是史学的酝酿和产生阶段，《史记》代表着真正意义上的"史书的出现"，《史记》和《汉书》之后，史书的编纂方法变得丰富起来，正史地位的确立、正史之外的其他史书以及史注、史评等形式的发展和充实，已使史学的地位得以确立，六朝末至唐代以后，则基本以各朝代分期。这样的撰述体系与分期方法，可以清楚地展现中国史学发展的基本脉络，还可以根据史学发展的不同阶段之不同特点，横向述及与史学变化相关的学术思潮与社会思潮，使一部中国史学史显得立体和丰满。

在《史记》之前，即以先秦时期史学为主要内容的各章中，内藤湖南关注的大抵是史书的起源和史官的发展两个方面。他对此进行了深入的学术史探讨，表现为从早期的相关传说到对"史"字的释义，从龟板、彝器、刻石等器物上的记录到对六艺、诸子、诗赋、兵书、术数、方技等"六略"诸书的介绍。内藤湖南曾与当时中国的数位一流学者有着较为频繁的学术交往。他与罗振玉关系密切，并促成了罗振玉和王国维旅居日本之行；他与沈曾植曾晤面切磋学问；他在 1902 年曾分别与夏曾佑和刘鹗会面，高度评价夏氏的《中国历史教科书》，首次在刘鹗寓所见到了甲骨文。因此，他非常了解使用新材料研究中国古史的最新研究成果，对"史"的阐释和古代史官的建置与地位都提出了自己的见解。对先秦典籍的介绍则

北京师范大学史学探索丛书

---

① 谷川道雄：《中国史学史·中文版序》，见内藤湖南：《中国史学史》，1、2 页。
② 同上书，77 页。

明显受到章学诚"六经皆史"说的影响。在先秦时期，"史部"尚未独立，既然"六经皆史"，作者以"六经"为主论述"史书的渊源"当属顺理成章，而关注"史官的发达"和"史官的地位"，则抓住了中国史学得以长期发展的要点所在。

《史记》在中国史学史上的重要意义不言自明，该书称《史记》代表了"史书的出现"，"司马迁的《史记》实际上正相当于史部的发端之作，就这样当初这样一部难以划分归属的一家言之作，在后世竟成为了将史书发展为史部书籍的奠基之作了"。① 作者对《史记》的许多观点是值得重视的。譬如："以往的著述并非出于历史目的而成书的，从司马迁才开始了以历史为目的，即以逐时代、表盛衰为目的的著述。""《游侠传》是司马迁笔法中最为巧妙的作品，其意义在于承认了在那种政府制度不完善的时期，在民间所运行的某种代替政府而施行事实上社会制裁的职能。""司马迁一面承认个人能力的社会作用，一面又针对大一统时代的天子应当如何进行统治的问题，考察古今制度，并提出了采用最为正确有益于教化的要素，他是意在表达那种不应以君主好恶改变制度，制定礼乐、封禅、平准并非真正意义上治理天下的方法。为此，他参考古今，表达了自己的思想。"② 长期以来，人们对《史记》的评论和研究成果已经数不胜数，作者在该书中正面阐述《史记》的"著述目的"和"编纂体例"，还用较大篇幅论述了后人对《史记》的评论以及作者自己对《史记》的认识。

《史记》、《汉书》之后，史学已列入"四部"之一，史书在形式和内容上得到了迅速发展。《史记》、《汉书》以后史学的发展，作者多以辨章学术之研究视角，讨论史学地位确立之后呈现出的各种变化和发展。这些变化主要表现在：（1）"史部"在目录学中的变迁，这是史学地位确立的标志；（2）"正史编纂法"的变迁，其后果是，"《史记》那种对当时事情予以表里之正确表达的方法已经丧失，单纯依据官府日常记录进行史书编纂的方法逐渐形成，而且若非特别出色的史家已经很难摆脱这种束缚了"③；（3）不同史书

---

① 内藤湖南：《中国史学史》，101页。

② 同上书，85、97~98页。

③ 同上书，121页。

体裁的流行或酝酿；（4）正史之外的史书发展，"在正史发生变化的同时，其他形式的记录也呈现了极大的发展趋势，其著作的数量之多，正可谓汗牛充栋"①；（5）史注的发展，"随着经书注等的兴盛，在史书方面注的种类也逐渐发展起来，这还与六朝人特别喜欢制造谈资的风气有关"②；（6）史评的发达，从《别录》、《七略》到《文心雕龙》、《史通》，史评在史学繁荣史书增多的情况下应运而生。综上所述，作者所指出的这些内容，包括史学地位与正史编纂的确立、多种史体的流行、史注和史评的出现等，无不是中国史学在开始发展阶段的重要问题。一直以来，史学在目录学中的变化、正史及多种史书体裁等方面受到研究者的重视，而史注、史评等方面对中国史学的影响，虽然也有少数学者予以研究，但依然不够充分。

该书在六朝至唐以后，以朝代分期阐述史学发展过程，分别为"六朝末唐代出现的史学变化"、"宋代史学的发展"、"元代的史学"、"明代的史学"以及"清朝的史学"。作者以其敏锐的学术洞察力，从时代变迁的大势出发，抓住由时代、学术、史学三者交互作用而产生的影响史学发展的关键结点，作专门的论述，从而对中国史学发展进程的论述显得极为深刻。

作者一直注重探求的、影响史学变化的各种学术因素成为隋唐时期史学的阐述重点。史注和史官，作者已经在前文有所述及，二者在隋唐时期都有进一步发展。唐代的史注成就明显，作者由唐代经学著作《五经正义》而言及那些著名史注的成就。设馆修史在唐代已成定制，作者不仅辨析了史官制度的发展过程，还指出："由于直至唐代都是贵族政治，所以史官也是即便仅限于一代为官，忠于职守之风依然强盛；但是毕竟史学却在逐渐衰败，作为世袭、家学的史学已经不复存在，记史转为由宰相监督，作史不再是史官的自由了"，"史学成为了权利者摆布的对象。"③ 同时，作者还强调了类书的史学意义及发展过程，更重要的是，作者从"史体渐变"的角度专门论述了"古文复兴与经学新研究对史学的影响"。这

---

① 内藤湖南：《中国史学史》，124 页。
② 同上书，125 页。
③ 同上书，149 页。

些问题和观点的提出，时至今日仍然颇具新意。

如谷川道雄的序中所说，唐代和宋代史学讲的是"唐宋变革时期史学的变化"，作者指出"这个时期政治上是贵族制社会的多元权力向君主独裁制的一元集权政治的转型期，此间发生了从类书体例的《册府元龟》到一家著述的编年体通史《资治通鉴》的变化，并认为这种变化具有帝王学的性质"①。同样，作者也曾将《史记》与战国秦汉间的君主独裁政治局面相联系②。尽管我们未必完全赞同将《册府元龟》到《资治通鉴》的史学变化直接联系于所谓唐宋变革说，但是，把史学的发展密切联系于时代的转变，这样的研究思路在作者成书之时代是超前的，在今天仍然不可忽略。从学术层面而言，作者认为《资治通鉴》"逆反于前代学问那种注重多闻多识的学风，新派学问，追求《春秋》之法那样确实具有的规范、鉴戒之类的东西，出现了追求贯通古今沿革的思想"③，十分准确地指出了宋代通史撰述的发展特点。

宋代史学部分，内藤湖南除了重点提及《新唐书》、《旧唐书》和《新五代史》、《旧五代史》以及《资治通鉴》的出现所带来的史学新气象之外，值得注意的是，他还专论宋代史学中的正统论、经学的变化、郑樵的《通志》及金石学的发达。郑樵的史学思想、宋代金石学的发达，均已为以往研究者所关注并研究，而对宋代史学产生有深层影响的正统论和经学变化研究力度则相对较弱。尽管作者只是简要叙述了正统之争反映于中国史学上的大致情况，但是以该书之成书时代而论，洞悉并提及正统论对中国史学的影响，已属难能可贵。至于经学的变化，作者认为："在北宋和南宋之际，伴随着史学的重要发展的同时，有关经学的观点也发生着各种各样的变化。其中尤其那些作为古代史史料的经书即《书经》、《诗经》等，更是有着特别重大的观点变化。"④ 联系到作者对章学诚"六经皆史"

---

① 谷川道雄：《中国史学史·中文版序》，见内藤湖南：《中国史学史》，3 页。
② 参见内藤湖南：《中国史学通论》（上卷），北京，社会科学文献出版社，2004。
③ 内藤湖南：《中国史学史》，159 页。
④ 同上书，181 页。

说的重视①，便可理解作者强调经史关系的意图所在，而明确指出"关于经学的观点"的变化对中国史学思想、观点方面的深刻影响，则是作者提示的研究中国史学史的重要环节。

明代史学在中国古代史学史研究中一直有待充实，早期成书的这部《中国史学史》却勾勒出了明代史学发展的基本线索和若干重点。"掌故学之一变"一节非常值得重视，作者强调明代掌故学之盛，在明中叶以前有"野史风格"，"指在正式记录之中不仅记入自己直接参与的职务故实，还记述了传闻以及其他新奇事务，有时还有将之编纂成书之风"，明中叶以后的掌故之学"将以往风闻本位的记述一变为力求依据正确史料编纂掌故书籍的做法"，此种变化以王世贞、焦竑为代表，"嘉靖、万历以后兴起的将正确记录编纂成书之风，乃是明代史学上的重要现象"，"此一变化倾向一直延续到了清朝"。② 这一论断明确了明清史学的流变与传承，并为明代史学的客观定位提供了重要依据。作者专门论述了几位明代学者的史学贡献，如李贽的"旷古未有之过激思想史论"、杨慎的"考证之后经过归纳的思考"、归有光"以学问为根底的主张"③、胡应麟开阔的学术视野及深刻的见解、焦竑对宋代以来目录学的复兴等，使明代史学的内容显得具体而丰富。

清代史学在这部《中国史学史》中有着超过 1/3 的篇幅，说明作者对清代史学的重视和熟悉，不仅如此，内藤湖南推崇乾嘉考据学的研究方法，认为"这种方法与欧罗巴近世科学的方法多有一致之处"④。该书对清代史学作了较为系统地阐发，实可以看做是一部清代史学专著。从内容上看，从《明史》的编纂开篇，继而分述黄宗羲、王夫之、顾炎武等三位清初学问大家，以及徐乾学、顾祖禹、阎若璩、胡渭、刘献廷等康熙年间的学者，再专述"修补旧史"、"考订旧史"、"《汉志》、《水经》之学"、"古

---

① 参见内藤湖南：《中国史学史》附录，《章学诚的史学》。

② 同上书，213～215 页。

③ 同上书，219、221、222 页。

④ 参见马彪：《欧洲"历史主义"与中国史学——内藤湖南〈中国史学史〉译后》，见内藤湖南：《中国史学史》，401～402 页。

迹的研究"、"古史的研究"等乾嘉史学的成就，并以"浙东学派的史学"论及邵廷采、全祖望、邵晋涵、章学诚等人的史学。作者推崇章学诚"既是浙东史学的完成者，又是建设清朝真正史学的有功之人"，"不论浙东史学的特色，还是清朝史学的特色，都是因为此人而愈加鲜明起来"①，在论及清代史学，甚至在论及其他时代的史学内容时，作者也常常以章学诚的看法引出论题、加以评论，可见对章学诚史学的重视程度。作者还论述了清代西北地理学、金石学的研究状况，由此涉及的晚清西北地理学、甲骨文、汉简等的发现与研究，在作者所处之时代来看，已属当代史学的范围了。

书末有三篇附录，分别为《中国历史思想的起源》、《章学诚的史学》和《中国史学史概要——从〈史记〉至清初》，不仅可以帮助读者更深入地了解中国史学的发展，还可以进一步了解内藤湖南的史学思想。值得一提的还有书前由谷川道雄为本书撰写的"中文版序"，序文从宏观着眼，对这部著作的重点作了言简意赅地揭示与提示，对读者深入理解该书的深意大有裨益。

该书是根据课堂讲义由他人编纂修订成书的，作为一部中国史学史著作，在谋篇布局和内容详略方面还存在一些不妥之处。如在《史记》的部分，设专篇讲清代邵晋涵、方苞、章学诚等人对《史记》的评论，于全书体例似有不符之感；《史通》和《文史通义》是公认的中国史学史上的"双璧"，尽管作者对二书（尤其是后者）给予了关注，但是在正文章节中并未出现二书的书名（章学诚的史学置于"附录"），这对一部中国史学史而言是不全面的；司马迁著《史记》的"究天人之际，通古今之变，成一家之言"的史学思想、杜佑著《通典》的"征诸人事，将施有政"的史学思想、郑樵的"会通"思想等，均属中国史学史中的最具价值的思想资源，该书却着墨有限。类似这样的问题，在此不多赘述。这也并不影响该书自身的学术价值以及该书对中国史学史研究的学术贡献。相信中国的研究史学史的学者通过研读该书，是会得到一些启迪和收获的。

---

① 内藤湖南：《中国史学史》，283 页。

后 记

20 世纪初期，梁启超在愤然抨击中国"旧史学"的基础上，提出建立中国的"新史学"。一百余年后的今天，如何建立中国的"新史学"、中国史学在新的历史条件下应该怎样前行，这样的问题依然是中国史学需要努力探索和亟待回答的首要问题。全面回顾和深入研究百余年来中国史学的发展过程，是更好地回答上述问题的前提和基础。对历史学科自身的反思，纵向观之，是为史学史研究之宗旨；横向观之，是为史学理论研究之要义。偶闻一二史界同仁尝言轻视史学理论及史学史学科之议论，自己在深不以为然之余，更须在自己的研究领域加倍努力。

我涉足于近现代中国史学史研究已有近二十年的时间了。先是对民国时期以来一些曾经产生较为重要影响的学术杂志作个案研究，继之在攻读博士学位期间及以后的数年里对五四时期史学作了专门的研究，随后将研究重点逐渐扩及近现代中国史学的更多领域，更为关注中国马克思主义史学的发展历程，同时也未曾间断对史学史学科自身发展的思考。累计起来，在上述领域已经发表了数十篇文章，本书包括通论中国史学史学科的一些理论问题、中国近代史学研究、中国马克思主义史学研究以及若干评论性文章等几个部分，可以说是对自己以往的学术研究的一个小结。

本书收入的文章，由于撰写时间不一，在材料和观点诸方面或有重复，甚至是变化之处，请读者朋友理解。一些文章，发表时间愈久，发现其中存在的问题也愈明显；反过来说，一些文章经过一段时间的沉淀之后，或许也发现有若干观点尚有可读之处。学无止境，出现这些情况也属正常，只要是自己经过认真研究所获，出版本书即是阶段性研究成果的标志，既可以请同行批评指正，也可激励自己继续努力。

张 越

2010 年 3 月 10 日

于北京师范大学历史学院史学研究所